本書得到以下項目的資助

廣東省2018年普通高校人文社科研究重點項目：粵西府縣舊志整理與出版（2018WZDXM033）

廣東省2020年哲社規劃重點項目：明清及民國《石城縣志》纂修與版本系統研究（GD20XTS08）

廣東省2018年『創新强校』工程財政支持項目[73]號：湛江地方特色文化研究平臺

廣東省哲學社會科學『十三五』規劃2020年度『明清粵東西北文學家族研究』項目（GD20YDXZZW29）

廣東海洋大學2022年度人文社科文化建設重點項目『粵西府縣舊志整理與出版』專項

『粤西府縣舊志叢書』整理編輯委員會

主　編：孫長軍

副主編：蔡　平（执行）　鄧　建　劉　剛

編　委：（以姓氏筆畫爲序）

李玉晶　沈曉梅　閆　勛　張蔚虹　彭潔瑩　董國華　趙永建　蔡　平

裴夢蘇　鄧　建　劉世傑　劉　剛　劉　嵐　閻懷蘭　鍾嘉芳

本書得到以下項目的資助

廣東省2018年普通高校人文社科研究重點項目：粵西府縣舊志整理與出版（2018WZDXM033）

廣東省2020年哲社規劃重點項目：明清及民國《石城縣志》纂修與版本系統研究（GD20XTS08）

廣東省2018年『創新强校』工程財政支持項目[73]號：湛江地方特色文化研究平臺

廣東省哲學社會科學『十三五』規劃2020年度『明清粵東西北文學家族研究』項目（GD20YDXZZW29）

廣東海洋大學2022年度人文社科文化建設重點項目『粵西府縣舊志整理與出版』專項

『粵西府縣舊志叢書』整理編輯委員會

主　編：孫長軍

副主編：蔡　平（执行）　鄧　建　劉　剛

編　委：（以姓氏筆畫爲序）

李玉晶　沈曉梅　閆　勖　張蔚虹　彭潔瑩　董國華　趙永建　蔡　平

裴夢蘇　鄧　建　劉世傑　劉　剛　劉　嵐　閻懷蘭　鍾嘉芳

粵西府縣舊志叢書

孫長軍 主編

乾隆化州志

（清）楊芬 修 林玉葉 纂

馬瑜理 整理

暨南大學出版社
JINAN UNIVERSITY PRESS

中国·广州

『粵西府縣舊志叢書』總序

一、『粵西』所指及叢書範圍

『粵西』與『粵東』相對，本是一歷史地名。《中國歷史地名大辭典》：『粵西，指今廣西壯族自治區，爲廣西之別稱，因位於古百越（粵）地西部而名。』『粵東，指今廣東省地，因位於古百越（粵）地東部而得名。』清人汪森所輯《粵西通載》一百三十卷（《粵西詩載》二十五卷，《粵西文載》七十五卷，《粵西叢載》三十卷），書名『粵西』即指今廣西。其《粵西詩載·序》曰：『凡系粵西之事，形之詩與文者，抄撮成一編。』雖然其中所錄詩文的書寫並非盡爲今廣西之事，以廣西視角的觀照是明確的。至民國陳柱編輯明末清初至民國十三年十四家詩，則皆爲廣西人詩作。今人曾德珪所編《粵西詞載》網羅清宣統三年以前廣西歷代詞作而成。以上所稱『粵西』，均屬史的稱謂。即便是當代學者面對廣西的歷史文化問題研究，仍有以『粵西』名之者，胡大雷《粵西文化與中華文化研究·前言》說：『之所以稱粵西文化而不稱廣西文化，則是出於我們的研究比較多地是注重文化史研究的考慮。』明清時期的廣東，有

『粤中』『粤東』之稱。清乾隆時期范端昂輯撰的《粤中見聞》，是一部以廣東風物爲記述内容的筆記散文。乾隆時期順德人溫汝能纂輯《粤東詩海》，則以清代廣東省域爲範圍，收録廣東本土詩人之詩作。吴永光《粤東詩海·前言》指出清代廣東的政區範圍：『粤東，或稱東粤，以其地處古百粤之東，故有此稱。含今廣東省、海南省及廣西欽州地區。』

現代意義上的粤西，一般是地理、經濟、文化等的綜合指稱，包括湛江市、茂名市、陽江市、雲浮市及肇慶市和江門市的部分地區。《廣東省今古地名詞典》：『粤西，泛指廣東省西部地方，包括肇慶市、湛江市、茂名市及陽江市。』隨着改革開放四十多年廣東經濟社會的發展，珠三角地區向外逐漸輻射，粤西的指稱範圍相應地也在縮小，今通常指廣東西部四個地級市，即湛江、茂名、陽江、雲浮。四市於明清時期分屬於雷州府、高州府、肇慶府及羅定州，其中湛江市所轄地域在明清時期盡歸於高、雷二府，徐聞、海康、遂溪屬雷州府，廉江（石城）、吴川屬高州府。雷州府三縣位處雷州半島，是雷州文化孕育、發展的主體區域，與雷州府毗鄰的高州府是雷州文化的輻射區域。故將高、雷二府所包含的舊志作爲『粤西府縣舊志叢書』整理的對象，叢書名稱中的『粤西』僅指今湛江、茂名二市。

粤西府縣舊志整理所依據的底本爲《廣東歷代方志集成》之『雷州府部』『高州府部』所收編的舊志。『雷州府部』含本府縣舊志十一種，即《萬曆雷州府志》《康熙雷州府志》《嘉慶雷州府志》《康熙海康縣志》《嘉慶海康縣志》《民國海康縣志》《康熙遂溪縣志》《道光遂溪縣志》《康熙二十六年徐聞縣志》《康熙三十七年徐聞縣志》《宣統徐聞縣志》。『高州府部』含本府縣舊志三十五種，即《萬曆高州府志》《康熙高州府志》《乾隆高州府志》《道光高州府志》《光緒高州府志》《嘉慶茂名縣志》《光緒茂名縣志》《康熙二十六年茂名縣志》《康熙三十八年茂名縣志》《康熙十二年電白縣志》《康熙二十五年電白縣志》《道光電白縣志》《光緒電白縣志》《民國電白縣志稿》《康熙十三年信宜縣志》《康熙二十六年信宜縣志》《乾隆信宜縣志》《光緒信宜縣志》《康熙九年化州志》《康熙二十五年化州志》《乾隆化州志》《道光化州志》《光緒化州志》《康熙八年吳川縣志》《康熙二十六年吳川縣志》《雍正吳川縣志》《乾隆吳川縣志》《道光吳川縣志》《光緒吳川縣志》《康熙六年石城縣志》《康熙二十五年石城縣志》《康熙五十一年石城縣志》《嘉慶石城縣志》《光緒石城縣志》《民國石城縣志》。合高、雷府縣舊志總爲四十六種，除其中少部分因版面字蹟漫滅不具備整理條件外，均納入叢書之內。

二、舊志整理——地域歷史文化研究的基礎工作

從人類發展史看，任何一個民族或族群，在求得自身生存、發展的歷史進程中，都必然依賴於某一特定的地理空間，在這一地理空間內繁衍生息，既接受大自然的賜予，適應特定的地理環境，又在一定程度上影響甚至改變着周圍的自然地理環境，這種雙向互動便産生各式各樣的、帶有人的影響印蹟的、物質性的或非物質性的形態，我們通常將這些形態稱作『文化』。一種生命體與其生存的環境發生互動是普遍存在的，並非僅有人類如此，但其他生命體與環境互動産生的結果都不能稱作『文化』，惟獨人與環

境互動的衍生物才是『文化』。或者也可以這樣説，『文化』是人類的特有屬性之一。這種對『文化』内涵所指的認定，是以人與自然的二元存在爲觀照點的，更傾向於人的主體地位。常言道『一方水土養一方人』，這是立足於自然空間環境的説法，將人看作自然的一部分。因爲一方水土並非只養一方人，還養育着這方水土上的其他生命體。一方水土上的人受一方水土的滋養，反過來一方水土也在一定程度上受到人的影響，這一方水土的人與這方水土的互動，便構成地方文化，或稱作區域文化。

中國幅員遼闊，民族衆多，各地有各地獨特的文化形態和文化生成脈絡。從較大地域空間而言，湛江地方特色文化屬嶺南文化的構成部分，而今廣東政區所屬又是嶺南文化孕育、生成、發展的最主要區域。在這一區域中，由於早期百越民族的外遷與不同歷史時期中原漢民族族群的南下，北方漢民族和嶺南百越民族或融合，或獨立發展，形成了多樣化的族群文化形態，這些不同形態的族群文化有着特定的存在空間，諸如廣府民系所代表的廣府文化主要分佈在珠三角地區、客家民系所代表的客家文化主要分佈在粤東北地區、潮汕民系所代表的潮汕文化主要分佈在粤東沿海的潮汕地區。今湛江政區所屬區域最具特色的文化形態被人們界定爲『雷州文化』，而且『雷州文化』在一定話語層面被指稱爲廣東四大地方文化板塊之一。然而，雷州文化是怎樣性質的地域文化，是否如同廣府文化、客家文化、潮汕文化一樣主要基於三大漢族族群稱謂的文化類型，哪些方面的特質決定了它可與其他三大文化形態並列指稱，都缺乏必要而有力的註脚，常常給人以比附甚至是『攀附』的印象。再者，長期以來，官方話語和學術話語中，提起湛江的地域文化，往往籠統地以『雷州文化』概之，這種觀念所帶來的結果，一方面造成更廣大社會層面人們的誤讀，以爲湛江的歷史文化就是雷州文化，連帶而來的是吳川、廉江兩地對雷州文化的排斥；另一方面，從事湛江地域文化研究的學者，多重視和傾向於雷州文化研究，而忽略了不能納入雷州文化圈層的廉江和吳川的地域文化，造成湛江地域文化發掘和研究上的不平衡局面。

之所以形成湛江地域文化話語中的諸多疑問（爭議），不少專家學者或地方文化人參與研究與闡釋地域文化，却似乎没有誰能説得更明白，也没有哪一家説得更令人信服。究其原因，最根本的是長期以來的地域文化研究成果看似越來越多，却僅僅是對部分舊有史料的反復使用和轉抄，對這部分被人們用熟了的材料轉換視角進行再闡釋和再使用，其結果就是無論文章還是著作，都給人似曾相識感。地域文化研究，並非純屬學術層面的基礎研究，而是一種綜合研究，是基礎性研究、闡釋性研究、傳承性研究、創新性轉化的應用研究的綜合。當下的湛江地域文化研究，僅僅停留在文化現象的闡釋性研究層面，基礎性研究不够，闡釋性研究是片面的、缺乏整體性和客觀性的；缺乏和忽視傳承性研究與創新轉化研究，則失去了闡釋性研究的存在意義和價值。在基礎性研究、闡釋性研究、傳承性研究、應用性研究這一綜合研究體系中，所有研究都必然是從基礎研究做起。對於湛江而言，頭等重要的基礎性研究課題便是要弄清楚今日湛江政區範圍內，在歷史時期留下了怎樣的文化遺産，包括物質性文化遺産和非物質性文化遺産。這裏談到的文化遺産，是指今天仍見在的文化遺産，需要政府部門進行頂層設計，整合人力、物力資源進行全面普查。這是一項非常浩大的文化建設工程，涉及人的生存發展所旁及的一切方面，即留下甚麽就調研甚麽，並搜集、記録、闡釋甚麽，最終以文字或圖片的形式將其固定下來，從而成爲本土文化傳承後世的文獻源。地域文化研究的另一項基礎性研究工作，是要弄清中外各類文獻（主要是指歷史時期的文獻遺存）中究竟有哪些關於今日湛江政區範圍內的各方面文獻記載與文字呈現，並將其中所有相關文獻全部編輯出來，這就是湛江地方文化研究的文獻集成工作，進而利用現代技術手段將集成性湛江歷史文獻數字化，建立湛江地域文化研究文獻資料庫，爲未來湛江地域文化的綜合研究提供第一手資料。

由以上表述可知，湛江地域文化研究的步驟是由基礎性研究到闡釋性研究、到傳承性研究、應用轉化性研究層遞推進的。基礎性研究爲後續研究提供第一手可信度强的文獻資源；闡釋性研究是對個體文化形態的認知研究；傳承性研究是對優秀的物質性和非物質性文化遺産的生態保護和傳承，使之血脉不斷；應用轉化性研究是在客觀認知和呈現文化遺産的前提下，進行基於個體文化遺産的現代創新和轉化研究，即歷史文化遺産的市場化運作，進入文化産業發展層面。

湛江地域文化的基礎性研究，包括『湛江地域文化研究文獻集成與數字化』（湛江歷史文化研究文獻集成）和『湛江歷史文化遺産普查與數字化』兩大工程。粤西府縣舊志整理屬湛江地域歷史文化研究文獻集成的重要内容，也是最主要的部分。

三、舊志整理與區域文化研究的學科歸屬

區域歷史文化元素的發掘、整理、研究與傳承，前提是必須摸清特定區域内的歷史遺存，由歷史存在文化元素所屬的門類，結合現代學術研究的學科分類，提煉歸納出一個地方歷史文化研究方向。在物質性的歷史文化遺産中，紙質文獻相對是最豐富的，也是區域歷史文化研究最重要的依據。紙質文獻包括歷代地方舊志、方志以外歷代本土與外來人士的本土書寫、歷代地方譜類文獻、歷代地方碑刻、歷代正史及地理總志的本土史事人物載録等。其中，歷代地方舊志能相對最全面、最集中、最細緻地呈現一地經濟社會發展狀況。故地方歷史文化研究理應從方志整理做起。

就今湛江政區而言，其涉及的府縣舊志，雷州府所屬《雷州府志》三部、《海康縣志》三部、《遂溪縣志》兩部、《徐聞縣志》三部，高州府所屬《高州府志》五部、《吴川縣志》六部、《石城縣志》六部。雷州府部全部十一種及高州府部吴川、石城二縣十二種，是湛江本土府縣舊志，高州府部中的五種《高州府志》載録了吴川、石城史事，以上總計二十八種，是湛江歷史文化研究資料的直接來源。另外高州府所屬《茂名縣志》四部、《電白縣志》五部、《信宜縣志》四部、《化州志》五部，總十八種，是湛江歷史文化輻射最近區域遺存的志書。

今收編粤西高、雷二府舊志的大型叢書主要有三種：一是上海書店出版社等三家出版社合作出版的

《中國地方志集成·廣東府縣志輯》；二是臺灣成文出版社出版的《中國方志叢書》；三是嶺南美術出版社出版的《廣東歷代方志集成》。前二者體例相像，於每一府縣僅收編一種志書。如成文版《中國方志叢書》收編《萬曆雷州府志》《萬曆高州府志》《光緒吳川縣志》《民國石城縣志》《宣統徐聞縣志》《道光遂溪縣志》《康熙二十六年海康縣志》，大致均爲一府一縣歷代志書中較有代表性或較爲完善的一種。惟《廣東歷代方志集成》不擇巨細，收録一府一縣傳世所有舊志，爲舊志校勘和研究提供了極大的方便。以往湛江本土舊志整理已有部分成果，主要有劉世傑、彭潔瑩點校《萬曆雷州府志》，蔡平點校《道光遂溪縣志》，廉江市地方志辦公室點校《民國石城縣志》，廉江市志編纂委員會辦公室點校《光緒石城縣志》。上述數種舊志整理本，啓動整理方考慮到普及和方便使用，均採取簡體横排形式。『粤西府縣舊志叢書』的整理編輯工作，對所有高、雷二府遺存府縣舊志進行全面整理，包括之前已經整理出版的部分舊志，採用繁體竪排形式，以更貼近古籍原貌。

提及地方歷史文化研究，人們想到的往往是一地之風俗、人物、民間藝術、獨特的景觀等，故常見的地方歷史文化研究成果大都呈現爲幾個人物、幾種民俗、幾類藝術形式、幾處文化景觀的學術書寫或文化書寫。實際上，這與地方歷史文化元素發掘研究的要求是存在很大距離的。一地的歷史文化構成究竟有甚麼、在哪里、如何表述，最可靠的依據就是文獻的載録。地方舊志是一地過去時代經濟社會發展狀况的真實記録，是百科全書式的，它可成爲地方歷史文化研究學科體系建構的重要依據。古代地方政區建置主要基於人口數量的盈縮、人口的民族構成而變化，政區沿革與歸屬的變遷是區域歷史文化研究的首要問題，它是地域文化得以孕生發展的地理空間。與區域政區沿革相伴的，是這一特定地理空間中人們賴以生存的自然環境，它包括陸海格局、氣候狀況、山川分佈等。舊志中的《縣圖》《圖經》《沿革》《星野》《氣候》《風候》《潮汐》《山川》等屬此，歸於歷史地理學的研究範疇。特定地理空間的物産是人們賴以生存的物質資源，保持物産充足和可持續發展，又需要相應的水利設施、防災減災設施建設，這就是舊志中呈現的《土産》《井泉》《陂塘》《堤岸》《珠海》《貨物》等門的記述，爲地方農業史研究的資料來源。一方水土、一方物産養育一方人，從而形成特定地域的習俗，體現在舊志中即《習尚》《言語》《居處》《節序》等，是民俗學研究的對象。在『普天之下莫非王土，率土之濱莫非王臣』的時代，王朝必設官以分理天下，舊志中的《秩官》詳盡地載録了一地各級官府的職官設置，是制度史研究的内容。『爲官一方，造福於民』，歷來是王朝對地方官員的勸勉，也是方正官員的夙願。於民造福之事，體現在各種與民生相關的舉措中，舊志中《城池》《公署》《亭館》《坊表》《驛鋪》《橋渡》《塔宇》等相當於今之市政建設之屬，歸於《建置》一門。地方官員履行安民職事的同時，還須大力發展地方經濟，並代爲王朝抽取，上繳賦税，《戶役》或《食貨》揭示的是税制問題，當爲地方經濟史内容。經濟發展了，百姓安居樂業了，又需要對其施以教育，於是學校之建是必不可少的。舊志中的《學校》提供的是古代一地的教育史料。爲確保一方平安，軍事防禦是必須的。粤西背山面海，既要防山賊，又須禦海寇，《兵防》門提供的是古代的軍事史料。舊志中佔很大篇幅的是人物，具體分爲《名宦》《流寓》《鄉賢》《勳烈》《貞女》等，是一地人物研究的重要文獻。《藝文》通常居舊志文本之末，爲本土或異地官宦、文士、鄉賢等對當地的詩文書寫，既是開發地方旅遊資源的重要文獻依據，也是書寫一地文學史的重要研究文本。仍有《古蹟》《寺觀》《名僧》《壇廟》等，反映了一地的民間信仰和宗教信仰，是地方宗教等問題研究的基本材料。

四、粵西府縣舊志整理的路徑

粵西高、雷二府舊志整理工作分爲兩個階段：

第一階段是將四十六種府縣舊志中凡具備整理條件的全部整理出來，作爲『粵西府縣舊志叢書』的構成；第二階段是以整理本爲基礎，將其中史料按現代學科視角分門別類，進行分類資料彙編。

本叢書編訂屬方志文獻的集成性工作，是分類資料彙編和地方文獻資料庫建設的基礎，故對整理對象不分內容粗細、篇幅大小、前後承襲狀況，均加以整理。整理方式爲只分段、斷句、標點，而不校勘，文字忠實於底本，對底本明顯錯漏之處，一仍其舊，並以頁下注形式標示。舊志的斷句、標點工作，先雷州府部，後高州府部，先今湛江政區所屬各地舊志，後今茂名政區所屬各地舊志。

各舊志體例大同小異，名目不同，內容相類。各卷次排列及其所屬各門順序，始於《輿圖》，終於《藝文》。這一體制特點爲舊志文獻的分類彙編提供了方便。同一府、縣不同時期舊志，後代志書對於前代志書內容多爲承襲，補入前代志書所未涉及時間斷限中的史料。有的舊志編纂向後延伸到民國，有的只是至清代的某一個時期，如《石城縣志》和《海康縣志》都延及民國，而《遂溪縣志》僅修至清道光朝。舊志修纂和傳世狀况直接决定了府、縣史料的系統與否。資料的分類彙編，是將府、縣舊志中某一類型文獻編輯成卷，如《湛江舊志教育史料彙編》《湛江舊志海洋史料彙編》《湛江舊志文學史料彙編》《湛江舊志民俗史料彙編》等，以此作爲地方歷史文化研究的課題選項和深層研究的依據。

本叢書的整理出版，得到湛江市文廣新局、廣東海洋大學科技處的大力支持，雷州市地方志辦公室、遂溪縣地方志辦公室在文獻資料上的支持也保證了整理工作的順利展開，出版方暨南大學出版社將本叢書列入其重點出版項目，亦是對整理工作的極大鼓勵。各舊志整理工作主要由廣東省雷州文化研究基地人員承擔，在先期文字録入過程中得到廣東海洋大學文學與新聞傳播學院的學生幫助，在後期定稿時的技術處理上得到不少有關專家的指導，在此一併致以謝意。限於各種因素，雖然我們堅持以嚴謹審慎的態度對待舊志文本，並盡最大可能避免錯漏和斷句、標點問題，但仍然會存在這樣或那樣的不盡如人意之處，敬希讀者不吝指教，以便日後完善補正。

蔡　平

二〇一八年九月

『粤西府縣舊志叢書』凡例

一、今粤西湛江、茂名二市政區所轄，自古代至一九四九年前編纂之府志、縣志之刊刻本、鈔本等，均爲本叢書整理出版對象。一地而成於不同歷史時期之舊志，盡予收録，以明當地之沿革變遷與志書承續之脈絡。

二、所録志書不論容量大小，均按府、縣傳世志書獨立分卷。

三、各志書整理，概以尊重原著、保持原貌爲原則；原書之題記、序跋、圖版、註釋、引文等，悉予保留；不得不删減之重複者，保留原目，以明全貌；原書字蹟漫漶、缺損嚴重者，據本地其他志書同類内容補入，以求完備。

四、部分舊志目録與正文有異，均按正文釐定。圖版按原書所在位置排列，不作另行調整。

五、整理者按現行現代漢語規範對原書文字進行標點，一般不分段，原則上不作校勘，不出校記。原文明顯錯訛者保持原貌，以頁下註形式予以説明。原文使用的避諱字或缺筆字徑改，異體字一般不改，俗字均改爲通行的繁體字。

六、各書有版本不同者，均以工作底本爲基準作文字對勘；遇有内容較大差異者，擇其要者於『前言』中交代。

七、標點者所撰『前言』，主要交代編修者、修纂過程、内容、該書重要價值、整理工作情況，以及其他必要的説明等。

八、叢書採用繁體字竪排，原書用於敬稱、謙稱時之特定格式，均予取消。

九、各舊志原書在序跋、凡例、目録等的順序上多有不同，本叢書均釐爲統一格式。

十、各舊志整理本目録包括兩部分：一是叢書總序、叢書凡例、整理者前言；二是原書各構成要素。原書目録融入整理本目録中，不再重複。

前言

化州，秦时屬象郡。嶺外諸郡，秦以前率皆屬荒蠻之地。漢武通西南夷，廢巴蜀，卒出番禺以取南越。元鼎六年，始定嶺外爲九郡，然多以土豪、峒主領其事，各相跨擅，或分或合，析置不一。漢时，屬合浦郡之高凉縣。建和元年，置高興郡；建寧元年，改高凉郡，旋廢；建安二十五年，復置。三國吴，屬廣州。赤烏五年，復析置高興郡，治廣化縣，即今化州州治也。晉太康元年，以高凉、高興二郡屬廣州，後省高興郡入高凉郡。太和中，置新安郡，於是廢高興之地。宋元嘉九年，廢新安郡，併入高凉，復置高興郡，後高興廢，又入高凉郡，築城陵羅江口，名曰羅州。齊时，復置高興郡，屬越州。隋開皇九年，省高興郡爲石龍縣，以屬羅州。大業二年，廢羅州，入高州；大業三年，石龍縣屬高凉郡。唐武德四年，廢高凉郡；武德五年，析石龍、吴川爲十縣，置羅州；六年，又析羅州之石龍、陵羅、龍化、羅辯、慈廉、羅肥六縣，置南巖州（北宋樂史所撰《太平寰宇記》卷一百六十七稱『南石州』）。貞觀元年，省慈廉、羅肥入石龍縣，省羅辯入陵羅縣，更名辯州。其时領石龍、陵羅、龍化三縣。天寶元年，又改羅州爲招義郡，改辯州爲陵水郡。乾元元年，復爲辯州。大歷八年，以龍化縣归屬順州。宋開寶五年，省陵羅入石龍縣，廢龍化入廣西陸川，又廢羅州入辯州，以吴川來屬。宋太平興國五年，復改辯州爲化州，此化州之始。領石龍、吴川二縣。《太平寰宇記》卷一百六十七載，其時化州州境

『東西三百一里，南北三百七十九里』。至道三年，屬廣南西路。紹興五年，增置石城縣屬之，於是領三縣，隸廣西。

元代至元十七年，改化州路，隸屬廣西。《元史》卷六三《地理志》載：『元至正十五年，立安撫司。十七年，改總管府。户一萬九千七百四十九，口五萬二千三百一十七。本路屯田五十五頃有奇。』仍領石龍、吴川、石城三縣。

明初，改化州路爲化州府，屬廣東。洪武八年，併附郭之石龍縣；降化州府爲州，領石城、吴川二縣。洪武九年，改化州爲縣，屬嶺西道高州府。洪武十四年，改高州爲府，化縣復爲化州，仍領吴川、石城二縣，屬高州府。清沿明制，領吴川、石城如故，而隸於高州府。

所領吴川縣，唐置，隸屬羅州郡。唐武德六年，隸屬辯州。宋太平興國五年，復改辯州爲化州，此爲吴川屬化州之始也。今屬湛江。

所領石城縣，南宋王象之《輿地紀勝》卷第一百十六引《（化州）圖經》云：『以縣有崗，其山如城，因之名之。』唐置，隸屬羅州郡。唐天寶元年，改羅州郡爲招義郡，改石城縣爲廉江縣。乾元元年，復郡爲羅州。宋開寶五年，廢廉江縣入吴川縣。乾道三年，復析吴川西復置石城縣，屬化州。今廉江市也，屬湛江。

據《乾隆化州志》可知，化州境域南北長而東西短。東起茂名，西迄石城、吴川之石門河，與雷州之遂溪接壤。北起廣西陸川、博白二縣，南迄吴川之芷苧口。實環疆五百里，廣九十五里，袤二百三十里。明萬曆年間，化州有著名的八景，即寶山積翠、鑑水飛帆、立石中流、千秋夜月、登高野色、驪珠波光、龍岡盤石、鳳井名泉。萬曆間化州知州沈水曾作《化州八景》詩，今編入《乾隆化州志》卷十《藝文志》中。

化州志之編纂始於宋代，宋有《（化州）舊圖經》及《（化州）圖經》，均佚，撰者亦不可考。宋代劉及所纂《陵水圖志》三卷，已佚，《宋史·藝文志》見載。劉奕所纂《陵水志》三卷，已佚，《輿地紀勝》『碑記』類見載。除北宋樂史《太平寰宇記》及南宋王象之《輿地紀勝》中所引《（化州）舊圖經》及《（化州）圖經》外，靡可考鏡。今从《輿地紀勝》卷第一百十六摘録所引《舊圖經》記化州山水形勢云：『（二水，乃陵水、羅水是也。）陵水自容州扶來縣界流入陵羅縣界八十餘里會羅水，羅水自陵羅縣西北五里，南流一百一十余里會陵水。昔有陵、羅二姓居二水之濱，因名之陵、羅。二水合流七十里，經州城東，下合三江水爲三水。東北一派自高州信宜縣，順流一百餘里至州城；西北一派自容州北流縣，經州界扶來、羅辯等鄉合流，下至三江會而爲一，東百餘里至吴川縣通大海，每歲運鹽及通商往來。』又記化州氣候云：『境内多土山盤礴，無甚峻嶺。濱海數郡，惟此地爲最，炎風不蒸，三水繞城，以泄嵐瘴，民少痁疾。』又記化州風俗云：『其俗信鬼，好淫祠。今化之爲俗，士民被禮遜之教，出入頗衣冠相尚，雖賤隸，服亦襟衽，無復文身斷髮之舊。』從《輿地紀勝》所引《舊圖經》及《圖經》可知，宋代以前，化州尚夷俗，其人梳椎髻，服左衽，信鬼，好淫祠。宋代之後，化州士民漸受禮教浸潤，出入尚衣冠，服亦襟衽俱全，不再文身、斷發。

《太平寰宇記》卷一百六十七載化州山川形勢，所引《圖經》云：『招義山。在廢縣（廢陵羅縣）西北二里。』此外，《輿地紀勝》另載唐代化州郡守詩一首，可補唐代化州藝文之空白：『羅川帶郭古南州，陵水環城小庾樓。雲淡青山無過雁，雨涵丹荔集鳴鳩。叨承銅竹三經夏，勸課農桑屢有秋。好趁湍流下吳會，章臺無柳繫歸舟。』

元代之紀述無聞。明代所纂州志有陳鑑所輯《州志拾遺》。陳鑑，字子明，化州人，萬曆戊午經魁，任江夏教諭。明萬曆二十六年，沈水修《萬曆己亥化州志》，《光緒高州府志》見載。沈水，福建詔安人，舉人，萬曆二十四年任化州知州，廉潔愛民，開淤濠，尤加意學校，捐金贖城内地，移建舊學。萬曆二十六年，沈水募民運石爲臺，以鎮羅江水口，命往來舟筏者各捐土石一畚，築驪珠臺。上述兩種明代州志均失傳。

清代所修化州志，一修於康熙庚戌，參與者有知州呂兆璜，儒學學正東莞朱廷誼，雷陽州貢生陳濟、趙丁、黄銓。再修於康熙丙寅，則有知州楊于宸、儒學學正順德舉人翁邕，訓導陽山歲貢簡耀宗，舉人李履祥，貢生黄銓、陳斯。三修於乾隆十三年戊辰，由知州楊芬修，學正林玉葉纂。此後歷經道光五年、光緒十六年兩次重修。上述清代所纂五種州志，均收録於《廣東歷代方志集成》。

康熙九年呂兆璜纂修《康熙庚戌化州志》十二卷。呂兆璜，河南新安人，拔貢，康熙八年任知州，有政聲。康熙八年，化州大水，呂兆璜捐穀百石賑之。是年冬，水街失火，又捐穀百石、銀七十五兩賑之。庚戌志在萬曆己亥志的基礎上，補七十年間之行事。康熙二十五年，楊于宸纂修《康熙丙寅化州志》

十二卷。楊于宸，正藍旗，監生，康熙二十四年任知州。丙寅志取前志互相參考，訂定庚戌之『略而弗傳，傳而失實之誤』。當此際，正是兵燹淪亡之時，文獻多所不備，因襲明例甚多。其他古有今廢、未經分別註明者，不可勝舉。因此重修州志，勢在必行。

自康熙丙寅楊于宸重訂《化州志》，歷六十年後，至乾隆十二年丁卯，是年『恩免正賦，秋又大孰』，知州楊芬始倡修州志，歷八月而志成，共十卷。是志也，由知州楊芬總修，儒學學正林玉葉、儒學訓導葉芹協修，吏目柯玉齊、家沙司巡檢吴志道督梓，副貢李萬英、歲貢凌震、歲貢李俊泮、例貢黄夢魁、庠生黄冕分校。楊芬，廣西臨桂舉人，乾隆十一年任化州知州，博學洽聞，歷膺煩劇，發奸摘伏，字弱鋤强。乾隆十二年，楊芬重建親民堂、四賢祠，重修譙樓，捐修蘇澤堂、志遠樓、九思軒；乾隆十三年，遷建學宫，所在有聲。簿書之暇，遍採輿論，掇拾遺册，對舊志訂訛補遺。林玉葉，廣東陸豐舉人，乾隆十二年任儒學學正。葉芹，廣東嘉應歲貢，乾隆五年任訓導。柯玉齊，順天大興人，乾隆十一年任吏目。吴志道，順天大興人，乾隆元年任家沙司巡檢。

《乾隆化州志》，體例上分爲十卷，六十一細目，綱舉目張，便於觀覽。以輿地冠首，後及建置、官師、賦役，而秩禮、戎備、選舉、人物、紀事、藝文，各以輕重分先後，另以其小類附之。

前有《繪圖》：化州總圖；州治圖；州署圖；家沙司圖；鄉都圖；新學宫圖；驪珠臺圖；龍王山圖。

《輿地》：沿革；星野；氣候；里至；形勢；山川；鄉都；墟市；陂渠；物産；風俗。

《建置》：城池；公署；學校；坊巷；井附；橋渡；臺榭；祠壇；寺觀；附養濟院義塚。

《官師》：職制；宦績；附遷謫。

《賦役》：戶口；田産；另項；附載；起運；存留；均平；積貯。

《秩禮》：祭祀；慶賀；開讀；救護；鞭春；上任；講讀；鄉飲。

《戎備》：兵制；營堡；狼猺兵。

《選舉》：進士；鄉舉；恩拔副歲；例貢；薦辟；封贈；武科；冠帶附。

《人物》：列傳；列女。

《紀事》：災變；古蹟；坵墓；餘録。

《藝文》：典謨；記序碑銘；詩賦。

總體上，《乾隆化州志》補舊志之隙漏，『參之舊志以爲之本，考之府、省志以爲之証，徵之茂、電、信、吴、石諸鄰之書以爲之輔，酌之世族譜牒、故家藏書、鴻儒寶秘以爲之訂訛補遺。』如卷三《宦績》一目中，楊芬訂舊志之訛異。舊志把柳公權作爲名宦之首記載於《宦績》中，實則有誤。『權未嘗臨涖茲土，亦無貶謫化州事。』『權』爲『瓘』之誤，柳公權應爲柳公瓘。又如卷三《遷謫》一目中，楊芬引用鴻儒寶秘《談國紀聞》來補舊志遺漏：『《談國紀聞》云：淳夫自賓移化，乾旨嚴峻，郡官不敢相聞。假居僧寺，父老爭持金帛相獻，悉却遣之。久之，屬疾。寺僧見一大星隕中夜，聞人馬聲，傳呼開門。僧趨訪之，則公薨矣。李賓指山後一穴曰：葬此，當得歸。是年，颶風大作，屋瓦皆飛，大木盡拔，而殯所不動，人以爲忠誠所感。次年，果遇赦，歸。或又曰：公後還葬，而此其殯也。』再如卷一《物產·藥之屬》類目中，列入了舊志缺而不載的『橘紅』這一化州的獨特藥材：『化州藥屬凡得四十有一，皆非地道材，惟橘紅最爲佳品，其種二，有紅、白瓤之分，即柚也，岐黄家用以利氣化痰，功倍他藥。然亦署內、城內者宜用，愈陳愈良，城以外臭味即迥殊，非手制目繫，莫辨，誤用或反不利。舊志缺而不載，或恐與珊瑚、翡翠遠索於珠崖疋島間，貽異日供億之累。』可見《乾隆化州志》十分重視勘誤、辨僞、補闕的工作，盡量還原州志之原貌。

《乾隆化州志》又删其繁冗、存其簡要者，尤其加意於士習民風。舊志中《沿革》《山川》《城池》《紀事》《古蹟》《餘録》等卷，多有重出叠見之處，今爲删繁就簡。如卷九《災變》一目中，楊芬有按語曰：『五雲之變可以占豐歉，八風之朝可以占吉兇，故君子遇災而懼，有修德、修政、修救、修禳之事。舊志於有明以前，所紀者皆沿革中事，首卷既見，今悉去之，非敢鑿空影附。』《乾隆化州志》的主修者還十分重視風俗教化，把從政與修志相結合，政教齊下，約民以禮，以正民風。《風俗》一目，舊志僅紀歲時常見之事，而於習尚之偏多有所諱，對化州民風習俗之流變避而不載。今之化民，競尚靡麗，衣被華綺，飲食豐侈；男女婚聘，較金計奩；沈溺風水，遷延不葬；甚至盗憎其主、民謗其上者甚眾。今修志者有感於習俗之漸衰，不以敝俗爲諱，而以救時爲己任，有望於讀書、守禮之鄉賢擔移風化俗之責也。

今志各項各類廣羅搜集，務求實錄。《人物》一卷，化州之鄉賢，見於舊志不過十余人，缺漏甚多。

康熙丙寅以前之鄉賢，或事實未詳，或姓字、里居舛謬闕畧，旁見於他書者，悉依改正。丙寅以後，或有豐功偉績、聲名赫赫者，無論曾否從祀，俱編次收録。或有修行於家，有德足爲鄉人所敬重者，悉附於《列傳》。《列女》一目，無論死節、守節、已旌、未旌，皆得增入類目。

《藝文》一卷，舊志所載甚少，寥寥無幾，今志廣加搜羅。收録自順治三年至乾隆十二年帝王典謨共五十七篇，皆有關粤省教養、風俗、人心之要者，爲教化導民之用；記序碑銘共三十篇；詩四十九題共六十八首；賦二篇，皆是相關本縣之作品。其中外省作者共六人、作品共十三篇：瓊南人王宏誨之《遊昌化寺》詩一首、《沈太守邀飲驪臺口占紀勝》詩一首；瓊南人許子偉之《沈太守邀飲驪臺口占紀勝二絶》詩兩首；瓊海人姚文鉉之《驪珠臺》詩一首；廣西人江世琳之《登寶山》詩一首、《童姑曲》詩一首；廣西人王廷綸之《化州采風得八截句》詩五首；廣西人張盛錕之《羅江稅館燕集招陳孔常不至遺以詩即用原韻答之》詩一首。缺名作者藝文共有七篇，分别爲：《城南舊學記》《元州判遊公祠記》《亞沂亭記》《景濠臺記》《平倭亭記》《嶺西大捷露布》《勅封高涼郡夫人冼氏廟記》，多爲化州公署、名勝、祠堂、寺廟歷史變遷之記載。另外，收録了元代高州路同知馮翼翁的散文《儒學復田記》一篇，爲《全元文》未收之作，可補元代藝文之闕漏。

江淹有言：『修史莫難於志。』地志之集大成者爲一統志，省志偏矣，府志益偏矣，而州縣志則偏而又偏矣。然府、省、一統志皆以州縣志爲基礎，倘若州縣志苟不詳且核，則他志皆不得詳核。州志之修纂責任重大矣！王通亦云：『史之失，自遷、固始也，記繁而志寡。』因此，楊芬在序中稱重修州志不托之空言，以收返璞還醇之效。志山川，是爲裁定疆界、杜絶爭端也。志氣候，有資於春耕秋收播種之宜。志營建，是爲修築場地，有益於農事也。志田賦，是爲清理私佔田地，鼓勵農耕矣。志學校，是爲儲良材以備選用矣。志人物，是爲風化邑人，教孝教忠。志官師，是爲昭明職守，各不越俎也。志祀典，斥輕慢祭祀之弊也。志戎備，嚴看守瞭望之責也。志風俗，使兄賢弟恭、夫妻融洽。志人物，彰善懲惡，激勵人心。録古蹟，可以存軼事藝文也。此乃重修州志之非凡意義也。

馬瑜理

二〇二二年十一月

目録

目録

化州志卷之四

化州志卷之五

化州志卷之六

化州志卷之七

化州志卷之十（下）

重修《化州志》序

負海之國，九坎天淵，以資樹畜，爲醇和之所滋培，即靈傑之所萃會。化雖僻在南荒，同次星紀，亦必有外史所掌，所以尊王者大一統也。隋唐以前，馮氏世守其地，武勳燦然，然風氣未開，椎跣錯處，僅爲遷謫之所。宋景定間，即有成名進士者。明則文章節義，項背相望，駸駸乎幾與中州等，鄉人薫其德而善良者衆矣。

國朝聖聖相承，重熙累洽，海隅日出之鄉，罔不率俾，寧無蔚然興起，以應至治之隆者。乃概付之荒烟蔓草，淪落無傳，設一旦有軒輶之採，不且重守土者之咎歟？芬以邊鄙豎儒，作吏一十八載，今復叨沐聖恩，簡畀兹土，粥粥一無行能以求報稱，苟可興教起敝有益地方之事，雖甚謭陋，敢不悉心。待罪以来，嘗考鏡古今得失源流、盛衰遷變損益之故，諸曹皆瞠目相視，茫無以應。叩之舊板，蟲蝕殆盡，魯靈一賦，既愴感之無窮；石鼓千言，復糢糊而莫辨。盖自康熙丙寅，前州楊牧重訂後，迄今六十年矣，俗吏日勞案牘，且在琴瑟更張之始，毣毣焦心，未遽及此。爰治城墉，次倉庫，次邸舍，取我田疇而均之，取我譽髦而廡之，積數月經營拮据，稍有就緒，乃得與州人士執筆從事。

是年，恩免正賦，秋又大孰，請之道憲甘公暨府憲劉公，均蒙許可。於是禮聘博雅，分部摛辭，發潛闡幽，章志貞俗，閲八月告成。是役也，始吾不敢以苟求之，懼搜羅之未遍也，繼且不敢以恕予之，懼責寔之匪易也。糸之舊志以爲之本，考之府、省志以爲之証，徵之茂、電、信、吳、石諸鄰之書以爲之輔，酌之世族譜牒、故家藏書、鴻儒寶秘以爲之訂訛補遺。雖如是，敢自謂爲信史乎？昔江文通謂：『修史莫難於志。』文中子亦云：『史法壞於遷、固，記煩而志寡。』芬嘗奉持斯語，竊不欲托之空言，遂畢今日之能事，則是志星纏災沴，民知祈豐弭變矣。志山川，誇雄圖，裁疆界，溝洫之必分，杜爭端也。志營建，辰角天根，收而塲功，偫而畚挶，王政所不廢，况重於此乎，敢不遵道遵路。志田賦，孰爲沃衍豐壤，孰爲港洄坑谷，孰爲林蕭蔓荆，孰爲瀺灂賈墜，隱占清而包賠豁，公私取足於此矣，尚毋墮爾耕。志學校，儲良材以備選造，郁郁盛哉往矣，可以興，可以觀。志人物，教孝教忠。志官師，昭職守也。志祀典，斥淫瀆也。志戎備，嚴守望也。志風俗，寧樸勿華，寧儉勿奢，勿信師巫，勿溺形家言，勿兄弟爭訟、男女毀盟，勿輕生鬪很，勿爲盜賊，民知重法哉！餘録古蹟，所以存軼事藝文，則藉以發明諸志也。志之義，庶幾備矣。從此龍崗鳳井間，當有嗜學好古之士，登覽勝亭，當年風景不殊。弔范學士墓，想見古人亮節孤忠，感慨係之。因求陳思賢、蔣資、梁瑶、李琛、姚岳祥諸君子遺書，與鄉之子弟講明，若者節義，若者文章，若者行乎於家，若者譽重於國，俾知仰止前徽，爭相磨礪，以收返漓還醇之效，將見三秀聯芳之盛又復見於今日，守土者與有榮焉。是則芬孜孜成書意也。至若繁簡工拙，竊多未當，後之披是編者請無以辭害志乎！

時乾隆十三年歲次戊辰，孟夏月上浣，奉直大夫知化州事加一級紀録六次臨桂楊芬撰。

重修《化州志》序

志之作昉於史，非其人不傳，有其人不繼，其事雖傳亦不久。昔龍門之紀，太史公實世其官，而司馬遷因以成父業而書傳。漢書之譔，班孟堅肇其模，而曹大家因以成兄志而書傳。唐書成於韋述，而歐陽繼之，遂以論列五代。陳書譔自思廉，而南豐序之，別爲目録一篇，而書亦傳。傳不傳，視其人，此前人所以重有賴於後人也。化爲石龍古邑，歷代析置不一，國朝仍明制，領石、吳巋然一州，亦風會所趨也。其間，陵谷變遷之故，人物衰旺之由，土田登耗之數，風俗淳漓之本，舊志非無所紀。然自康熙丙寅，距今六十一年，無論蠹蝕煙銷，後之人不免于目語額瞬，悵悵于文獻之不足。即使斷簡僅存，而新者無以增，變者無以革，何以肇已往而啓將來？夫一行作吏，日迫於簿書，期會視此爲不急之務，亦或因陋就簡，以文章點綴風景，曾何關於經方致遠之用。

刺史芝友楊公，博學洽聞，歷膺煩劇，平日之發奸摘伏，字弱鋤强，而于事無不斷，所在皆有聲。以今丙寅冬杪，來蒞化州數月，政成，乃遍採輿論，運心裁，於叢墟眂沫之餘，掇拾遺冊，補其隙漏，薙其蘩芿，而汰其偎冗；簡而該，典而則，復肆于士習民風，加意焉。既付梓，以未能阿匼隨人，有垂世好爲言，亦以見公之意也夫。玉葉官忝四門，才識淺陋，雖與叅考，莫展一辭，他日輶軒戾止，持此以獻冊府。玉葉幸得附名卷末，邀榮不朽，用敢謹綴片言，與枌榆父老同志其盛，若以爲序，則又何敢。

時乾隆十三年歲次戊辰，季春月，化州儒學學正、甲子舉人、鄰治年家晚生林玉葉頓首拜撰。

繪圖

化州總圖
州治圖
州署圖
家沙司圖
鄉都圖
新學宫圖
驪珠臺圖
龍王山圖
州庠黄博萬寫。

化州志
化州總圖
輿圖
北至陸川北流界
寶塔汛
龍王山
西山
梁家沙堡
中村
登高山
東至茂名界三十里
大橋山
千秋山
城隍廟

二百四十里
西至石城界七十里
南至吳川界四十里
青湖山
官橋
官山
獅子山
演武亭

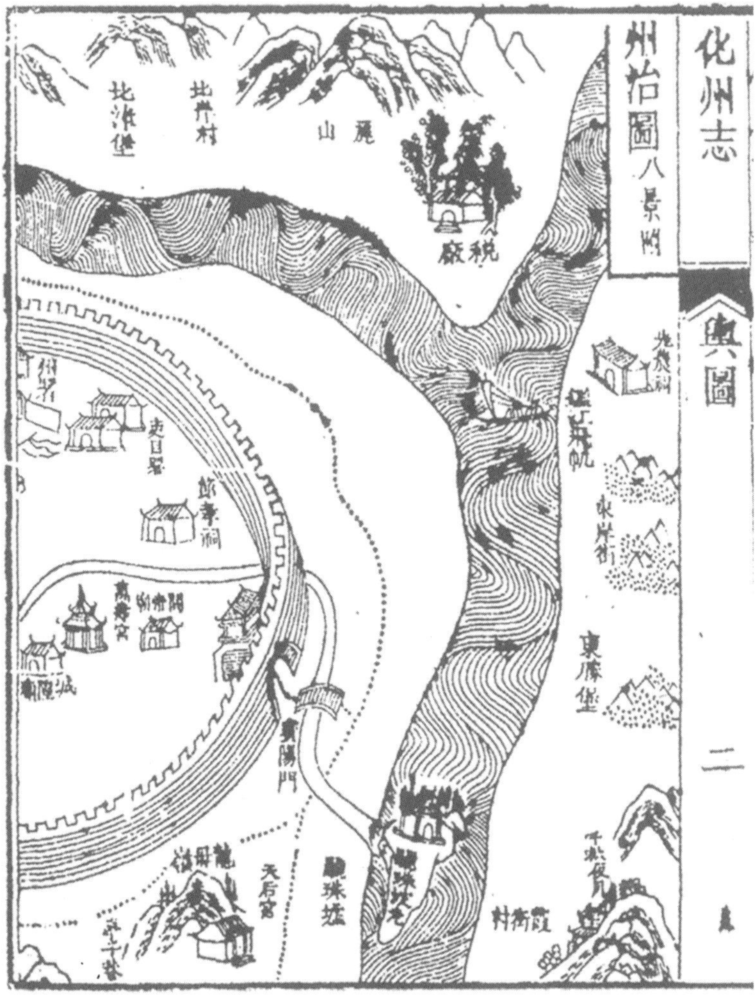
化州志
州治圖八景附
輿圖
二
麗山
税廠
東岸村
東勝堡
寶陽門
天后宮
萬壽宮

登高野色
立石中流
上郭堡
上郭村
三官堂
洗夫人廟
上郭塘
社稷壇
范公墓
儒學
城守
下郭堡
下郭村
迎薰門

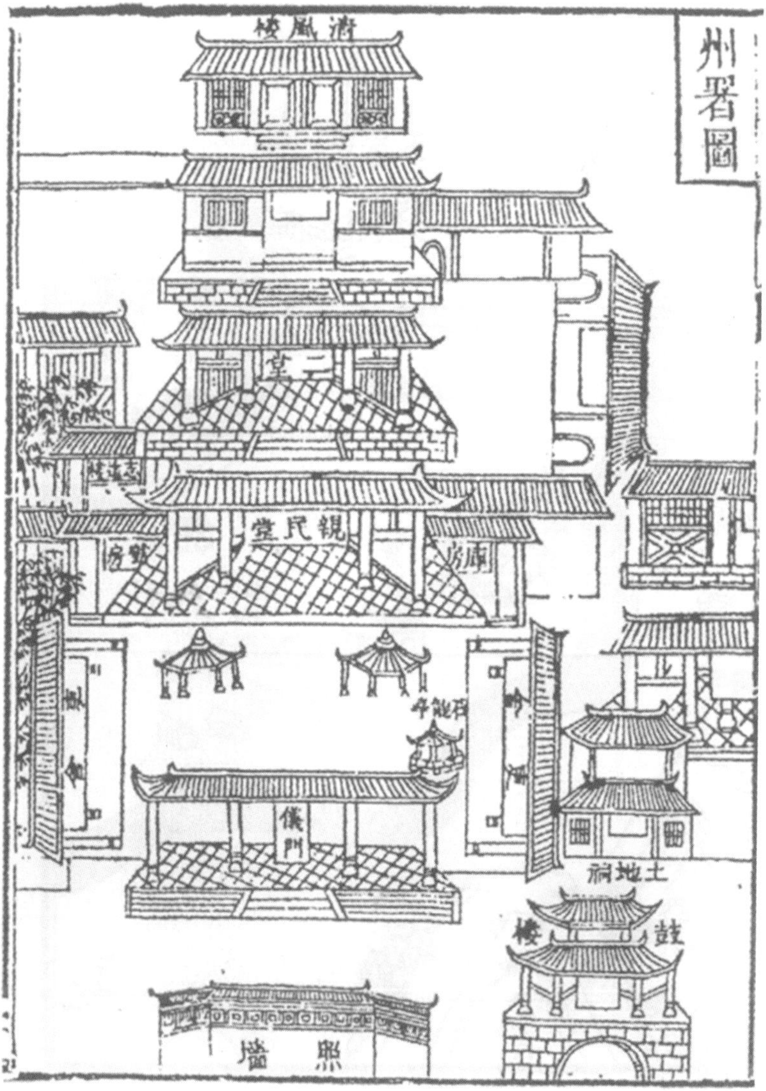
州署圖
清風樓
親民堂
儀門
照牆
土地祠
鼓樓
石龍亭

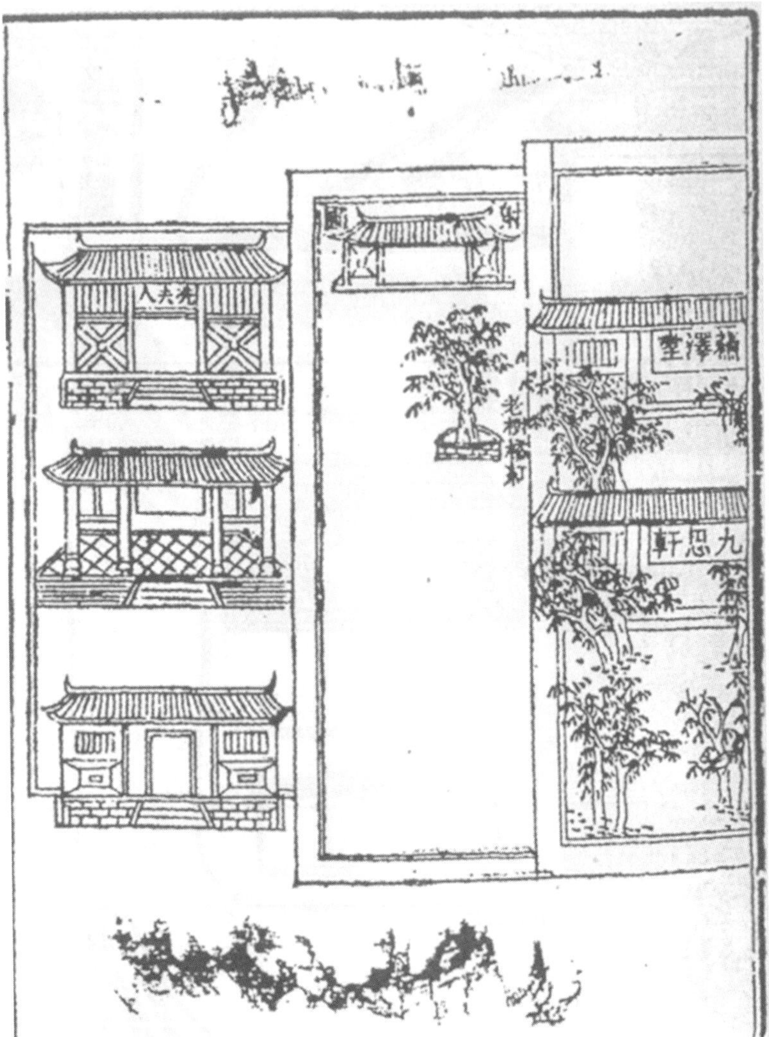
老夫人
射圃
老榕樹
積澤堂
九思軒

白梅汛
亭子村
陳田村

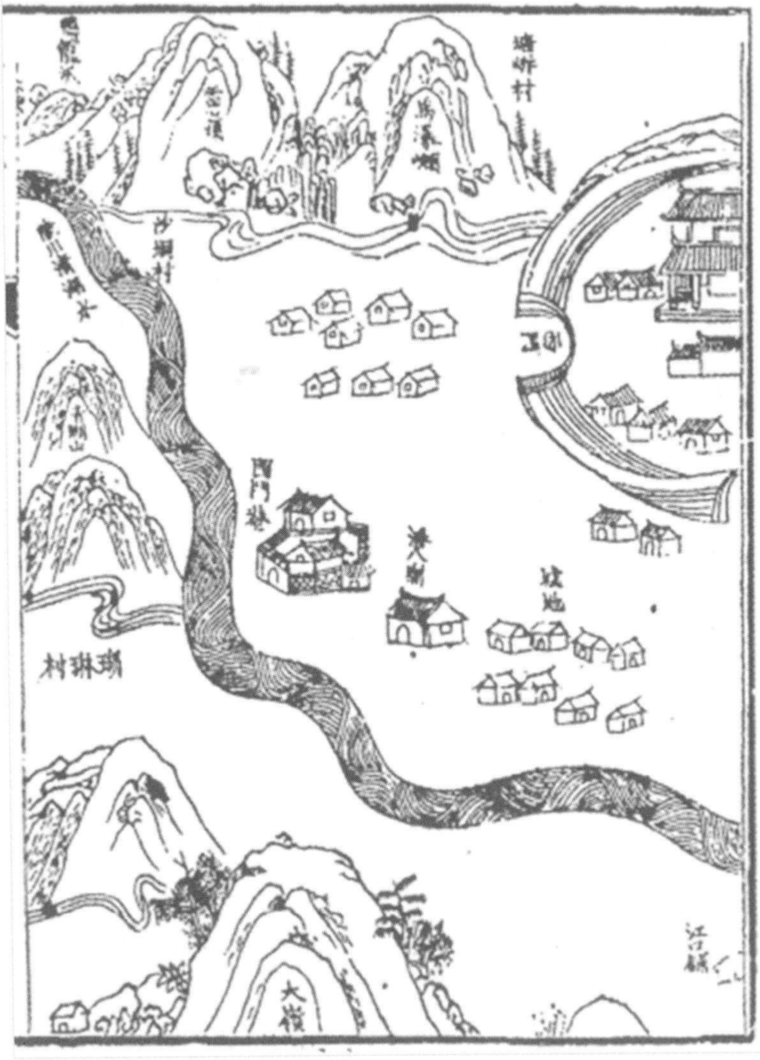
西門墟
大嶺

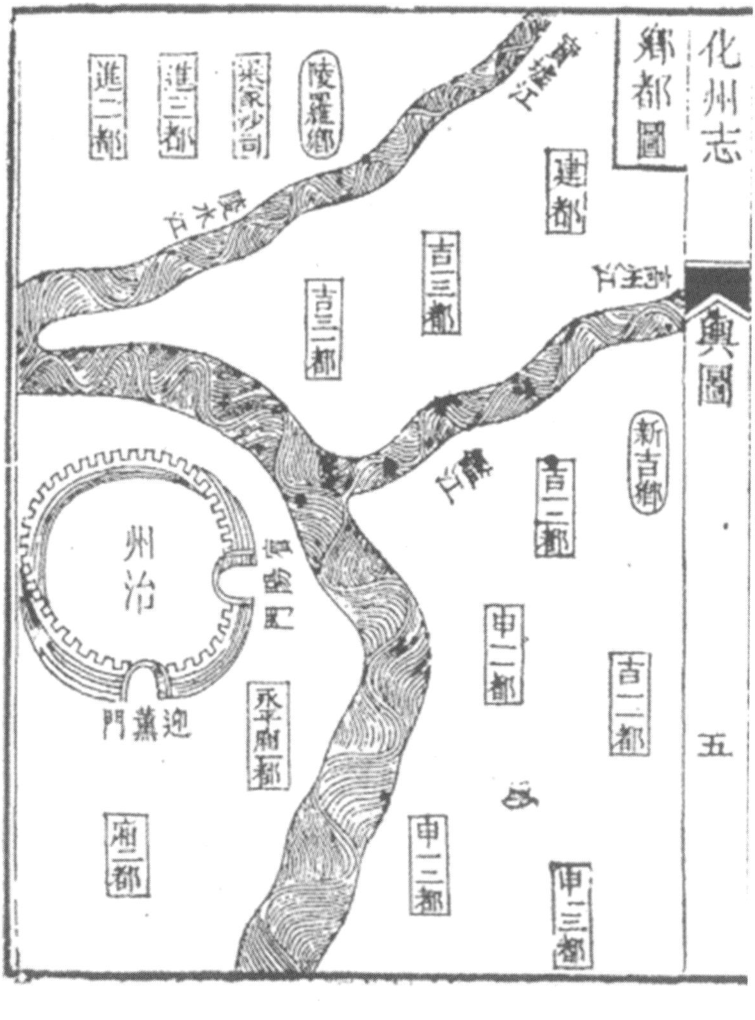
化州志
鄉都圖
輿圖
五
陵羅鄉
進三都
進二都
陵水江
建都
吉三都
新吉鄉
吉二都
州治
迎薰門
申二都
申三都

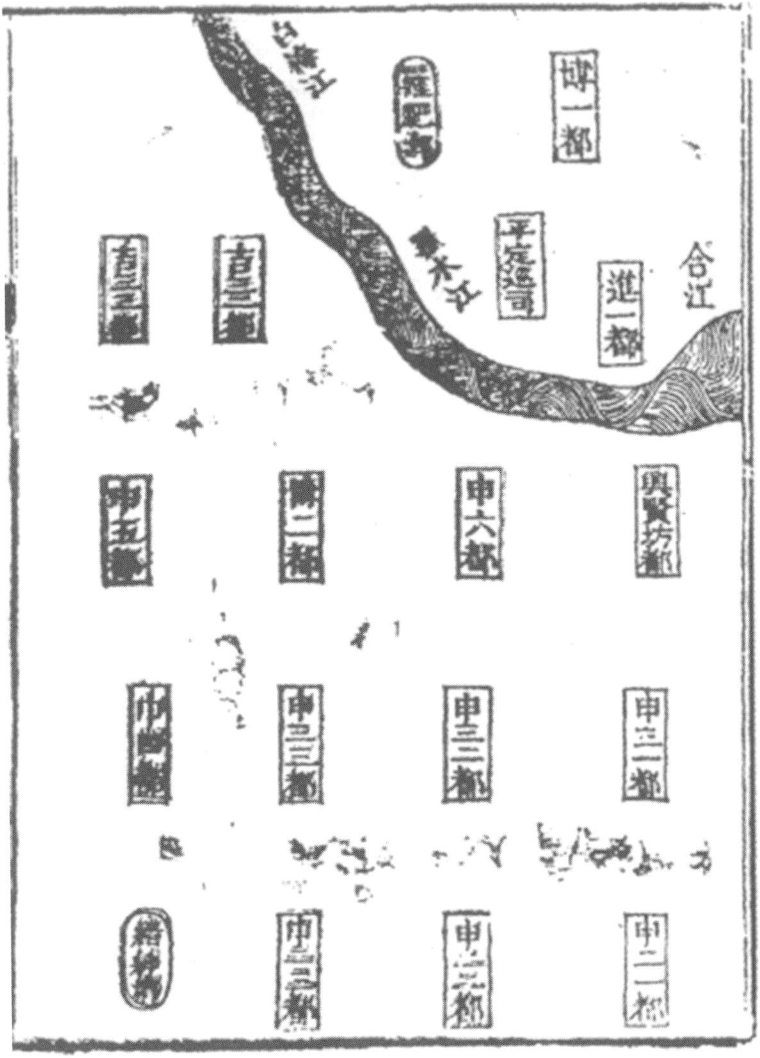
博一都
平定巡司
合江
進一都
申六都
興賢坊都
申三都

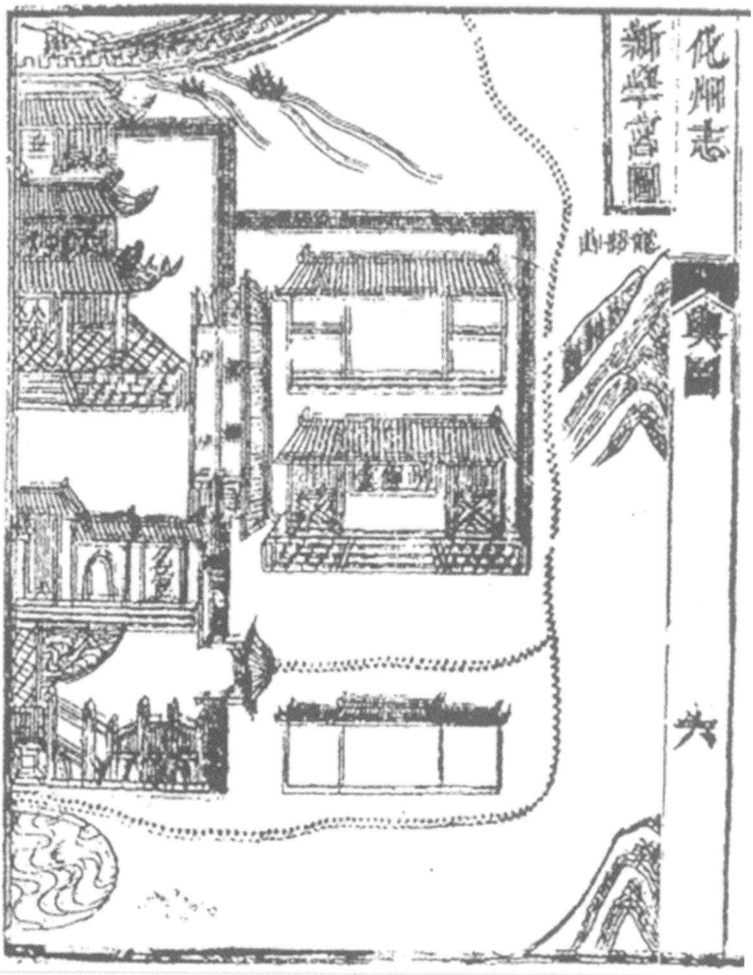
化州志
新學宮圖

龍崗山
護龍庵
殿
鄉賢

驪珠臺圖
千秋山
文昌閣

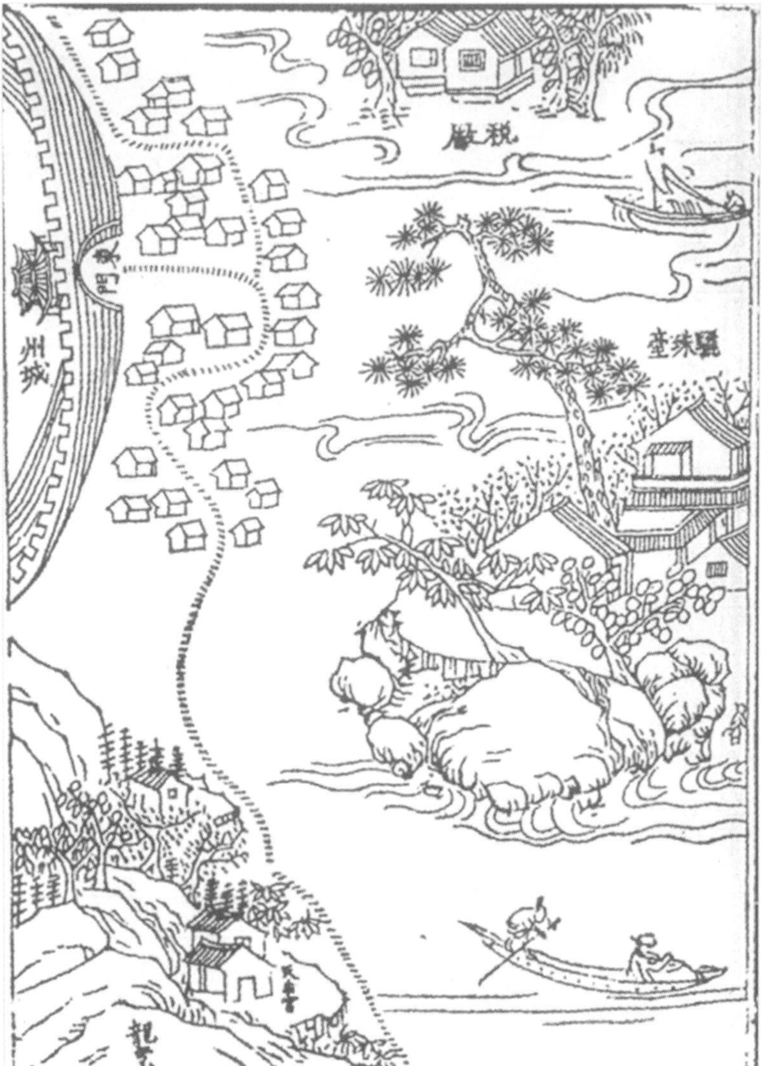
稅廠
寶珠臺
東門
州城

龍王山圖
玉盆峰
金釵嶺
中村
湖口嶺南村

茂名界
高峰
天池
九吊水
竹嶂
黃官峰
烟霞洞
試劍石

《書》曰：『大哉王言，一哉王心。』《記》曰：『王言如絲，其出如綸。王言如綸，其出如綍。』古帝王斂福錫民，往往見諸彝訓。《洪範》所謂皇極、彝訓即天訓也。惟臣欽若，惟民乂從，世世守之，弗敢褻也。方今聖天子，建極綏猷，一本於敬天法祖。凡善政善教，宣諭中外，必戒臣工，納言惟允。直省督撫大臣仰體洪慈，又各勤宣上諭：德意固已『九功惟敘，九敘惟歌』矣，乃猶宵旰靡寧，不忘咨儆。舉民間衣食農桑之務，學校教化之源，風俗澆漓奢侈之漸，人心禮義廉恥之防，以及水旱盜賊之必備，遊惰頑梗之必嚴，罔不上廑宸衷，重申巽命。而要皆權於大中，協於至正，而出于於至誠。理易知，而事易行，實爲自古典謨誓誥所未備。惟是奉到之日，大吏敬謹行于所屬，而守土之臣，不過張掛一次，何以使窮鄉僻壤咸得周知。且寔頑下愚之輩，狃於積習，非頻加警覺，亦無由動其悔悟而啓其自新之機。爰是恭集歷年奉到諭旨，尤關於粵省教養、風俗、人心之要者，敬刊成帙，遍布鄉閭。俾野老村童皆得，朝夕捧誦是訓是行，其有未諳，即向約正質問，或向識字族長塾師講解，務求曉暢，互相勸懲。化其偏陂好惡、偏黨反側之私，率夫蕩平正直之道，勉爲盛世會極歸極之民，守土之臣亦與有榮幸焉。上諭。

化州知州臣楊芬，稽首頓首謹識。

纂修姓氏

總修

奉直大夫知高州府化州事前湖北丙辰科同考試官、辛酉科武闈同考試官楊芬。

協修

化州儒學學正林玉葉、化州儒學訓導葉芹。

督梓

化州吏目柯玉齊、化州家沙司巡檢吴志道。

分校

副貢李萬英、歲貢凌震、歲貢李俊泮、例貢黄夢魁、庠生黄冕。

重修《化州志》凡例

一舊志十二卷，標題三十一，以類附者八。雖屬時創，亦有義例可因。但一修於康熙庚戌，再修於康熙丙寅，當逆藩跋扈、兵燹淪亾之時，文獻不偹，多襲故明遺篇。其他古有今廢，未經分別註明者，不可勝舉。大抵丙寅之志，即就丙寅現在者言之，亦猶庚戌之志不得，仍襲萬曆也。今爲總綱十，細目六十有一，以輿地冠首，該載沿革、分野諸條次，始及建置及官師及賦役；而秩禮、戎備、選舉、人物、紀事、藝文，各以輕重分先後，即以其類附之。總求綱舉目張，便於觀覽。

一星野之次，各有躔度，未免包荒其說。按：揚州南境，屬地遼闊，化州不過太倉稊米，若不即里推求，知此地應在某度，終於分野未詳。但徧考諸推步家言，如劉青田、章世純，細數而迄無確指。且恐寸寸而量之，愈精鑿愈荒唐，以貽是書之疑，姑仍之，以俟後之閎博焉。

一氣候，必辨陰陽、燥濕，俾人知所調攝，且有資於播種之宜。今悉據實紀之，綴分野後。

一風俗，所關不小。前志但紀歲時常見事，而於習尚之偏，多有所諱。救時君子，不妨舉已往以戒將來，庶幾維持之責，有所歸矣。

一山川，各有方域，其或一山而綿亘數處者，一水而紆廻往復側見複出者。今以所向爲定位，而遡其源，以及其流，中間連貫分合之處，仍就其形勢以遞附之，俾覽者按求即得。至陂渠有關水利，各從鄉、都分載，所以杜爭端也。

一郡邑營建，與營國經野、奠泐之制相關。故凡修廢舉墜，必書年、書官、書名，所以昭臣職也。

一賦役，隨時損益，今昔不同，應照國朝定制，現奉全書載之。至於項欵多端，自有檔冊可稽，志乘只撮其要。

一禮有五吉，居其一而祀典最重，雖所在同揆，弗敢不備。

一志載人物，彰善即以癉惡，最足激勵人心。州之鄉賢，見於舊志不過十餘人，甚屬缺漏。丙寅以前，或事實未詳，姓字、里居舛謬闕畧，旁見於他書者，悉依改正。丙寅以後，迄今六十餘年，行南國而懷思，過西山而嗟悼，寧無直道在人，自宜博採以光簡冊。其果豐功偉績、聲施赫赫者，無論曾否從祀，俱照年編次。至于行修于家，足爲鄉黨所矜式者，舊以齒德該載，但德可勉而齒不可强求，今悉附于《列傳》，亦取人不求備意也。

一人倫始於夫婦，潛德幽光，最宜表揚。無論死節、守節、已旌、未旌，皆得增入《列女》條內。但一有所狥，即玷信史，此載務求實錄。

一僧壇、道院，儒者弗道。然亦有施渡講約，農事所關，爲民祈禱之所，未便概置不録。今於已載者，註明曾否傾圮、有無重修。新增者，非祀雨、乞靈，悉屏於淫祠當毀之列。

一災變，所以示警。有見於丙寅以後者，核實載入。其或傳聞異詞，即同無稽置之。

一舊志《沿革》《山川》《城池》《紀事》《古蹟》《餘錄》諸卷，不無重出叠見之處，今既各有本條，應爲删繁就簡。

一舊志《藝文》寥寥無幾，自應廣加蒐羅。其無關於物俗風化者，雖有佳篇傑作，仍不敢以一人之私好，以貽浮靡之譏。

一萬曆志，修纂姓氏無考。國朝康熙庚戌，則有知州呂兆璜，儒學朱廷誼，雷陽州貢生陳濟、趙丁、黄銓；丙寅志則有知州楊于宸、儒學翁邕、簡耀宗，州舉人李履祥，貢生黄銓、陳斯，概仍存其名，不没前善。

化州志卷之一

化州知州楊芬輯

輿地第一

沿革　星野　氣候　里至　形勢　山川　鄉都　墟市　陂渠　物産　風俗

畫野分州，始於黄帝有熊氏。至周，而井邑邱甸，詳見《地官》，所以正疆域也。蓋地有專隷，有析置，有改設，方隅定而占候確。於以相其土宜，酌其險易，而阜其財求，因俗成化。雖僻在遐陬，亦有足紀焉。作輿地志。

沿革

唐虞，日南地。

三代，百越地。

秦，屬象郡。

漢，屬合浦郡之高涼縣。建和元年，置高興郡；建寧元年，改高涼郡，旋廢。建安二十五年，復置。

三國吳，因之，屬廣州。赤烏五年，復析置高興郡，治廣化縣，即今州治也。

晉太康元年，以高涼、高興屬廣州，後省高興入高涼。太和中，置新安郡于廢高興之地。

宋元嘉九年，廢新安郡，併入高凉，復置高興郡，尋廢，入高凉。又築城陵羅江口，名曰羅州，而置令焉，屬高凉郡。

齊，仍宋制，復置高興郡，屬越州。

梁大通中，置羅州於高興郡。

陳，仍梁制。

隋開皇九年，省高興郡爲石龍縣，以屬羅州。大業二年，廢羅州，入高州；三年，石龍縣屬高凉郡。

唐武德四年，廢高凉郡；五年，析石龍、吳川爲十縣，置羅州；六年，又析羅州之石龍、陵羅、龍化、羅辯、慈廉、羅肥六縣，置南巖州省志：南石州。貞觀元年，省慈廉、羅肥入石龍，省羅辯入陵羅，更名辯州。領縣三：石龍、陵羅、龍化。天寶元年，又改羅州爲招義郡，改辯州爲陵水郡。乾元元年，復爲辯州。大歷八年，以龍化屬順州。

五代南漢，仍唐制。

宋開寶五年，省陵羅入石龍，廢龍化入廣西陸川，又廢羅州入辯州，以吳川來屬。太平興國五年，改辯州爲化州此化州之始，領二縣：石龍、吳川。至道三年，屬廣南西路。紹興五年，增置石城屬之，於是領三縣，隸廣西。

元至元十七年，改化州路，仍領縣，隸廣西。

明初，改化州路爲化州府，仍領縣，屬廣東。八年，併附郭之石龍縣今寶嶺南爲縣故址，爲州，而石城、吳川隸如故。九年，改州爲縣，屬嶺西道高州。十四年，改高州爲府，化縣復爲州，領縣二：吳川、石城，屬高州府。

國朝，因之。

芬按：嶺表諸郡，秦以前率皆荒服。漢武通西南彝，廢巴蜀，卒治道浮牂牁江，出番禺以取南越。元鼎六年，始定嶺外爲九郡，然皆羈縻屬之，多以土豪、峒主領其事，各相跨擅，或分或合，析置不一。今於數千年後，考其封域，大抵見於統隸者居多。唐宋以還，雖置專官，又僅爲貶謫之所。終明之世，遷改無常，葢漸被暨訖，繡錯磐石，未有如國家之久安者也。兹概志之，亦守高會，以長子孫，不欲忘其所自云爾。

星野

天文所屬，牛、女二星分野。舊志

牽牛，流爲揚州，分爲越國。《春秋緯書》

自南斗十一度以至須女十度，爲星紀之次，吳越分野。《帝王世紀》

星紀，爲南負海之國。《唐志》

十二國女下北一星曰越。付義云：越有三越，實揚州之南境。《文獻通考》

芬按：牛宿七度丑，磨碣石星紀，吳越之次。女宿十度、二度入子，齊分青州，寶瓶宫二枵之次。春秋以前，九州未出嶺外。今疆域暨於儋、交，而乃盡附于揚，以屬牛、女，毋乃壘空之在大澤乎。然按唐僧一行，以河兩戒分南北，以負海之流定星紀，則自廣以暨潮、惠、閩、浙，其爲牛、女分野無疑。舊志謂：化去五羊，千有餘里，而與西粤蒼梧接近，實爲西南負海之上游。推之觜、參、巂、越以南屬之說，不可謂非無見。獨化界西而隸于東，且占候測景，多與揚協，則星紀一定之次可知矣。夫斗牛、女虛皆北方宿也，而天官屬之揚、青，此中列位錯峙，各有攸繫，未可挾鯫生之見，而與裨竈、梓慎較得失也。

氣候

土疎氣泄，乍雨乍晴。一日之中，氣候輒變。《芝友雜録》

歲臘，新正，往往聞雷。四序，暑熱過半，民有麻衣、紙被禦寒者。仝上

濵海阻山，草木蒙蔽，葉不改柯。桃李花，或經年兩見。仝上

炎氣所蒸，易成瘴癘。四、五月爲青草瘴，八、九月爲黄茅瘴，然亦凶歲始發。舊志

七、八月間，颶風間作，拔木偃禾。舊志

芬按：化州，山巒鬱繆，水土蒸濕，漬人肌膚，易於爲病，古所謂瘴鄉也。然客此土者，能以時慎

起居，習久亦不爲害。蘇軾因劉安世生還，爲鐵漢不過甚，竄逐者，非確論也。

里至

化州舊領吳川、石城二縣，而隸于高州府，編戶二十三里。境域南北長而東西短。東起茂名，西迄石城、吳川之石門河，與雷州之遂溪接壤，西北盡石之西，與廉州分界。北起廣西陸川、博白二縣，南迄吳川之芷苧口。本州實環疆五百里，廣九十五里，袤二百三十里。

東至高州府茂名縣九十里，至南盛分界三十里。

西至石城縣一百里、新安塘分界六十里。

西北爲石城、博白分界。

南至吳川縣九十里，至南巢塘分界三十里。

西南至吳川縣塘掇墟六十里。

北至廣西北流縣梁家沙分界二百二十里，至陸川縣清湖江分界一百八十里。

東大路，由電白縣三橋至省城水陸一千三百里，至京師水陸八千六百四十七里。

形勢

化東羅江，其源自信宜縣，上溯爲大藤峽，東踰嶺即羅定州。水東北出肇慶，下省城，自嶺西流經高州府，爲鑑江；至州城東，爲羅江，滙陵水，南行，合茂名三丫水；至梅菉，經吳川而出，于芷苎口入硇洲海，與雷州通今海禁無行者。

西石門河，自石城東橋、南橋二水合流，東南行九十里入海。與芷苎口合，乃州境之西水也。石城之西界有濂江，其水出自博白縣，經石城之西爲横山江，入於遂溪之西海。州北爲陵江，水自廣西陸川縣來，自州城北與羅江合。

州北來安山，自廣西來，萬峯插天，左大江，右陵水，夾至州背，最爲險阻，爲山冦伏莽之所。原於陸川分界，設梁家沙巡檢司鎮其地。但山峻地僻，尤宜度道路之澀，易制塹繕堡，飭守望以備非常。

陵水之西大山，自陸川縣來，數十餘里，爲州中路之脊。其西，水出石城，入石門；其東，水皆入陵江。一帶皆高山深木，廣西山賊多從此伏行入劫，故舊於分界設平定堡，以資守禦。

州城自豸山中火發脉，東臨羅江，爲陵水及高、電南來之總口，故舊置石龍郡治，以握其衝。後廢郡爲州，乃移城斂之內。跨寶山，而虛其南爲郭外。

舊志論曰：州境東界羅江，而西迄石門，地皆平衍。惟自豸山至石城之白藤，北抵廣右，皆高峯邃谷，亘百餘里。加以箐篠蒙密，易爲奸藏，官捕之急，即挺之廣右，莫可蹤跡也。近有設鄉長一法，蓋地雜猺獞多不知國法，而反頫首於豪右，誠慎擇而委用之。稍加恩遇，彼得藉以爲重簡，約其鄉黨，復察其奉法之謹玩而賞罰之，亦撫馭一時之權宜也。至羅江，會陵水，遶城東，而南屬梅菉，經吴川出，芷芀合石門，迄洞洲，實爲天設之塹限焉。留心地方者，加以控御之，方使要害資我防禦，而勿爲奸宄所隱伏，則善矣。

又吴川芷芀，實控高、涼、化、電諸水入海之總口。其處沙角交牙，非大潮熟道，舟不敢入，故舊置水哨舟師扼其地。康熙二年，奉遷，失險，冦得揚帆入掠内地。水哨之設，似不可不亟議復也。

山川

賓嶺。一名賓山，在州城南隅。城垣跨山之巔，州堂面之。舊有覽勝亭，今廢。

銅〔一〕岡山。在州北十里。

金盞山。與銅岡山相聯接。

高材山。在州北三十里，山巔有石高出，故名。

〔一〕據《光緒化州志》卷一補。

麗山。一名尖岡，在州北三十里，山色秀麗，州之鎮山也。其右有高材〔一〕、浮梁，脉絡相接。

浮梁山。又名扶良〔二〕山，在州北三十里。與麗山山脉聯絡，而分兩山〔三〕。其形彷彿廬山屏風九疊，脊路如橋梁浮天半〔四〕。

冷水山。在州〔五〕北五十里。山下之水常冷，煎之比常水沸遲，故名。徑□西粵最險，舊設寨守之。

石城山。在州北二十里。山後峻前舒。登巔遠望，四山羅繞如城，故名。前〔六〕江蜿曲。一石峽如象吻形。成化中，胡公威賊寨〔七〕此亦□□之〔八〕險隘也。

龍王山。一名六王山，在州〔九〕北八十里以上諸山皆由此發脉。相傳羅辯騎白牛，化龍於高峯天池，故名。山有三十三峯，其第一峯極峻，高插霄漢，東南惟一徑可登。昔人避兵於此，故又名來安。

〔一〕據《光緒化州志》卷一補。
〔二〕據《光緒化州志》卷一補。
〔三〕據《光緒化州志》卷一補。
〔四〕據《光緒化州志》卷一補。
〔五〕據《光緒化州志》卷一補。
〔六〕「城，故名。前」缺，據《光緒化州志》卷一補。
〔七〕據《光緒化州志》卷一補。
〔八〕據《光緒化州志》卷一補。
〔九〕「州」字據《光緒化州志》卷一補。

烟霞洞。在龍王山之東，多巨石，下臨深澗，入試劍石，裂爲三。前有石版浮水面，入數百步至巖〔一〕，下有將軍石，小大各一。邑人陳珪詩『探奇擬入烟霞洞』，謂此。

響泉峯。上有水巖如甕，半山泉流，環玉盆峯而出。詩有『雙峯含細萼，一水界飛流〔二〕』之句。

玉盆峯。相傳仙女劉三妹煉丹於此。

千秋山。隔羅江渡二里，亦名東山。

東勝嶺。隔羅江半里，其地多榕樹、荔枝，與帽子山相對，而兹嶺尤佳，故名〔三〕。

登高山。在州東北〔四〕半里。邑人重九多登其上，故名。舊有亭，今廢。

望仙嶺，在州東北十里〔五〕。

龍母嶺。在城外〔六〕南隅，一名南山。舊州之南城跨其上，有龍□□□□遺址，以名。又有三皇廟。元至正，□改爲東嶽行祠，今俱廢。北麓新建天妃宫，郡太守吳國倫行部至此，有詩。

〔一〕據《光緒化州志》卷一補。
〔二〕『飛流』據《光緒化州志》卷一補。
〔三〕據《光緒化州志》卷一補。
〔四〕據《光緒化州志》卷一補。
〔五〕據《光緒化州志》卷一補。
〔六〕據《光緒化州志》卷一補。

南關嶺。在城西南隅，與龍母嶺俱爲舊城所跨。自移城入内，以舊南門址設〔二〕南關西門設西關，而險□□失脱，有冦警。則此山爲必守之地。

龍山。在州南三十里。形屈曲如龍，因名。

石牛嶺。在州西半里。高十丈，下宋學士范祖禹墓。

帽子山。在州西北十里。

多穀嶺。在州南五里。叠起如堆穀，俗訛爲杜穀。一云：四畔皆田，每秋成時，登山環望，冀其歲之多穀云。

香積山。在城西二十里。平岡土阜，上有香積寺。

那陽山。在州南十里。

鶯歌嶺。在州西北五十里。

石龜山。在州南二十里。上有石，大方盈丈，形如龜，扣之聲響如鐘。

署嶺。在州南十五里，今改樂嶺。自豸山一支南行至那陽、大藍，皆連山叠嶂，至此始平。

畬禾嶺。在州西北。猺人耕種於上。

潘照山。在州西五里。

〔二〕據《光緒化州志》卷一補。

大石菴山。在州西大路三十里。

三里坡。在州西一里。州龍自西來，從此入城。

琉璃菴山。在州西大路四十里。明，州守趙士錦建菴其上。有茶，名琉璃茶。

豸山。在州西大路中火四十里。設有豸山塘中火公館。一名謝獲。民耕鑿其麓，又有樵採之利，故山下之民皆曰『謝獲』。登城眺望，四時青翠鬱然，如屏西擁。

黄姜嶺。在城西南四十里。又二十里，爲塘墩嶺。

官山。在州西六十里。山勢高聳，諸山環拱如揖。

鹿踏山。在州西北九十里。西北陡峻，惟東、南二徑可登，石上有鹿踏仙跡，祝州守有詩。

雞籠山。在州西北一百六十里。綿亘十餘里，接廣西陸川界。

石碓山。在州西北一百里。山自北流來，亘百餘里，連峯絶巘，樹木蒙翳，爲猺賊伏藏、往來之所。其下白牛潭，有石碓五六櫟。羅辯煉雲母丹處也。

瀉瀑嶺。在州西百二十里，又名大摭山。山高百仞，皆石瀑，從石噴出。舊志：馬瀑。

羅江。出陸川，合州西之水，至州北與陵水合。繞州城之東，北與鑑江合，南流至吳川入海。古傳：有羅辯得仙術，嘗騎白牛入來安山天池，化爲龍，因稱其處爲羅辯洞。後，唐于其地置羅州，又爲辯州，又爲羅辯縣，皆本此。

陵水江。源出北流縣，合來安諸山之水，至州北會羅水，入於鑑江。唐天寶間，於二水合流處置陵水郡，本此。

平樂水。源出畲禾嶺東，南流，合陵、羅二水。

高源水。源出廣西北流縣，流合陵水。

卑陽水。

曬禾灘。在州北陵水江中。多石磧，土人擇寬平者，曬禾其上，因名。

交灣灘。在曬禾灘下。

立石。在州西北江中。突起高二丈，水漲不没，常露數尺。知州沈水、教諭何瑞隆俱有詩。

驪珠臺。在州治左羅江中。龍母山下積沙成洲，俗傳州爲龍，而此其珠也。爲州城下關。萬曆二十六年，州守沈水募民運石爲臺，以鎮水口，號驪珠臺。下有蟠黿石，吴人周順卿有記。

横石。在州西北二十餘里。條石自西度東，横江而過。

楊梅浪。在州南三十里。瀦楊梅絡嶺、豐邦諸村之水以資灌溉。

平源江。即楊梅浪水所出。東合大江，下梅菉。

温湯水。在州北一百三十里。羅水所出也。源初發，其熱如湯，故名。古有湯州，與温泉俱秦郡地。此泉較温泉更熱。

五級灘。自温湯而上四十里。有鈎灘、瀟灘、篦灘、緱灘、望灘之險。

龍泓泉。州東十里路傍。有泉孔尺許，湧出不竭。

琉璃泉。州西四十里官路傍。明，州守趙士錦於官道山隘中得泉芳潔，闢土建菴其處，以息行人。泉由東南轉北，出婆蘇墟，入於大江。

芬按：山本同而末異，水本異而末同，苟能尋其脉之所起、究其流其所終，雖萬山何莫一山，萬水何莫一水。化州，地方五百餘里，而山水强半其間，窈窅庨庨，㵿灂瀇瀲，非猿狖所家，即蛟鼉所宅。舟車橇欙，未經遍涉，烏從一一而辨之、一一而名之。彼烟霞、響泉諸峯，大抵分派來安，而高源、卑陽諸水，亦不得舍羅陵而别爲溢衍乖岐也。古者山鎮藪澤，詳於職方，而舟鮫、衡鹿各有所掌，匪惟徵材以求利，賴將以避忌、方慝，使民不逢不若也。

鄉都

鄉四

縉紳鄉。州西南。

新吉鄉。州東。

羅肥鄉。州西北。

陵羅鄉。州北。

都二十有七

興賢坊。州西北。

永平廂一都。州東南。

廂二都。

申一一都。州東南。

申一二都。

申一三都。州東南。

申二一都。州南。

申二二都。

申二三都。

申三一都。州南。

申三二、三都。

申四都。州西。

申五都。州西五十里。

申六都。

吉一一都。州東二十里。
吉一二都。
吉一三都。
吉三一都。州北二十里。
吉三二都。
吉三三都。
進一都。州北一百二十里。
進二都。
博一都。州北二百里。
博二都。
進三都。
建都。

東路村

山背村。
塘心村。

東山村。
湯水村。
麗村。
清化村。
羅垌村。
七里村。
石頭村。
南村。

西路村

七里村。
十里村。
石狗塘。
大塘村。
黃埇大嶺村。
白藤根村。

文子山村。
黄坭塘村。
竹子塘村。
石碑村。
山雞朗村。
北利村。
婆墟村。
山西村。
籬垌村。
桃村。
鴉山塘村。
坑尾村。
石板村。
白石村。
七白村。
藍埇村。

山脚村。
調馬村。
觀山村。
黄山肚村。
大浪村。
大塘村。
東山村。
白藤村。
東瓜垌村。
冷水村。
鶴垌村。
山裊村。
荔枝田村。
被磴坡村。

南路村

津龍村。
多穀村。
博弄村。
圓嶺村。
樂嶺村。
楊梅村。
新塘村。
濵江村。
雙牌村。
牛灣村。
塘北村。
長岐村。
坡尾村。
常嶺村。

瓦窑村。

平田村。

南巢村。

窑頭村。

崩灣村。

勘頭村。

勞村。

博腮村。

石寧村

交竹村。

下郭村。

清塘村。

大埏村。

水賢村。

米債村。

那豐村。

樓口村。

芳塘村。

沙路村。

木榣村。

王村。

那陽村。

西山村。

寨嶺村。

那當村。

粉壁村。

江口村。

赤沙村。

下嶺村。

高嶺村。

沙陂村。

米能村。

西河村。

沙隴村。

北路村

北岸村。

登高村。

□塘村。

黃竹村。

張村。

立石村。

花勘村。

扶良村。

雲井村。

尖岡村。

破石村。

山裹村。

紅花村。

小坡村。

豪村。

中村。

白牛村。

沙崗村。

曾村。

界守村。

平定村。

白梅村。

亭子村。

鴨籠村。

右村記其里圖之有名者，餘小村附於內，不悉載。

墟市

沙頭墟。東門沙頭街。

縣埠墟。縣埠街。

南門墟。南門外。

驪珠墟。併上三墟。

萬曆間，併沙頭、縣埠、南門三墟，總在天后廟前趁之。今于其地分上、下兩墟。

濵江墟。申二一。

新安墟。申六。

漊許墟。申六。

黄村墟。申二三。

長岐墟。申一三。

平田墟。申四。

尖岡墟。吉一一。

中崗墟。吉一二。

含牛墟。進一。
白牛墟。進二。
石版墟。申四。
婁陽墟。進二。
七白墟。申三一。
官埠墟。進二。
共話墟。博一。
黃竹墟。吉一二。
平定墟。博一。
官橋墟。北五十里。
白梅墟。博一。
鴨籠墟。博一。
調馬墟。進二。
南安墟。申一二。
白沙墟。進一。
林陳墟。進一。

舊志論曰：自阡陌非古，而兼併日繁，將何所稽以正經界乎？於是，里甲之法行，都以統圖，圖以分甲，其猶鄉田同井之義也。故更易無恒主，而盈絀有定額，按藉以考，而賦役可均也。至日中爲市，居有常所，貿遷通共有無，洵爲民事所利，賴然市以兼營，自昔記之。《周禮》設質人以司之，誠慎之也。化之山川隩遠，城市聚貨寥寥，貿易無他奇，不過魚、米、鹽、畜、布、蔴諸物，然鄉民散處，日用所□□皆倚便□□，此墟市所不可廢。但西北接壤西粵，狼猺混□惡□，不逞之徒往往因墟市以藏奸，故前守於窵遠之所，嚴行禁止。雖於民或有未便，要亦潛消盜萌之一端，不得已而爲之者也。

陂渠

長寧。

陳村。

石寧。

油竹高嶺。

盈河。

新塘。

平源。

赤沙。

金坡。

大坑。

牛牯。

學前塘。二所在南門外舊學前。

州後塘。先廟香資。

賀村。二所。

職田。二所。

謝邏。在博一一都。

平田。

黄埇塘。

東岸。

謝流。在博一都。

唐頼。在廂二都十甲。

津不榎。

茅山。

大浪。
那長。
陳東。二所。
山心。
木威。
狂肚。
吳村廟背。
彭公竹子。
芬按：陂渠、湖堰所以瀦畜備熯旱，或宣洩以防霖潦。唐時水部，諸州堤堰，刺史、縣令以時檢行，而涖其決築。有埭，則以下戶分牽，禁爭奪者。厥利，顧不重哉。嶺以南，皆稱澤國，坐享膏腴，罔知因勢乘便，隨時疏鑿，一遇旱潦，束手無策，而豪强之家又以養魚、種蓮爲得計，此農事之所以常不逮也。化州陂渠，著名者僅見三十有六，亦未聞民間必藉是以資田稼。然則國家歲舉老農，將詢以遂溝洫澮川之遺制，茫然莫知所應，乃猶身受殊榮，傴僂追隨於衣冠之列，寧無愧而自返耶？

物産

穀之屬

粘。有赤、白。

糯。

粳。有赤、白。

稻。有赤、白。

無名稻。

早稻。春種夏□。

麥。

粟。

芝蔴。

荳之屬

菉荳。

黄荳。

匾荳。

八月荳。

刀荳。長尺許，狀如刀鞘，亦名刀鞘荳。

虎爪荳。狀如虎爪。

蛾眉荳。

三熟荳。一年三次熟。

瓜菜之屬

東瓜。

西瓜。

水瓜。

土瓜。

黄瓜。

甜瓜。

班瓜。

金瓜。
葫蘆。
香瓜。
苦瓜。
芋。
匏。
薯。
芥菜。
蘿蔔。
茼蒿。
芹菜。
蕻菜。
莧菜。有紅、白。
生菜。
白菜。
蕁菜。

苦蕒。

茄。

蕨。

芴。

蒜。

薤。

薑。

筍。

菌。

椒。

果之屬

荔枝。有青皮鵞卵、水晶圓、大小香各種。

圓眼。

芭蕉子。

烏欖。

橄欖。

甘蔗。

菱角。

蓮子。

石榴。

山棗。

香櫞。

黏子。

藤韶。

菩提。亦名林禽。

毛韶。似荔枝，味酸。

槌子。似栗而小。

楊梅。

桃子。

人面子。核如人面。

李子。

梅子。
臙脂子。
羊桃。
柑子。
橙子。
橘子。
柚子。
波羅蜜。生幹上，大如斗，色青，皮多刺。

花之屬

薔薇。
茉莉。
素馨。
海棠。
芙蓉。
蘭花。

蓮花。

菊花。

山丹。

山茶。

月桂。

玉簪。

含笑。

鐵樹。

木犀。

竹槿。

雞冠。

鹿葱。

白蟾。

白鶴。

鬱李。

鳳仙。

七里香。
百日紅。
千樹榴。
滿天星。
滴滴金。
剪春羅。
寶珠茶。
珍珠蘭。
月季。

草之屬

鳳尾。
馬鞭。
牛筋。
宜男。
錢貫。

長命。
接骨。
斷腸。
關草。
茅。
蒲。
蘆。
蘋。
艾。
蓬。
葦。
蓼。

竹之屬

單竹。
扶竹。

筋竹。
刺竹。
班竹。
黄竹。
紫竹。
大頭竹。
火甲竹。
大簩竹。
石竹。
篙。
簩竹。
平南竹。
麗竹。

木之屬

桂木。

樟木。
栒木。
槁木。
杉木。
沙木。
楠木。
松木。
柏木。
榕木。
槌木。
檀木。
柳木。
車木。
楓木。
香木。
槐木。

鐵梨。
赤梨。
紫荆。
白花。
紅羅。
桄榔。
黄芽。
花心。
桐木。
桃杷。
相思。
酸椽。
土杉。
苦練。
含沙。
臙脂。

荔支。

山蔴。

滕之屬

黄藤。

白藤。

青藤。

沙藤。

鷄滕。

藥之屬

紅豆。

礦砂。

巴豆。

益智。

山藥。

良薑。蓬术。白芨。皂角。茴香。半夏。車前。薏苡。紫蘇。蒲荷。陳皮。三薢。黑豆。澤蘭。葛根。香茅。

薯莨。
蒼耳。
豆蔻。
茱萸。
蓽蔴子。
木鼈子。
何首烏。
益母草。
石菖蒲。
桑白皮。
麥門冬。
天門冬。
天南星。
草決明。
土茯苓。
三七。

虎骨。

蜂房。

鹿茸。

蛤蚧。

橘紅。

芬按：化州藥屬凡得四十有一，皆非道地材，惟橘紅最爲佳品，其種二，有紅、白瓤之分，即柚也，岐黃家用以利氣化痰，功倍他藥。然亦署內、城內者宜用，愈陳愈良，城以外臭味即迥殊，非手製目繫莫辨，「誤」用或反不利。舊志缺而不載，或恐與珊瑚、翡翠遠索於珠崖疋島間，貽異日供億之累。不知下不敢匿所有，上亦不致責所無，物各有能、有不能，惟紀其實而已矣。

貨之屬

葛布。

綿布。

苧蔴布。

青蔴布。

黃蔴布。

蕉蔴布。
土絹。
綿花。
黄蠟。
蜂蜜。
山茶油。
芝蔴油。
翠毛。
虎皮。
豹皮。
狸皮。
獺皮。
麖皮。
鹿皮。
山馬皮。
黄牛皮。

水牛皮。
蛇皮。

禽之屬

雞。
鵞。
鴨。
燕。
鴈。
鶴。
雉。
鸛。
鶯。
鷹。
火鳩。
鷓鴣。
山呼。

喜鵲。
烏鴉。
白鷴。
畫眉。
翡翠。
鷺鷥。
青鵻。
水鴨。
鵜鴣。
杜鵑。
鵻鴿。
百舌。
鶴鶉。
鷓鴣。
布穀。
白頭包。
高髻鳥。

秦吉了。
白面雞。
錦錢雞。
班鳩。
丁牲羊。

獸之屬

馬。
牛。
羊。
犬。
豕。
猫。
鹿。
麞。
虎。
豺。

豹。

熊。

猴。

猿。

獺。

山猪。

龍狗。

木狗。

狐狸。

三間狸。

穿山甲。

魚之屬

鯉魚。

鯇魚。

鰱魚。

鯪魚。

鯿魚。

鮒魚。

鯽魚。

鱸魚。

鮎魚。

班魚。

鯮魚。

魦魚。

鱣魚。

塘角魚。

骨魚。

塘虱。

鰍魚。

鰠魚。

黃尾。

鰻魚。

菩薩魚。

鼓槌魚。

師婆。

赤眼。

鰜魚。

沙鈎。

蝦。

蟹。

鱟。

蚌。

鱉。

黿。

蜆。

蛤。

舊志論曰：昔孟子論王道之始，至於使民無憾。惟五穀、魚鱉、材木之不勝食用也，他無與焉。子朱子謂：法制未備之初，則然而實民生之所利賴者不越乎此；後世法制備，而物産蕃至於珍寶奇異，不過侈繁華而恣玩好，奚益哉？化之土産若斯，民其可無憾矣。但五穀種類未遍，材木採取不以時，豐年所收有餘則穀賤傷農，當事設法通之，誠利民之長策也。《書》曰：不貴異物，不作無益。有味哉，其言乎！惟撙節愛養之政行斯，其利溥矣。

芬按：《周禮》：山師，川師，下逮迹人、丱人，皆有所守，非止以林漆枲絲、蒲魚齒革，辨物宜，以詔地求。亦將察其有無豐耗，使民撙節愛養以資食用也。夫山陬海澨之間，何所不有，即日用尋常尚多掛漏，况物號有萬，幽僻詭瑰之不可究詰者乎？太史公謂：川澤山林之饒，民食魚稻，果蔬、蠃蛤常足，故呰窳偷生，而亾積聚。然則守唐魏之風者，常有時詘用蠃之戒，必不以豐滋誇物力也。

風俗

交州所統，雖置郡縣，而言語各異，重譯乃通。《後漢書》

高凉俗猶近古風，亦自開。《姚繼舜社學記》

中富之家，編竹緝茅，不飾屋宇，故東鄰屢以失牛告。《歐陽鐸傳》

民拙於藝，不務勤作，商亦無厚貲。《羅辯採風録》

君子尚義，恥不急公。小人則喜事而觸法罔忌。《范祖禹遺編》

元旦。禮先祖，畢家衆以次拜慶。二日後，親朋相過，所在延飲。

立春。出東門沙堤，迎土牛，觀色，辨旱潦。

正月朔後，城鄉各爲社，會擇善歌者爲童子，鬼衣鬼巾，寅〔一〕夜持鈴合歌，奏鼓樂，上下壇場，翺翔緩步，謂之跳元宵。仍用道士化紙馬，祈豐樂也。

元夜。十一夜起，各神廟街市張燈結綵，士庶嬉遊，下戶婦女亦往觀焉。放火花，燒爆竹，打鞦韆，燕飲達旦，十五夜方散。

清明。掃墓，掛紙，添土，率老少男女致祭。折柳枝掛於門、戴於鬢。

三月十日爲朝拜會。爲首者，先一月預告于康、車二神。諸□□都□人爲朝拜。弟子戴五岳巾，穿青袍，束大□□香爐，魚貫而行，迎駐淨處。次晨，雞鳴照前，迎導一人，仰天高喚拜號，衆弟子同聲和之，一步一唱，沿途而拜，謂之路拜。經有願者及會首門，當道設供，不入其家，謂之路醮。如是〔二〕者五日乃散。

端午。角黍薦祖，採艾束人形，懸門，插鬢，謂可辟邪。自〔三〕初一日起競龍舟，至初五日而散。

〔一〕據《光緒化州志》卷二補。
〔二〕據《光緒化州志》卷二補。
〔三〕據《光緒化州志》卷二補。

中元。剪綵爲衣，束茅薦酒，以祭家神。

中秋。具酒饌，相邀賞月，亦不盡然。有熟芋去皮而食之，曰剥桂皮。

重陽。士大夫各登高飲酒，街市競戲紙鳶〔一〕。

冬至。拜冬，設饌，享先。

除夕。掃除舍宇，享祖先。燒爆竹，易桃符，明燈達旦，謂之守歲。

冠禮。惟擇日頂冠，設飲稱賀，亦有娶妻未及冠者。

婚禮。右族托冰人行禮，惟檳榔、果盒爲盛。近有從簡便行者，下戶初用檳榔下定，婚時惟酒肉遺之，即畢婚矣。

喪禮。右族亦循禮斂殯，七七如期，致奠。居喪親屬偹酒爲鬧夜，弔客用酒欵洽。葬期遠近不一。

祭禮。歲〔二〕時伏臘，各就祠祭其先。無祠者，則行於廳事，娶嫁〔三〕亦然。

慶弔。往來禮用金銀、彩緞、猪羊、果盒。貧家亦有不偹，但檳榔、荖葉，雖貧亦不得省。

芬按：流俗與化移易，去椎髻跣足之世既遠，人率以文〔四〕物相尚。化民曩習纖嗇，家累千金，不飾

〔一〕據《光緒化州志》卷二補。
〔二〕據《光緒化州志》卷二補。
〔三〕據《光緒化州志》卷二補。
〔四〕據《光緒化州志》卷二補。

宮室，食廬糲，有終身不御旨、羞紈帛者。然則慼曹鄶之哀，寧不有取於思深之唐乎？今則競尚靡麗，遊食下賤，皆被文綺，華巾幭，比之貴游豪戚矣。平居務以勝相高，緩急不知所恤，其于守望之義，蔑如也。飲食或窮豐侈，而祭祀顧安於節陋，宴享或及昵狎，而孝養靡致失鮮腆。男女匹聘，至較金、計奩。喪葬陳酒餚，導鼓吹，斥金遺弔唁。沉溺風水，遷延不葬，一田數易其主，子孫猶取貼契錢。憸壬之徒，設游辭而啓爭搆，訟獄之興，由之以蔓延。尊必議，賢必謀，廉必挫，富必忌，甚至盜憎其主，民訕其上，習俗之漸，豈一朝夕之故哉？愛獨孤而側其帽，慕林宗而折其巾，事起於細微，而尤而效之，遂至踰檢蕩閑，流爲氣運，不可復挽。此傳鶉觚所由於魏武之世，而即有深痛也。夫賢智所爲，庶民視之，救時者寧以敝俗爲諱？昔范祖禹謂：化郡士子，純秀能學；又言：『君子尚義，恥不急公。則夫道之而從，動之而和，不求而應，未施而信。是所望於鄉之讀書、秉禮者，豈惟長民者之責也哉？』

化州志卷之二

化州知州楊芬輯

建置第二

城池　公署　學校　義學　坊巷并附　橋梁　臺榭　祠壇　寺觀　附養濟院義塚

海疆重地，有桑土菅蒯之慮，卒然未可索蔓茅以筳篿也。準之九軌、百雉，於是圬人塓館，洞開重門。凡勸農、講學、養老、恤貧罔弗舉，敢以無益興事哉。龍見火見，雖有役作，民忘勞矣。作建置志。

城池

前五代宋元嘉九年，築羅州城於陵羅江口。

宋紹興三十一年，郡守李丹始甃以磚石，周二百九十六丈，開四門：東『開泰』，西『羅山』，南『南薰』，俱通陸，北臨大江，即名。

明正統十三年，流賊犯境，知州鄧敏增而廣之，周八百七十丈，高一丈六尺，沿城開壕塹。成化四年，僉事陳貴、知府孔鏞、指揮董翔重修。後因太廣，缺守，乃改砌於內。北臨大江，西隣山麓，不便出入，惟開東、南兩門，東曰『賓陽』，南曰『迎薰』，各建城樓，周城設窩舖三十，角樓四。嘉靖間，知州畢竟立減窩舖爲二十八。四十一年，州同知周光禮築南門月城。四十四年，嶺東叅議張冕謫於化，以城低陷，更新之，築東門月城。萬曆二十六年，大水壕淤，知州沈水開濬一新。

國朝康熙六年，知州邱宗文重建門樓。雍正八年知州孔傳祖、乾隆二年知州李祖旦、十二年知州楊芬先後詳奉補葺，完固，見在。

州城。周圍五百六十三丈，高一丈九尺，垜口共八百四十有二。

敵樓。四座。

角樓。四座。

窩舖。二十八間。只存州署後二間，餘廢。

城上街道。濶一丈二尺。

城内馬道。濶八尺。

城外馬道。濶三丈六尺。

城壕。自東北角起，至西北角止，濶一丈八尺，深六尺。北隅近河，無壍。

東水關。水從西關來，經柳公橋，從此出，通東壕。

西水關。水從上郭壕流，入城，從東關出。

南水關。通南壕。

芬按：舊志謂，舊城跨南關龍母之上，據高以臨下，險勢在內，故難攻而易守。後以城垣太廣，兵守不能周徧，因斂而小，其制盡棄。南關龍母於外，外反得乘高而俯瞰城中，由是守禦無術。明世，狼寇一至，城輒不守，此明徵也。其説誠得於形勢，然乘墉者常也，委去者變也，無同患與共之心，雖有地利，其何恃？春秋齊城邢、城楚丘、城緣陵，獨城邢爲美；晉城虎牢、城杞、城成周，獨城成周無譏。非時擾事，必重書之，設險乎哉？故守國者以人和爲上。

公署

明洪武初，府同知張謙因石龍縣舊址建之，尋改州，又改縣，復改州，規制迭更。十四年，知州楊倫重建。永樂間，知州田庸修葺。正統間，燬於寇，知州茅自得重建。成化間，復遭寇燬，州同曹慶建正廳；知州李時敏繼完之。弘治以後，知州黄萬碩、楊薰、湯克寬、傅昂相繼修復。

國朝康熙五年，知州邱宗文增建大門、鼓樓。十二年，知州耿文明重修正廳。乾隆十二年，知州楊芬重建親民堂，見在。

親民堂。一座三間，捲篷三間。

川堂。一座三間。

内署。一座三間。

東書房。一座三間。

蘇澤堂。一座三間。乾隆十二年，知州楊芬捐修。

志遠樓。一座三間。乾隆十二年，知州楊芬捐建。
九思軒。一座三間。乾隆十二年，知州楊芬捐修。
吏舍。一十二間。在正堂左右。雍正十年，知州孔傳祖重修。
承發房。在東廊下，今在西廊下。
架閣庫。在西廊下，今廢。
泰安庫。在川堂右，原在川堂西。明知州王矩遷此，砌樓一層，今廢，庫在。
龍亭庫。在正堂左、贊政廳右，今廢。
贊政廳。在龍亭左、泰安庫前。
戒石廳。在正堂甬道上，今廢。
石龍亭。在正堂左堦前，今廢，井碑存。
儀門。一座三間。
寅賓館。在儀門之左，今廢。
譙樓。一座。即鼓樓，在頭門前左側。乾隆十二年，知州楊芬重修。
旌善亭。在譙樓前左側，今廢。
申明亭。在譙樓前右側，今廢。
裕豐倉。四十二間。在州治東。

預倫倉。在城内東隅，今廢。

察院司。在州治東、布政司右，今廢。

布政司。在院司東，今廢。

按察司。在州治前、柳公橋之右，廢。

州同知衙。在正堂左廊。康熙三年，奉裁，今廢。

州吏目衙。在州治東偏，原在州治照墻下。萬曆間，知州祝簡將陵水驛改爲之，而遷驛於賓山之東。左畔小塘一口，面前空地，皆官地，今廢。

梁家沙巡檢司。在博一都平定墟。嘉靖二十六年，建司於叢山中，控北流交界之要。以舊司久圮，又其地嵐深多病，改建於此。

陵水驛。在賓山之側，今廢。

河泊所。在社稷壇之右。知州傅彥恭設，今廢，爲蛋廟。

陰陽學。在州治西，今廢。

醫學。在州治西，今廢。

舊志論曰：朝廷設官分職，必爲之肅廳事，以爲出治之所，又爲之脩燕寢，以爲退食之居，其所以優體羣臣者，至矣。然非徒使之侈然人上，榮逸其躬而已，亦將勤政教，而責成治效也。今州署，處石龍之上，（俗傳石龍伏州治下）居高以臨，龍德剛中者有貞固之義，居斯署者，能體以行之，則庶乎其無愧云爾。

芬按：公廨之制，向陽表著，鳴琴不可矣，戴星敢告勞乎？治劇未能矣，傳餐其遑恤乎？有不修厥事，民爲爾瞻，阮嗣宗東平之毁，殆未可以爲訓也。

學校

宋嘉定二年，州守范良輔遷舊學於城外舊學在州治南。咸淳間，教授趙蜚英遷於城南，燬於兵。元，僉憲呂沆仍宋制重建。

明洪武初，州守曹錫修之。宣德八年知州呂銘、正統八年知州茅自得築城圍學。天順、成化間，知州吴春、知府孔鏞、州同曹慶相繼修之。弘治間，知州黄萬碩仍遷於城外。正德八年知府陳嘉表、嘉靖間知州鄭雍，先後重修。萬曆丁酉，堪輿，以城墻後壓文筆，復遷於寶山側舊址。知州沈水捐俸，及諸生黄祖亮、顔如愚等助建之。

國朝順治十三年，嶺西道李皓發銀五十兩，修葺。十八年，颶風，傾圮。康熙六年，知州邱宗文捐資，同學正梁殿柱、朱廷誼暨紳士題助，重新之。五十年，州紳士以公用餘銀四十兩，遷泮池於黌門内，并立文武官下馬碑。雍正八年，知州孔傳祖率州紳士捐題，重修。乾隆十三年，知州楊芬詳請遷建於南關外舊址。

先師廟。一座三間。南向，左右兩廡，各五間。儀門、欞星門各一座。

明倫堂。文廟左側。

學正署。在明倫堂之左，久圮。康熙六年，學正朱廷誼、李嗣珏重建，曾孫來捐俸繼修。

訓導署。在羅江書院之左。訓導梁子鍾捐修。

寶賢書院。在寶山東。明嘉靖間，知州畢竟立建，祀范祖禹、梁燾、劉安世；隆慶五年，知府吳國倫以安世未曾到化，增龔夬、莫伋爲四賢，祀之書院中室。書院廢，另建四賢祠，祀之。

舊志按：四賢祠，在寶山東，府舘之南，爲學正署。署前至街，爲守俻署舊地，北畔爲分教署，後餘地并前生祠、脱靴亭，皆官地也。今址廢。

義學。在訓導署之右。係署州信宜縣知縣余炅捐俸，建置，并置義學田。

羅江書院。即義學址。乾隆八年，州守林寅、訓導葉芹捐俸倡建；武庠周廣著、里民周方同捐。右側餘地，遂廣其制：三座九間，左右廊房共二十二間。各紳士捐租詳後。

學田。在陵羅鄉，計一頃八十五畝四分。成化間，冦變，併於豪民。嘉靖間，耆民李玉、梁棟將東岸田呈還本學。歲收租八十六石，後以事需項作抵，許民承買，諸生李一棟、吳克儉願將各廩銀起解，仍留還學。萬曆初，有揑告承批者，尋復呈明經官，案斷。今，每年納租銀八兩六錢，解學院。

書院膏火田。吉三二都。米七石零，署州事知縣余光炅捐。〇黃埇、木斑、蚊子嶺，胡林、木賢、連碑、多荔、大磊、白牛、那霧、石巷、雲麻垌，租二百石，貢生黃正嶽捐。〇進一六磊坡上下垌，租一百石零四升，貢生李宗傑捐。〇水圍石碑山心垌，租五十石，貢生陳世琮捐。〇平定黃鱔塘樓嶺，博憧、荔枝根垌，租五十四石八斗八升零，生員黃佑眷、貢生黃夢魁捐。〇大垠竉村那篷垌，租五十石零五斗七升，監生周熙來捐。〇車頭垌、水雞園底白墳背垌，租五十石，監生朱友淮捐。〇吉一一香根上下垌，租五十石，生員馮宗星捐。〇下雙東管上下垌，租五十石零四斗，監生謝翹興捐。〇多荔倉底、羅菜垌，租二十五石二斗，監生周達天捐。〇平定高車、矮車、南門車、石浹車、東埇車垌，租五十九石，生員黄秉鑑、黄霆萬、黄聖培，貢生黄聖本、黄夢魁同捐。○里八垌、祝屋六車垌，租二百六十九石六斗，原係學田，兩學讓出。

芬按：古者，八歲入小學，坐士老、庶老於塾，以教洒掃、應對、進退之禮，六甲、五方書計之事。十五則入大學，教以修已、治人，求有得於聖賢之道。故入學者，雖庶人子，亦必有養，既無飢寒以營其心，則游息專而志有定趨。漢制博士，或誦説有法，必鶩問何師，故非明經、潔行、孝廉、樸茂，出入不悖所聞者，不得任其職。後世考士之法，視爲具文。羣居，或反以長佻達之習，而即匪僻之行，教者復規規於章句，以塞其責。夫章句，亦曷可易言，使孔孟生於今日，必不爲無根柢之言，而正恐并其章句而失之。此士風終不振也，則安得明道其人者爲之接引後學哉。

坊巷

石龍古郡坊。在州治前，今廢。

貞肅坊。在州治東。知州傅昂立，今廢。

保鼇坊。在州治前西，今廢。

大方伯坊。在州南直街。爲布政陳珪建，今廢。

聯桂坊。在州南直街。爲舉人李璨、李瑄建，今廢。

興賢坊。在舊儒學前，今廢。
進士坊。在譙樓前。爲陳珪建。
三秀坊。在下郭。爲舉人余宗器、余聰建。
秋官坊。爲刑部主事陳珪建，今廢。
世科坊。二。一爲舉人凌士顔建；一爲李瑄、李澈、李奇建。
永平坊。在城南，今廢。
翰林坊。在學宫。爲庶吉士姚岳祥建。
繼美坊。在柳公橋。爲舉人洪烈建，今廢。
報恩坊。在南關。爲凌欒建，今廢。
中正坊。在丁字街，今廢。
宣化坊。在州治前，今廢。
懷德坊。在州治前，今廢。
澄清坊。在按察司前，今廢。
寅賓坊。在州治東，今廢。
雲津坊。在東門外，今廢。
攀桂坊。在城南。爲舉人陳珪建。

興仁坊。在南門外，今廢。

鍾秀坊。在五嶺廟前。爲舉人王福建，今廢。

攀龍坊。舊名通濟。在城内，今廢。

清化坊。在城南，今廢。

作霖坊。在龍母山下，今廢。

儀鳳坊。舊名清寧。在城西南，今廢。

聚奎坊。在南門。爲舉人李澈建，今廢。

歸善坊。在州門右，今廢。

節婦坊。一在楊梅墟，爲陳黄氏建；一在馮道村，爲馮陳氏建；一在白沙墟，爲顔朱氏建；一在中村，爲李何氏建。

芬按：俊乂爲王國之正，節義繫民彝之重。坊以旌閭，所以風世勵行，雖百世不刊可也。右坊廢者多矣，志必紀之，使前之徽音、芳躅猶得彰彰於耳目間，亦高山仰止之意。州人士其有所感而興起歟？

舊城隍巷。在譙樓門之西。

倉巷。在舊布政司行署之左。

柳巷。在柳公橋之東。

榮巷。在柳公橋之西。

街頭上巷。在東街之南。

張街下巷。在東街之南。

驛前巷。即舊府館巷，在南街之西。

石橋巷。在南街石橋之東。

鄧家巷。在南街之東。

余家巷。在南街之東。

亭子巷。龍母山北。

凌家巷。即古斗子巷。在南街之東。

舊學倉巷。在舊學之南，直通寶山下，與凌家巷相對。

東城脚路。東循城脚，通全家塘墈。接司前街，南循城脚，通南門。

南城脚路。東循城脚，通東門；西循城脚，通寶嶺。

東濠畔路。北通上郭，南接亭子路，通南門。

中正北街。在州治前，抵四牌樓。

中正南街。在四牌樓下，直抵南門。

中正東街。舊丁字街後。因城舍連被火災，知州傅昂以丁屬火，故易其名。

東門直街。在東門外，直通大河。

水街。在東門外，向北通羅江渡，并北津渡。

縣埠街。在東門外南向，抵縣埠。
南門直街。在南門外西南向，經舊學，通石城大路。
南門左街。在南門外南向，抵山川壇，通吳川大路。
關王廟前，城內左右兵馬司營地一所，賃租。
城隍廟前，鋪地兩間，租支廟內燈油。
中正街牌樓下，更鋪地一間，賃租。以上東街。
儒學正衙北畔餘地，租納儒學。
四賢祠後餘地，賃租。
南門西邊察院、義倉舊地一所，東邊旗軍地一所，賃租。以上南街。
州後堂右畔，官塘一口，租歸冼廟。
吏目廳前，官地一帶，并右畔餘地，賃租。
州大門西邊，官地一所，右畔去思祠，左畔餘地，賃租。以上北街。
西城內營房地一所，寬一畝二分，在水關北畔，西至城，東至薛宅地界，北至劉宅塘，南至官濠，賃租。
榮巷口，官地一所。以上西街。
南門包腮城兩邊，官地四間，賃租。

南門包腮外兩邊路，官地一間。
南門街東畔井邊，更舖地一間。
東門包腮城兩邊，官舖地四間。
水街、北街陳侍御生祠官地，一所三座，及面前兩傍，賃租。
十字街，更舖地一間，賃租。
水街平倭碑亭兩傍，官舖地三間，租歸冼廟。以上城外。
以上官地，或租歸關廟、冼廟，或仍歸官公用，俱於乾隆十二年清出，立有檔案，兹不贅。

井附

鳳井。在州南一里。濶三尺，深一丈，泉從石出，久旱不竭，山坡如鳳形，故名。
三元井。在舊學黌門内。
四賢祠井。在祠内。
七星井。
龍母井。

橋渡

柳公橋。在州治東南通衢。相傳爲唐柳公權。按：本傳，權無貶化事，《通志》作「公瓘」。爲是萬曆知州陸觀德重修。

朝陽橋。在東門外，以門名。

龍紋橋。在州治西。黄大賓建修，今廢。

水口橋。在城外東北隅。先是柳公橋水從東關出，通大河。萬曆間，知州陸觀德改從東北出此橋。

大德橋。在城東九里，路通高州。

馬坪橋。在城南三里，演武亭之前。廂民黄肅建。

迎薰橋。在州南小城内，以板爲之。知州張冕建。

水竇橋。在城南四里。廂民陳冼誠修。

和尚橋。在杜谷河口，通塘堧小路。

漏口橋。在城南十五里。正德間，廂民黄思謙修。

棠陰橋。在城西二十里，大路通石城。

菉竹橋。在城西四十里，路通石城。

豸山橋。在城西五十里，路通石城。

千秋橋。在州東二里，千秋山側。申一都民顔澤建。

羅江渡。在城東，通高州府電白。

北津渡。在城北。

南津渡。在城南二里演武亭之左，通吳川。

北青渡。在城北十五里。

甘村渡。在城北四十里。

塘旺渡。在城北一百里。

芬按：除道成梁，以利行者，爲王政所不遺，况地當水陸要衝，無蒲津、中渭之設，不且望洋而滋嘆乎！化人之架木、編竹，由來久矣。惟山溪瀑漲，古步頻移，既乏虹霓之安翔，焉得黿鼉之待叱，則隨時補葺，正未可怠廢也。

臺榭

陵水臺。在州治内，久廢。

清風樓。在州治後城上。唐曰「清風臺」，宋改爲樓，又改「觀風樓」。今廢。

清白亭。在州衙後。宋守趙興玨建，胡寅有詩。知州祝簡改爲「鳴琴佳處」，知州沈水又改爲「興雲堂」。因石龍而名之也。

華鬘樓。明舉人陳鑑自題其讀書處也。

天南酒樓。鑑自署『天南酒樓長』。或曰故址、故學舍，後伍國開學博自稱云。

羅川亭。在羅江渡之東。郡守曹公錫建，今廢。

觀瀾亭。在東門江渡上，今廢。

歸鴻亭。在龍母山。郡守廖顒建，今廢。

登高亭。一在州北登高山下，一在寶山下，今廢。

平倭亭。在水街江渡上，見《藝文》，今廢。

覽勝亭。在寶山上，今廢。

亞沂亭。在龍山舊學泮池上，見《藝文》，今廢。

芬按：久暫者，道也；存没者，時也。世之崇臺、别墅，往往憑眺所及，使人樂極而悲，豈俟滿目荆蓁，而始愴然於繁華之易盡哉。然片碣尚留，猶得於荒烟蔓草中識古人命志所在，則或廢或興，又不關乎陵谷之變遷也。

祠壇

萬壽宫。在東門直街之左。雍正八年，奉旨蠲免本省地丁，士民受戴，知州孔傳祖據呈詳建。

社稷壇。在上郭堡。周圍墻垣，壇墠磚砌。
風雲雷雨山川壇。在下郭堡。周圍墻垣，壇墠磚砌。
先農壇。在東岸先月塘。一座三間，兩廊，門樓。雍正四年，知州楊業灝建，置米一斗七升，税四畝九分。
文廟。詳《學校》。
武廟。在東門城内。
崇聖祠。在文廟之後。
名宦祠。在文廟戟門内左側。現祀宋化州知州耿著、元化州路通判游宏道、明化州知州黄璪、李時敏、畢竟立、傅昂、邵泰來。
鄉賢祠。在文廟戟門内右側。現祀明濟寧州知州蔣資楚、府教授贈蒼梧兵巡副使顔觀光、漳州教授陳思賢、天長縣知縣李長鮮、副貢李之傑。
忠孝祠。二座，各三間，東西兩廊各一間。在舊學櫺星門之右。雍正三年，知州楊業灝建。現祀明漳州府教授陳思賢。
節義祠。二座，各三間，東西兩廊各一間，牌坊一座。在州治譙樓之左，即分司舊址。知州楊業灝建。現祀節婦勞李氏、顔朱氏、李何氏。
城隍廟。舊址在今巡捕廳之右，移在東街。康熙六年，知州邱宗文重建；雍正八年，知州孔傳祖重修；乾隆十一年，署州孫桂率紳士捐題，增置兩廊、十王神像。
厲壇。在南門外。
土地祠。在州治儀門外側邊。

天后宫。在龍母山麓。

四賢祠。在譙樓下直街，詳『寶賢書院』。乾隆十二年，知州楊芬重建。

冼夫人廟。在州治前。見《藝文》。

游公祠。祀元州判游宏道，今祀名宦。祠廢。

畢公祠。祀明知州畢竟立，今祀名宦。祠廢。

芬按：祭法不經，淫也；逮闇，瀆也。淫不福，瀆不享，故西郊北向，祀社稷望瘗，以從陰。南郊南向，祀風雲、雷雨、山川，望瘗以從陽，皆壇而不屋。州大夫之遺愛在人，鄉先生之芳徽可式，以及忠節、孝義、風化所關，則營其室，以棲其神。雖其間有石主、木主之異，專祀、配享之分，然或法施於民，或以死勤事，或勞以定國，皆非劫火所能燼也。化俗尚鬼，淫瀆不辨，今祠壇不與寺觀同列，以見非是族也，不在祀典。

寺觀

文昌祠。在儒學左。元至元間，僉憲呂沆與通判游宏道建。後廢，今祀義學。

康王廟。在州西大路三里坡。明知州李國珍建。康熙間，有平南王固山壻索債，自石還，逋者遣入伺便圖之，宿廟中，既就枕，覺有人扶起曰：『人殺汝，可急走，遂翼之以出，至州城外客舍，乃免。』知州邱宗文謂：『非神之靈，禍及州之官民矣。』自捐銀一百二十兩，重新之。

元帝廟。一在隔河東岸；一在東門外大街，今名玉虛宮。

觀音閣。在中正街。

華光廟。在龍母山下。

華嚴菴。在東門內、關帝廟右。

火帝廟。康熙初，知州邱宗文以州多火災，建以祀之。在天后宫之西。雍正五年，知州楊業灝重修。

三官堂。在州署照墻之下、譙樓之右。

三皇廟。在龍母山南，舊立醫學在內。元時建，久廢。

驪珠臺。在龍山下江中。

護龍菴。在州大路南一里。

雲石菴。在州北二十里。有贍田。

昌化寺。在龍母山下。宋爲報恩光孝寺，久廢。

鳳山菴。在州北三里。雍正元年，黄盧氏建，置租一百石。

水月寺。在隔江東岸。

龍母廟。在龍母山下。今廢，址存。

南山寺。城南一里。宋學士范祖禹被謫，寓此。

棠陰菴。在州西二十里。明知州趙士錦、學正伍瑞隆同建；康熙三十九年，知州樊際盛重修。有贍田。

大石菴。在州西大路三十里，有大石。明知州趙士錦、學正伍瑞隆同建。

琉璃菴。詳《山川》。有贍田。

化善菴。在州南七十里申六都石堡。庠生劉廷柱置租，供佛。

東嶽行祠。在龍母山南。今廢。

雷廟。在南門內。久廢。

養濟院。在柳公橋西南隅。上、下二座，東、西兩廊，共六間。

義塚。一在西門舊墟地，一在望高嶺左。

芬按：二氏之教，無當世用，今天下每竭其財力，窮極土木之工，金碧丹堊，幾與孔氏門墻爭美。富而佞奉者，更爲廣田産，以長徒從，抑何俗之靡也。蓋佛氏寂滅，老氏清淨，皆有緣業之説，因果之説，六根六塵、四大十二緣生之説，詛鬼神而刦禍福，以佐王法所不逮。故雖鄒魯之鄉，亦喜盛作莊嚴，虔供香乳，鐘磬之聲，里巷栢接奚止。講仁王，置百座已哉。化俗溺師巫，緇黄之流非其所好，間有古刹或廢或頽，惟諸祠僭濫，迎神朝拜，相沿已久。勇悍難馴之夫，奔走恐駭，或反聽命於此。併槩存之，亦神道設教之微意也。

化州志卷之三

化州知州楊芬輯

官師第三　職制　宦績　附遷謫

親民之吏，官足以行其政，人足以任其官。苟心於愛物，於人必有所濟。朱子亦言：『民之休戚，視守令之賢否』。信矣！朝廷勤求吏治，太宰統六官，佐王以六柄六法，朝糾夕虔，令至嚴也，敢曠厥職哉？取其田疇而植之，取其子弟而教之，水不懦而火不烈，是在古之遺愛歟！作官師志。

職制

漢合浦郡

李進。郡人，補功曹，有傳。

晉高興郡

灌遂。以軍功，爲郡太守。

南宋羅州刺史

檀道濟。元嘉中任，建羅州城。

陳檀。大明中任。

馮業。封懷化侯，爲羅州刺史。

梁羅州刺史

馮融。業之孫。

甯巨。大同中任。

徐嗣徽。

陳羅州刺史

馮僕。融之孫。

陳擬。

隋羅州刺史

馮暄。寶之孫。

唐辯州刺史天寶間爲陵水郡，貞元中爲開州，又改辯州。

杜正信。武德間任。

蕭蕃。

李宏禮。貞觀十二年任。

傅德昭。

史青。陵水郡。

竇羣玉。貞元中任開州。

柳公瓘。華原人，元和間任。祀名宦。舊志誤「權」。

南漢

鍾揖。劉鋹時，爲州尉。

宋知州北宋無考。

宋曉。

李丹。築州城，紹興間任。

沈雲舉。紹興間任。

廖顒。連州人，進士，淳熙間任，有傳。

曹洪。萊陽人，進士，嘉祐間任。

范良輔。嘉定間任。

婁和。寶祐三年任。

鄭嗣之。古田人，武舉。

史寅仲。

芮燁。

鍾三鼎。

楊奎。固始進士，歷任同知。宋末遂家於此。

趙與珏。建州署、清白亭。

陳道。莆田鄉舉，任石龍縣尹。遂家於此。

元化州路

朱翥。大都人，至元間，任達魯花赤。

張朝揖。至大間，任路判。

陳盧直。路同知。

羅奇。石城人，至正間，任路判。征猺，歿。

游宏道。臨川人，路判，死節。入《名宦》。

戴文德。至正間任推官。有傳。

羅福。石城人，至正末同知。附於明。

元石龍縣

彌文壽。至元五年縣尹。

林昱。至正間，有《咏柳公橋》詩。

楊景壽。至正初，以辟舉任。

木蘖飛。至正主簿，從游宏道死節。

黄暹。莆田人，至正間任。

明化州府

羅福。

張謙。洪武初任知府。見《名宦》。

牛那海。交趾人，州判。

廖通。福建人，州判。

倪忠。浙江人，州判。

吴閏。瓊山人，州判。

明石龍縣

烏斯道。浙江人，洪武初任。

明化州知州

傅彦春。初爲化縣知縣，改知州。

曹錫。浙江人，洪武年任。

楊倫。洪武十六年任。

李仲。洪武二十年任。

葉朋。溫州人，舉人，洪武年任。

鍾祥。上猶人。永樂十三年任。

李琛。鳳陽人，永樂年任。

田庸。永樂年任。

呂銘。宣德年任。

茅自得。浙江人，辟舉，正統年任。

鄧敏。正統十三年任，修州城。

吳春。湖廣監，天順年任。祀名宦。

黄璪。全椒人，進士，天順年任。祀名宦。

楊智。晉江人，進士，成化年任。

李時敏。平樂人，成化年任。祀名宦。

張璲。山西人，進士，成化年任。

鄭慎。江西臨川舉人，成化年任。

黄萬碩。莆田舉人，弘治年任。

柳大綸。巴陵舉人，弘治十四年任。

倪範。江西安仁舉人，弘治年任。

王傑。柳州人，正德四年任。
楊薰。南昌進士，正德八年任。
陳河。莆田舉人，正德十年任。
蔡浩。閩縣舉人，正德十三年任。
林寬。莆田監，嘉靖元年任。
李材。江西進賢舉人，嘉靖五年任。
侯正綱。福建舉人，嘉靖九年任。
湯克寬。江西永豐舉人，嘉靖十三年任。
余慶雲。福建莆田舉人，嘉靖十六年任。
朱玉。江西鄱陽例監，嘉靖二十年任。
鄭雍。廣西桂林府舉人，嘉靖二十年任。
傅昂。江西金谿縣舉人，嘉靖二十七年任。祀名宦，有傳。
詹贄。江西玉山舉人，嘉靖三十二年任，卒於官。
熊偉。江西南昌舉人，嘉靖三十四年任，卒於官。
林大梁。福建同安舉人，嘉靖三十六年任。
畢竟立。江西貴溪舉人，嘉靖三十八年任。祀名宦，有傳。

張冕。福建晉江進士，原任廣東嶺東道僉事，嘉靖四十三年謫州守。有傳。
王承祐。福建龍溪縣舉人，隆慶元年任。
王炬。江西南昌舉人，隆慶四年任。
章述。浙江慈谿舉人，萬曆二年任。有傳。
李國琛。福建長樂舉人，萬曆五年任。有傳。
祝簡。湖廣衡陽選貢，萬曆八年任，有傳。
金偉。浙江錢塘舉人，萬曆十三年任。
顧閔。貴州清平舉人，萬曆年任。
隆觀德。浙江秀水舉人，萬曆年任。
沈水。福建詔安舉人，萬曆丙申年任，有傳。
成以旂。無錫選貢，萬曆壬寅年任。
周成匡。漢陽舉人，萬曆乙巳年任。
熊廷楝。豐城舉人，萬曆己酉年任。
黃一中。黃岡舉人，萬曆辛亥年任。
杜堦。高郵舉人，萬曆丙辰年任。
殷時中。漢川選貢，萬曆己未年任。

劉延昶。真陽選貢，天啓年任。
胡繼銓。鄱陽舉人，天啓壬戌年任。
饒迪。銅仁歲貢，崇正四年任。甚得士民心。十年，以朝覲卒京邸，人皆慕之。
趙仕錦。南直進士，崇正年任，有傳。
董颺先。晉江進士，崇正年任。

國朝知州

張興。北直人，順治年任。
邴獻宸。遼東人，順治年任。
張士望。直隸宛平人，順治年任。
邱宗文。正白旗，康熙二年任，有傳。
呂兆璜。河南新安拔貢，康熙八年任。修州志。
耿文明。遼東廕生，康熙癸丑年任。
閆承祿。遼東廕生，康熙丁巳年任。
胡秉訓。遼東廕生，康熙辛酉年任。
楊于宸。正藍旗監，康熙乙丑年任。修州志。
倫可大。江南拔貢，康熙二十八年任。

李培茂。江西進士，康熙二十九年任。
婁肇龍。浙江山陰副貢，康熙三十年任。
樊際盛。正紅旗監，康熙三十三年任。
傅作楫。鑲白旗監道，降知州。康熙四十一年任。
周鼎。雲南通海舉人，康熙四十八年任。
金熊飛。鑲白旗廕，康熙五十二年任。陞刑部員外。
俞文耀。浙江仁和監，康熙五十九年，陞任鹽運分司。
楊業灝。江南儀徵貢，雍正三年任。
孔傳祖。鑲紅旗監，雍正七年任。
李祖旦。江南阜陽進士，乾隆二年任。
林寅。福建沙溪舉人，乾隆八年任。建書院。
今任楊芬。廣西臨桂舉人，乾隆十一年任。修州志。

明同知前失考

張翺。平凉舉人，永樂二年任。
楊景。雲南舉人，景泰年任。一清父也。
曹慶。江南丹塗監，景泰年任。

林智。江西豐城監，正統年任。
劉則和。福建進士，正統年任。
葉洪。浙江常山舉人，正統年任。
秦欽。廣西象州舉人，成化年任。
曹永。廣西融縣吏員，成化年任。
辛文淵。山西石州進士，正德年任。
何鯤。廣西富川舉人，正德年任。
歐陽倫。江西太和吏員，嘉靖年任。
羅廷偉。福建莆田監。
李明。廣西潯州監。
徐敏之。福建莆田監。
林宣。福建莆田吏員。
朱鶴。廣西賓州監生。
詹澄。浙江常山吏員，嘉靖二十六年任。
吳廷。江南黟縣監生，嘉靖二十八年任。
宋曰仁。福建莆田進士，卒於官。

唐韋。江南太倉監生。
陳紀。福建監生。
吳承武。福建監生。
周光禮。
江龍。江南歙縣監生。
毛志洡。江西例監。
蔡繼芬。江南九江監生。
楊仕毅。陝西池州監生。
黃仁孚。福建監生。
蘇民望。廣西監生。
蕭雲鵠。晉江舉人。
廖傅易。歐寧監生。
張謙。德興監生。
劉學恕。廬陵監生。
俞文奎。江南旌德監生。
李承芳。秀水監生。

吴一旭。南康選貢，廣西柳州府同知，左遷。
李廷詩。
盧標。南靖監生。
楊倬。
貢元忠。江南監生，萬曆年任。
倪文道。山陰吏員，萬曆年任。
袁坊。吴縣監生，萬曆年任。
魏朝卿。會稽監生，萬曆年任。
徐本仁。長州例貢，天啓年任。
丁仁榮。泰寧監生，天啓年任。
馬登程。竇坻例貢，崇正年任。
程明允。永康例貢，崇正年任。
周奇芬。嵊縣監生，崇正年任。
陽大亨。樂至恩貢，崇正年任。
滕之鑑。全州恩貢，崇正年任。
戴文衡。江西恩貢，崇正年任。

國朝州同

宋騰鳳。直隸人，順治十六年任。

張維坤。山東濟寧貢生，康熙元年任。

金爽。江西人，康熙四年任，以後裁。

明州判

牛那海。

范忠。交趾人，監生。

廖通。福建人，吏員。

吳閏。廣東人，吏貢。

倪忠。衢州監生，以後裁。

明吏目

孫宏。

張儒。廣西歲貢。

吳棣。海鹽監生。

韋邦佐。廣東例貢。

江星。江西監生。

梁宜益。江西例監。
陳莪。蘇州吏員。
江皐。浙江吏員。
吳一龍。浙江吏員。
錢應選。江南吏員。
吳守仁。江南監生。
程懋益。徽州監生。
楊遇春。晉江吏員。
許夢奎。
郭正美。江西人。
何繼善。山陰人。
林公廉。福州人。
梅應舉。宣城人。
王大美。山陰人。
萬一卿。江陵人。
郭輔卿。晉江人。

斯此德。會稽人。
宋科。山東人。
朱文魁。義烏人。
黄時述。宜興人。

國朝吏目

高標。衡水吏員，順治十二年任。
周鼎。浙江會稽人，順治十四年任。
王彪。浙江山陰吏員，順治十八年任。
陳寅亮。浙江紹興吏員，康熙年任。
張仕俊。直隸河間監生，康熙年任。
熊應鋐。
賈君重。
章有德。浙江監，康熙年任。
陳文鎮。順天三河籍，江南通州監生，康熙五十九年任。
楊仕淇。江西清江監。雍正五年任。
王曰璠。順天大興監生。

江大受。江寧上元人，乾隆二年任。

蔣荆。貴州歲貢，乾隆十年任。

今任柯玉齊。順天大興人，乾隆十一年任。

國朝梁家沙巡檢司前失考

張添增。石泉吏員。

李之茂。山陰吏員。

趙文斗。太平吏員，康熙十二年任。

楚山旭。

王一麟。

劉祚昌。湖廣人，康熙五十四年任。

程應求。徽州人，康熙六十年任。

張在中。宛平人，雍正六年任。

今任吳志道。大興人，乾隆元年任。

宋州學教授

黄順。

陳應邦。新興人，景定間任。

趙蜚英。咸淳間任。善形家言，改建州學於龍山之陽。

元教諭

俞伯祥。本縣人，至大元年任。

吳元善。天曆七年任。與通判游宏道重建州學。

陳伯鎮。吳川人，至正間任。

龔裕。桂林人，至正十年任。究還學田。

明教諭

滕善。永樂間任。

趙文源。

張愷。

羅兼善。廬陵舉人。

徐思。廣西舉人。

賀恩。

馮吉亨。

陳常。瓊山舉人。

陳實。福建人。

麥茂。新興歲貢。
王道。晉江歲貢。
張汝梅。廣西桂林府舉人。
張欽訓。福建仙遊人，歲貢。
竇尚賢。潮州歲貢。
林文豪。莆田選貢。有傳。
莊啟愚。福建晉江歲貢。
羅一鳳。福建寧化歲貢。
莊應孫。廣西歲貢。
鄧沛。連州歲貢。
鄧大紀。樂昌歲貢。
羅紹興。湖廣藍山貢。
徐在源。江西信豐貢。
林翔鳳。龍川貢。
林有斐。莆田歲貢。
李應時。貴縣舉人。

聞正言。欽州人。
鄒一璿。宜黄人。
戴邦傑。建昌人。
文立倫。全州舉人。
黄紹卿。建寧人。
朱一寘。大庾人。
林一藩。崖州人。
秦中明。連州人。
區配乾。高明人。
張令聞。山陽人。
陳萬紀。南海人。
薛炳忠。順德人。
萬士偉。連州人。
伍瑞隆。香山人，辛酉解元。有傳。
嚴經邦。
古意存。

國朝學正

江元。順治年任。

馮璡。廣州舉人，順治年任。

梁殿柱。肇慶人，順治年任。修建學宫。

朱廷誼。東莞人，由河源訓導陞任。有傳。

羅元璐。順德舉人，康熙十四年任。

翁邕。順德舉人，康熙二十年任。

張灝。惠來舉人。

莫與蛟。新寧舉人。

李嗣鈺。歲貢，康熙三十七年任。

甄芑。開平舉人，康熙四十八年任。

曾孫來。順德舉人，康熙五十年任。

梁黍華。嘉應舉人，雍正五年任。

黎琦。順德舉人，雍正七年任。

饒之鸞。饒平舉人，雍正十年任。

羅朝彥。順德舉人，乾隆八年任。

鄧殿邦。順德貢生，乾隆十年任。

今任林玉葉。陸豐舉人，明通榜，乾隆十二年任。

明訓導

唐政。海康人。

莊海。福建人。

蔣崇文。全州人。

梁京。江西人。

李縉。

郭霓。江西人。

黄璣。

陳肅。番禺人。

蘇應瑞。廣西人。

雷智宜。湖廣桂陽人。

潘桂。崖州人。

張文燦。廣西馬平貢。

楊侯。福建歲貢。

李仲元。廣西臨桂貢。
蔡挺元。廣東澄邁貢。
馮文炤。雷州衛貢。
郭愈。瓊州人。
吳時暉。廣西全州舉人。
吳坤齡。瓊州定安貢。
黄廷瑚。廣州增城貢。置造文廟兩廡石爐。
黄向芳。東莞貢。
張守約。潮州平遠貢。
陳奇策。河源人。
黄璟。順德人，天啓年任。
袁大敬。揭陽人，天啓年任。
陳心德。雷州人，天啓年任。
巫茂材。應德人，天啓年任。
林起鳳。海康人，崇正年任。
蔡象春。曲江人，崇正年任。
宿丹庭。海康人，崇正年任。

馬呈祥。
王士彥。
李乾溉。

國朝訓導

龐瑋。南海人，順治年任。
蘇奇一。高要人，順治年任。
李國琛。順德人，選貢，康熙十九年任。
簡耀宗。陽山歲貢，康熙二十五年任。
鄧若勳。順德歲貢。
李德輝。廣州歲貢，康熙三十九年任。
馮璋。廣州歲貢，康熙四十五年任。
林元振。揭陽歲貢，康熙四十九年任。
謝豪。程鄉歲貢，康熙五十一年任。
林世楣。揭陽歲貢，康熙五十五年任。
何懋昭。順德歲貢，康熙五十八年任。
梁子鍾。儋州歲貢，雍正三年任，捐修學署。
嚴寅賔。平遠歲貢。

吴思子。三水歲貢。
陳其性。儋州歲貢。
凌重泰。嘉應歲貢，雍正十年任。
林錫驊。嘉應歲貢，乾隆元年任。
今任葉芹。嘉應歲貢，乾隆五年任。
原設倉大使一員。裁。
原設陵水驛驛丞一員。裁。
原設陰陽典術一員。
原設醫學典術一員。
原設河泊庫官一員。裁。
原設經制吏房司吏一。
原設户房司吏一、典吏二。
原設禮房司吏一。
原設兵房司吏一、典吏一。
原設刑房司吏一。
原設工房司吏一。
原設舖長司司吏一。

原設承發房典吏一。

原設架閣庫典吏一。

原設在城倉攢典一。

原設泰安庫攢典一。

原設儒學司吏一。

原設巡檢司司吏一。

舊志論曰：古者官不必備，惟其人，後世官愈備而事愈廢，此官多民病之説所由來也。嶺外自漢置郡，而化之分隸靡常，大抵領於土之豪右，馮氏其最著者矣。唐宋以還，始設專官，於時掌故未備，爵里姓氏散佚居多。明世置吏，亦未得宜。國家悉汰冗員，一守之外，祇佐以儒師，攝以巡捕，綜理而治，事無不舉，官奚求備哉。《詩》曰『藹藹王多吉人，惟君子命，媚於庶人』，其斯之謂歟。

宦績

廖顒。淳熙間爲州守。有柳寇李全，嘯聚州境，帥府檄，顒領總管，討之。公部武嚴整，賊聞之夜遁，追破之。脅從勿問，諸猺悉降，州賴以安。

游宏道。江西人，元至正間，爲化州路判。廉直不苛。時海寇犯合浦，宣司檄瓊、廉、高、化四郡合兵討之。宏道出己資三萬緡貫及銀幣購賞，統義士張有明等七百餘人、海船數十艘，會諸郡官兵。窮追抵澄邁石港，冦食盡且降。宏道請堅壁以俟，師不從，輒戰，衆潰。宏道與石龍簿木蘗飛、廉州同知武德、先鋒張有明死之。郡人繪像，祀於學宫之側。

戴文德。至正間爲州路推官。興學化民，政聲洋溢，民思慕焉。

吳春。湖廣人。明天順間任本州。持身嚴謹，有惠政。廣西猺賊攻圍州城，憑高豎敵樓，俯瞰城中，矢石交下。公募敢死士，以鈎刃火器奮勇出戰，焚其樓，大破之，賊遁去。

黄瑮，字玉輝。江南全椒人。天順間以御史抗直，不容於朝，出知化州。制府所下，事不便於民，輒請罷之。劇賊胡公威侵掠州境，募驍勇，擒其魁而撫其脅從，民得安堵。祀名宦。

李時敏。廣西平樂人。成化間任化州。留心撫字。時經賊胡公威之後，閭里凋敝，極力輯摩數年間，遂以富庶如舊。學宫廨宇次第興舉，民忘其勞。歷任九載，民建祠立碑祀之。

傅昂。江西金谿人，嘉靖二十七年任化守。清介剛果。創欞星門號舍三十間以育諸生，築高嶺垌陂堤百餘丈以防漲潦。崇祀往哲，則造玉光亭於范公墓；克詰戎兵，則創演武亭於校軍廠。建大門鼓樓以增形勢，改丁字街以熄火災。旌彭貴爲良民而善類起，擒王賓之首惡而狼賊除。義塚設則澤及枯骨，養濟修則惠及顛連。捐俸助余珪之喪，雪冤釋甯翰之獄。任四年，陞楚雄同知。州人遮道以留。

畢竟立。江西貴溪人。嘉靖間知州事。立政嚴明，民以『畢神仙』呼之。劇賊張璉爲害，公率衆徑入其巢，擒其渠蕭雪峯以出，餘遁去。開新塘之關，築平原之堤，增城濬池，興學造士，茂績甚多。

張冕。福建泉州人。第進士，嘉靖間由嶺東叅議謫知化州。秉性嚴毅，一介不取，捐俸修啓聖祠。西賊冦境，冕視城壘低薄處，請牛税充餉繕修之。賊至，不能入。轉廣西僉憲。書劍之外無長物。

章述。浙江蘭谿人。隆慶間任州守。愷弟愛民。不忍督徵以催科，政拙停俸，嘆曰：『以箕斂虐民博譽，雖死不爲，遑恤其官耶？』民感其仁，踰月盡輸其逋。及左遷而去，士民號泣乞留，兩臺爲之動色。

祝簡。湖廣衡陽人。萬曆初知州事。持己峻潔。以州糧不均，履畝清丈，不憚跋涉，蠲浮糧五百餘石。猾吏爲奸，摘其弊而嚴罪之。有富民殺人，夜持金千五百求貸，怒而揮之，按法竟坐以死。凡豪右知交請托，一切謝絶。他如除常例，革火耗，置木皂隸以省差擾，美政不可枚舉云。

李國珍。福建長樂人。萬曆六年來知州事。除積弊，治奸頑，兩院有五虎，斂跡之。莅任五載，赫赫有聲。

沈水。福建詔安人。萬曆間任州事。廉潔愛民，加意學校，舊學圮於冦，捐金贖城内地，移建之。開淤濠，修州志。口碑在民。

趙士錦。南直人，崇禎間以丁丑會魁知州事。有大才，畧於苛細，清簡而民自治。喜與士子論文，時廣文伍瑞隆二人深相得，日從遊山水間，搜抉奇勝，郡之大石菴、琉璃泉皆遺跡也。

國朝邱宗文。遼東人，康熙二年來知化州。時屢經兵燹，城内外荆蓁滿目，公曰：『我來當爲化地培高三尺。』公有幹理才，凡兵丁所到，郡縣恣其所爲，至化爲之少。斂供億之費十減五六，尤加意招徠。一二年間，居民漸集，有殷阜之象焉。化人立祠於州右，以祀之。

婁肇龍。山陰副貢，康熙三十年任。清介有聲，力除奸蠹。四鄉刁健之徒，往往藉事陷民，公閱詞得情，奸萌頓折，鮮敢終訟。

金熊飛。鑲白旗人，康熙五十二年以廕補州牧。爲政有長者風，仁而能斷，吏民愛而畏之。陞刑部員外。

孔傳祖。鑲紅旗監生，雍正七年任。政從寬簡，每訟必反覆推訊，即童孺亦得伸辨。出片言以判曲直，人皆服之。倡建學廡，振作士氣，人有去後之思。

林寅。福建沙溪舉人，乾隆八年知州事。減耗除苛，一洗積弊。州之羅江書院，湫隘不可以習業，公與學博葉芹謀，所以廣其制，州人士更置租千餘石爲善後計。至是脩脯有常，而士無廢讀。

林文豪。莆田選貢，萬曆間任州教諭。學博善文。立講堂，獎掖後進，以敦行爲，先州之翰林姚岳祥、别駕張棟皆其所造也。

伍瑞隆。香山舉人。有才名，崇禎間任州學正。學富才敏，人有求詩文者，邀與共坐，援筆立就，稿若夙成。與州守趙士錦相得甚歡，所在多有題詠，未嘗干之以私，律身嚴謹，學者仰之。

芬按：化始列爲郡縣，馮氏世守其地。隋唐以還，乃設專官。而僻在荒徼，官亦棄之。舊志於《名宦》首，紀柳公權，謬矣！權未嘗臨蒞兹土，亦無貶謫化州事。耿著，雖遭貶謫，秩官表無名。劉安世，實未經此。故言宦績者斷自宋之廖顒始。然於千數百年間僅見十餘人，果名實不相副歟！蓋亦有難言者。夫鞅掌旁午，長民者自謂殫心而謀之瘁，安能保無異議者之不使六驥之一進一退，一左一右。而奸猾胥吏之徒，又以不能蔽其聰明爲不祥。俗之嚚悍而難馴也！寬則益肆無忌；懲以法，則曰：『我實不堪。』辭之狡展而莫窮也！聽之，兩持不已；抑其一，則曰：『我將誰訴』。彼葢激於氣之一往，不顧理之所安，而又習於刁健之風，以工譖愬之術，匿名造謗，視爲故常，必使其官之無所稱述而後已。漢代最多循吏，劉寬之擔負，何武之奉公，有毀之者矣，抑亦有原之者矣。今則動成掣肘，明者非不易察，而或以鈎摘招尤；幹者非不奏功，而或以慘率取咎，救過不暇，遑恤其他。嗚呼！爲吏而僅求無過，尚得有賢吏乎哉！

附遷謫

柳公權。陝西華原人。唐太和間，以翰林學士謫辯州刺。有功於民，今州前柳公橋，公所建也。祀名宦。

按：府志辨疑云：攷公權，本傳無貶謫辯州事。□□志載，柳公瓘之誤歟。

耿著。紹興間，以直言爲時所忌，謫儋州，尋改化州。遷博茂村王將軍濬故址居住，以詩禮化俗。祀名宦。

劉安世。紹興間降少府監，貶新州别駕、英州安置，移化州。詔還。祀名宦。

按省府志：安世，無移化州事。今照《舊志》刊載，俻攷。

梁燾。字况之，鄆州須城人。舉進士，爲尚書左丞。元豐時，久旱，上書言新法爲民害。至元祐中又極言蔡京傾險貪愎，不可用，改知潁昌；以司馬光黨貶雷州別駕、化州安置。元符五年，卒於化。徽宗立詔，許歸葬，禄其子孫。

范祖禹。字淳夫，四川成都人。龍圖閣學士。紹聖初，以元祐黨出知陝州。章惇用事，摭其諫禁中覔乳媪事，貶永、賀、賓三州安置，徒化州。元符元年，卒，葬於城西南一里。

芬按：《談國紀聞》云：淳夫自賓移化，乾旨嚴峻，郡官不敢相聞。假居僧寺，父老爭持金帛相獻，悉却遣之。久之，屬疾。寺僧見一大星隕中夜，聞人馬聲，傳呼開門，僧趨訪之，則公薨矣。李賓指山後一穴曰：『葬此，當得歸。』是年，颶風大作，屋瓦皆飛，大木盡拔，而殯所不動。人以爲忠誠所感，次年，果遇赦，歸。或又曰：『公後遷葬，而此其殯也。』

蘇轍。四川眉山人。紹聖間，貶爲化州別駕、雷州安置。按：轍本傳貶果化，此誤。

龔夬。瀛州人。徽宗時爲殿中侍御史，極論章、蔡罪；又乞正元祐后位號，遂削藉，編管房州，徙化州。以赦歸，入四賢祠。

莫伋。湖州人。紹興間爲國子監正。秦儈惡其主張善類，謫化州。士多從而受學焉。入四賢祠。

芬按：君子愛君而忠言易於逆耳，小人逢君而利口巧於亂聽。君子之見嫉於小人，更甚於小人之不容於君子，甚至遷徙、竄逐、瀕死而後已。此宋世之所以終不振也。然時移代易，向之怙寵行私者，皆蕩爲寒烟荒草，而君子之高風勁節，歷千百世而不磨，則亦孰得孰失，何去何從耶？若梁、范諸君子者，與日月爭光可也！

化州志卷之四

化州知州楊芬輯

賦役第四

戶口　田產　另項　附載　起運　存留　均平　積貯

三壤、九賦既均且平。自阡陌開而簿書繁，政由羣吏，户碎冊更。奸藪弊窟，雖申商督刑，撓首總算，亦有不可究詰之數。唐之租庸調最爲近古，而積久法衰，勢使然也。明更定條鞭，又均田上下，催者有考成，而逋者無竄徙，於是經徵始歸畫一。國朝錢漕併於民部，蕭規而曹隨之，法尤簡易。化州崇岡磴谷，高鹵多不毛，而濵水之鄉實多下濕，稻菽葛麻每爲比隣所資，宜其徵輸，先期無煩撫字者之敲朴矣。作賦役志。

戶口

本州編戶，原籍一十七里，後增爲十八里，復增至二十三里。

康熙元年屆戶一千二百二十四。○丁口七千二百四十七。

男子原額三千五百六十七丁，新增五丁，内無優免丁二千九百九十一丁，每丁例派猺差民壯均平銀二錢七分三厘七毫五絲二忽，又派鹽鈔銀一分四厘四毫四絲八忽。有優免丁二百七十五丁，舊免五百八十二丁，今止免官紳、舉貢。每丁止派鹽鈔銀一分四厘四毫四絲八忽。免不盡丁三百零六丁，舊免衙役吏員，今扣。派徵，照無優免例。

婦女原額三千七百七十五口，新增五口，派鹽鈔銀一分四厘四毫四絲八忽。右原額新增男婦，除優免只派鹽鈔外，尚實在六千七百六十丁口，共徵差鈔銀九百二十四兩九錢三分六厘七毫。有閏加銀六十四兩六錢七分一厘六毫。盛世滋生，至乾隆十一年編審止，共一萬二千三百八十四丁口。欽奉恩詔，永不加賦。

田産

原額官民田地塘三千五百六十五頃七十一畝六分六厘五毫。分上、下二則，田、地、塘一同起科。

上則田一千二百五十頃零四十九畝四分九厘五毫。每畝科官正耗米一升二合四勺三抄五撮九圭，積八十畝零四分一厘二毫爲糧一石，共米一千五百五十五石一斗零三合；每畝又科民正耗米三升二合五勺零四撮一圭，積三十畝零七分六厘七毫爲糧一石，共米四千零六十四石六斗二升一合三勺；每畝又派倉糧本色米一合四勺六抄五撮，共米一百八十三石一斗九升二合。

下則田二千二百六十頃零九十畝三分七厘八毫。每畝科官正耗米九合六勺二抄九撮四圭，積一頃零三畝八分四厘八毫爲糧一石，共米二千一百七十七石一斗五升五合二勺；每畝又科民正耗米二升五合一勺六抄八撮七圭，積三十九畝七分三厘二毫爲糧一石，共米五千六百九十石零五斗三升八合；每畝又派倉糧本色米一合一勺三抄五撮，共米二百五十六石六斗一升一合。

上則地三頃一十三畝九分三厘八毫。每畝科官正耗米一升二合四勺三抄五撮九圭，積八十畝零四分一厘二毫爲糧一石，共米三石九斗零四合一勺；每畝又科民正耗米三升二合五勺零四撮一圭，積三十畝零七分六厘七毫爲糧一石，共米一十石零二斗零四合三勺；每畝又派倉糧本色米一合四勺六抄五撮，共米四斗五升三合。

下則地一十九頃四十七畝四分四厘。每畝科官正耗米九合六勺二抄九撮四圭，積一頃零三畝八分四厘八毫爲糧一石，共米一十八石七斗五升二合七勺；每畝又科民正耗米二升五合一勺六抄八撮七圭，積三十九畝七分三厘二毫爲糧一石，共米四十九石零一升四合五勺；每畝又派倉糧本色米一合一勺三抄五撮，共米二石二斗一升。

上則塘二十八頃七十三畝三分七厘八毫。每畝科官正耗米一升二合四勺三抄五撮九圭，積八十畝四分一厘二毫爲糧一石，共米三十五石七斗三升三合；每畝又科民正耗米三升二合五勺零四撮一圭，積三十畝零七分六厘七毫爲糧一石，共米九十三石三斗九升六合六勺；每畝又派倉糧本色米一合四勺六抄五撮，共米四石二斗零三合。

下則塘二頃九十二畝零三厘六毫。每畝科官正耗米九合六勺二抄九撮四圭，積一頃零三畝八分四厘八毫爲糧一石，共米二石八斗一升二合二勺；每畝又科民正耗米二升五合一勺六抄八撮七圭，共米七石三斗五升零二勺；每畝又派倉糧本色米一合一勺三抄五撮，共米三斗三升一合。

右各科官米三千七百九十三石四斗六升零二勺。每石派糧料銀一錢零九厘一毫九絲六忽，該銀四百一十四兩二錢三分零七毫，又派四差銀三錢三分一厘三毫五絲四忽，計銀一千二百五十六兩九錢七分八厘二毫。每石總派糧料四差銀四錢四分零五毫五絲，共銀一千六百七十一兩二錢零八厘九毫。

右各科民米九千九百一十五石一斗二升四合九勺。每石派糧料銀四錢七分六厘七毫五絲六忽，計銀四千七百二十七兩零九分五厘三毫；又派四差銀三錢三分一厘三毫五絲四忽，該銀三千二百八十五兩四錢一分六厘三毫。每石總派糧料四差銀八錢零八厘一毫一絲，共銀八千零一十二兩五錢一分一厘六毫。內除官紳、舉貢、監生、員吏承優免米五百七十五石三斗，例免三差銀一百五十六兩二錢七分八厘五毫不編外，實編銀七千八百五十六兩二錢三分三厘一毫。每石又派倉糧本色米四升五合一勺，共米四百四十七石。

一夏稅農桑共米一十石零七斗七升七合。此項失額，議於民米、派徵本色外，額徵。

一岸民、水蛋二項魚課米共二百六十五石三斗四升。奉裁，歸併民米派徵。每石派銀三錢一分八厘一毫五絲，共銀八十四兩四錢一分七厘九毫。按：蛋戶，原係天順年間，胡公威賊黨扎寨進一都古城山，官軍征勦平定，餘黨無所歸，着排年董炫等出頭招撫，申詳部院，許充蛋戶。藤縛小船，採魚辦課，當本州魚甲答應，官司蓬笪。又按：舊志：萬曆間，知州祝簡清丈田畝，凡高瘠秧地皆令報盡，驟增八百餘頃。州人至今苦之。

又一項地畝餉銀。以闔州官民田地塘共稅三千五百六十五頃七十一畝六分六厘五毫。照萬曆四十八年例，每畝派銀七厘零三絲零八微三僉一沙，共派銀二千五百零六兩九錢九分五厘一毫。每兩帶派水脚一分五厘，該水脚銀三十七兩六錢零四厘九毫。

一課戶辦納魚油料銀四十一兩二錢二分一厘九毫。

總計通州官民米一萬三千七百零八石五斗八升五合一勺。共科徵糧料四差男婦丁口及扣回優免地畝餉、水脚共銀一萬三千二百七十八兩八錢九分七厘，倉糧本色米四百五十七石七斗七升七合。內有荒遷稅畝，於康熙八年至雍正二年，并雍正七年至乾隆四年墾復，起徵銀米已列入外，尚荒遷稅三畝七分九厘八毫二絲一忽九微。該官民米一斗四升六合。無徵銀一錢四分四厘七毫六絲七忽九微一僉二沙五塵四埃零四漠三末四逡，閏銀一分一厘九毫零六忽六微八僉五沙零五埃九渺二漠。倉糧本色米一升七合六勺三抄四撮二圭五粟七粒六截五糊四糠，閏米一合四勺五抄零六粟四粒二截四糊四糠。

實在稅三千五百六十五頃六十七畝八分六厘六毫七絲八忽一微。該米一萬三千七百零八石四斗三升九合一勺，共徵銀一萬三千二百七十八兩七錢五分二厘二毫三絲二忽零八僉七沙四塵五埃九渺五漠六末六逡，閏銀三百六十七兩八錢四分八厘九毫九絲三忽三微一僉四沙九塵五埃零八漠。倉糧本色米四百五十七石七斗六升九合三勺六抄五撮七圭三粟六粒三截四糊六糠，閏米三十六石九斗九升八合五勺四抄九撮九圭三粟五粒七截五糊二糠。

另項

一雍正八年，匠價派入地畝銀四十六兩九錢九分一厘五毫一絲六忽四微一僉，閏銀三兩九錢三分二厘四毫三絲五忽三微七僉四沙。在前項地畝，匀徵。

一雕漆衣裝銀六十七兩六錢七分六厘九毫，閏銀三錢四分八厘。在前項地畝，匀徵。

一本色并改折物料溢價銀二十七兩八錢零四厘四毫。在前項地畝，匀徵。

一雍正三年，分神電衛歸化州，屯田地稅一十五頃三十五畝三分七厘一毫九絲九忽。米四百六十石零六斗一升一合，内除荒陷稅五畝四分九厘五毫五絲四忽五微六僉，無徵米二百三十二石三斗零九合零四抄二撮九圭一粟九粒三截三糊六糠。

尚實徵熟稅，并康熙二十七年墾復至三十七年起徵，及雍正十年墾復至乾隆七年起徵，共一十五頃二十九畝八分七厘九毫四絲五忽四微四僉。徵米二百八十二石七斗四升三合九勺八抄七撮零八粟零六截六糊四糠，撥解化、石、吴川各營兵食。

一屯丁三十五丁。每丁歲徵銀三錢七分四厘七毫二絲八忽，遇閏每丁加銀一分六厘四毫六絲二忽三微。續於雍正九年奉文，丁隨糧納匀派，屯丁一十六丁八分四厘。每丁徵銀二錢五分六厘八毫六絲四忽五微零七沙一塵二埃五五渺八漠九末，遇閏每丁加銀九厘九毫八絲八忽一微二僉三沙五塵一埃五渺四漠四末，共銀四兩三錢二分五厘五毫九絲八忽三微，閏銀一錢六分八厘二毫。

一陞米，并雍正七年至乾隆八年各年報墾額外税一百五十五頃九十三畝七分八厘九毫三絲四忽一微。起徵銀三百八十七兩三錢七分五厘八毫九絲九忽零二僉三沙八埃四渺七漠七末二逡。倉糧本色米一十八石一斗七升四合七勺零六撮七圭四粟四粒三截一糊六糠。

附載

一耤田四畝九分，每年農夫耕輸穀一十七石二斗。內除粢盛耔種外，餘存貯倉，仍變價動支，致祭。

先農品物銀六兩三錢六分。

學租銀八兩六錢。解府轉解。

税契額銀一百兩。

雜税額銀三百兩。

原額鹽引五百七十三道五分七厘二毫四絲四忽二微九僉六沙九塵零五渺六漠，餉銀一百八十兩零五錢九分五厘二毫五絲五忽五微。

起運

一本折起運。

戶部項下，京庫金花、鋪墊料、地畝餉本折共銀二千八百三十九兩六錢一分四厘七毫。内鋪墊料二十七兩三錢三分二厘六毫。〇金花、鋪墊料、地畝餉共折色銀二千八百一十二兩二錢八分二厘一毫。

裁扣員役優免米銀一百五十五兩九錢七分七厘九毫。

兵部項下，驛傳節裁銀四百五十兩零八錢三分七厘八毫四絲。

工部項下，均一料、四司料、竹木、翠毛、魚油等料，并水脚共銀五百四十二兩一錢零八厘七毫。内竹木、翠毛、魚油料本色銀八兩零九分五厘五毫六絲。〇均一、四司、竹木、翠毛、魚油料共折色銀五百三十四兩零一分三厘一毫四絲。

裁扣舊編存留欵項，奉文節年裁扣修宅、傘扇、薪蔬、行香各役工食，喂馬草料、廩膳、紙劄、操賞、下程、進表覲費、科舉生員花紅、鄉飲、桃符、孤貧等項，共解部銀一千一百三十三兩六錢五分九厘八毫七絲五忽。遇閏加銀三十六兩四錢八分五厘九毫六絲六忽。内一項花紅、菓餅先奉半裁，今奉文全裁。除將先奉半裁銀一十七兩六錢一分一厘一毫五絲列入於四年裁扣項下外，又康熙二十四年六月十一日奉旨之日爲始，遞年復回廩生餼糧銀一百六十八兩列入留支項下外，尚銀九百四十八兩零四分八厘七毫二絲五忽。遇閏加銀三十両零五錢一分二厘二毫一絲五忽。

裁扣驛丞府訓導、州訓導、州同官役經費解部銀三百七十兩零八錢八分。遇閏加銀三十兩零九錢零六厘四毫。

以上共起運實徵銀五千四百九十三兩零七分九厘零一絲五忽。內除復回廩生餼糧銀一百六十八兩列入留支項下外，尚銀五千三百二十五兩零七分九厘零一絲五忽。遇閏加銀六十一兩四錢一分八厘六毫一絲五忽。

康熙十四年，裁扣經費均平充餉連先奉半裁花紅、菓餅等項，除康熙十九年，奉文留回春秋祭祀，又奉恩詔康熙二十一、二、三年復回官俸舉人歲貢、迎宴盤纏、會試水手各役工食，鄉飲、拜牌、迎春水脚等銀列入留支項下外，尚銀三百八十八兩五錢六分一厘三毫八絲五忽，閏銀八兩八錢六分六厘五毫七絲四忽。

康熙十七年，裁扣充餉銀八百五十五兩八錢一分二厘六毫八絲五忽。內康熙十九年奉文留回祭無祀鬼神銀一十五兩，又奉恩詔康熙二十一年復回官俸會試水手銀六十六兩三錢六分五厘六毫，二十二年復回各役工食、鄉飲銀四百九十一兩三錢五分列入留支項下外，尚充餉銀二百八十三兩零九分七厘零八絲五忽。

軍器料銀一十九兩五錢二分一厘一毫。於康熙二十三年奉文歸入起運項下。

存留扣荒銀一兩六錢一分九厘七毫五絲三忽二微八僉七沙四塵一埃二渺，閏銀八分九厘一毫七絲五忽四微七僉三沙一塵九埃六渺。內復回孤貧口糧免扣荒銀四厘六毫四絲四忽列入留支，又康熙二十七年奉文裁扣歲貢盤纏銀六分零三毫五絲五忽列回新裁項下，又銀一分六厘六毫五絲三忽歸入舉人宴席、旗匾、會試水手等銀列入起運項下外，又免扣民壯工食銀二錢七分六厘四毫三絲五忽，尚銀一兩二錢六分一厘六毫六絲六忽二微八僉七沙四塵一埃二渺。內除乾隆元年奉文佐雜等官俸工免扣荒銀二錢九分零七絲二忽四微四僉，又免扣廩膳荒銀一錢七分九厘三毫七絲五忽五微五僉五沙四塵一埃二渺，又正印役食免扣荒銀五錢二分五厘二毫二絲六忽五微，尚銀二錢六分六厘九毫九絲一忽七微九僉二沙，閏銀八分九厘一毫七絲五忽四微七僉三沙一塵九埃六渺。內除佐雜教職俸工免扣荒銀二分一厘七毫三絲六忽六微六僉，又廩膳免扣荒銀一厘八毫四絲一忽三微一僉八沙七塵二埃，又正印役食免扣銀三分九厘三毫五絲八忽五微，尚銀二分六厘二毫三絲八忽九微九僉四沙四塵七埃六渺。奉文歸入起運項下。

康熙二十七年，裁扣貢生盤纏銀六十五兩五錢。扣荒銀六分零三毫五絲五忽，於康熙二十七年奉文歸入起運項下。免不盡丁、本色，併改折、物料溢價銀三十四兩一錢零六毫九絲六忽，閏銀四錢二分四厘二毫八絲一忽。康熙二十七年奉文歸入起運項下。

新舉人宴席、旗匾、會試水手等項，連扣荒共銀一十八兩零七分一厘八毫。奉文於康熙二十七年歸入起運項下。內扣荒銀一分六厘六毫五絲三忽，於康熙二十七年歸入起運項下。

驛傳裁四銀一百五十一兩零八分九厘八毫八絲。於康熙三十一年六月、十月內奉文歸入起運項下。

存留

額編兵餉，并差壯、鹽鈔、驛傳、均平，餘剩新增丁口共銀五千一百九十七兩八錢七分零四毫。內除撥補信宜縣湊支銀四百零五兩九錢八分一厘，尚留充餉銀四千七百九十一兩八錢八分九厘四毫。內除改徵米價銀八百零八兩一錢一分，尚充餉銀三千九百八十三兩七錢七分九厘四毫，閏加銀一百八十一兩四錢三分三厘八毫。

康熙八年至雍正二年及乾隆四年，共起徵銀二十二兩二錢二分三厘七毫三絲二忽零八僉七沙四塵五埃九渺五漠六末六逡，閏銀五錢四分零七毫九絲三忽三微一僉四沙九塵五埃零八漠。

軍器料銀一十九兩二錢一分五厘一毫。解司水脚銀三錢零六厘，歸入起運項下。

驛傳銀三百零二兩一錢七分九厘七毫六絲，內遇閏加銀一兩九錢九分三厘六毫。除康熙十七年奉文裁四，內奉恩詔復回二分，續奉文仍應裁，除充餉，今原裁，并續裁，共該裁四銀一百五十□兩零八分九厘八毫八絲。康熙二十四年□月，內奉兵部咨行將裁四，銀兩俱歸還驛站項下。康熙三十一年六月、十月，內准戶、兵二部咨行裁四，銀兩歸入起運項下。茲除歸入外，尚銀一百五十一兩零八分九厘零。閏加銀一兩九錢九分三厘零。另冊造繳糧道。

官役俸食、均平歷日及撥增府州儒學俸銀共二千三百四十五兩八錢三分八厘二毫二絲五忽零七僉六沙八塵七埃四渺，閏銀一百一十六兩四錢八分八厘四毫三絲四忽。內除乾隆元年奉文本州正印俸工、匀攤荒缺銀二十兩零五錢一分一厘五毫九絲三忽三微五僉三沙五塵三埃六渺二漠八末六逡七巡，閏銀五兩七錢二分零一絲六忽六微八僉四沙零九埃五渺四漠零四逡九巡列入起運項下；續奉文行於乾隆三年春季爲始，正印官役工食免扣均攤在起運，撥補銀一十七兩九錢二分九厘三毫一絲一忽零九僉五沙二塵零五渺零六末六逡六巡，閏銀五兩零二分六厘零一絲五忽二微四僉八沙零二埃四渺零一逡；又撥補給孤貧五名口，每日給足銀一分，該銀一十二兩九錢六分，閏銀一兩五錢，俱列入俻支項下；又乾隆八年奉文俻支項，內匀扣春秋祭祀銀一十五兩九錢七分九厘八毫八絲七忽，匀扣無祀鬼神銀一錢八分二厘九毫七絲八忽列入起運項下外，尚實銀二千三百四十兩零五分三厘零七絲七忽七微四僉一沙六塵六埃七渺七漠八末零□巡，閏銀一百一十七兩二錢八分四厘四毫三絲二忽五微六僉三沙九塵二埃八渺五漠九末六逡一巡。又廩糧銀一百六十八兩。內除康熙十四年裁扣充餉銀一千零七十八兩三錢三分三厘一毫一絲五忽，內除十九年奉文留春秋祭祀銀四十二兩八錢二分；又奉恩詔，康熙二十一〔二〕年復回官俸舉人歲貢宴席盤纏、會試水手等銀一百六十兩零二錢四分六厘二毫；二十二年復回各役工食、鄉飲銀四百一十六兩零一分六厘六毫八絲；又康熙二十三年，奉恩詔復回拜牌、迎春、水脚銀八十八兩三錢，尚充餉銀三百七十兩零九錢五分零二毫三絲五忽，閏銀八兩八錢六分六厘五毫七絲四忽。十七年，裁充餉銀八百五十五兩八錢□分二厘六毫八絲五忽。內除十九年奉文留回祭無祀鬼神銀一十五兩；又奉恩詔康熙二十一年復回官俸、會試水手銀六十六兩三錢六分五厘六毫；二十二年復回各役工食、鄉飲銀四百九十一兩三錢五分，充餉銀二百八十三兩零九分七厘零八絲五忽列入起運項下造報；康熙二十七年奉文裁扣歲貢生盤纏連扣荒共銀六十五兩五錢；又奉文於康熙二十八年，新舉人宴席、旗匾、會試水手等項連扣荒銀一十八兩零七分一厘八毫，歸入起運造報外；又原扣荒銀一兩六錢一分九厘七毫五絲三忽二微八僉七沙四塵一埃二渺。內除復回孤貧口糧免扣荒銀四厘六毫四絲四忽列入留支；又銀六分零三毫五絲五忽，湊併歲貢盤纏造報，又銀一分六厘六毫五絲三忽，湊併舉人宴席、水脚等銀歸入起運項下外；又除起運項下留支，廪糧扣荒銀一錢五分四厘八毫零三忽六微，彙同扣荒銀在於起運項下列造外，尚銀一兩三錢八分三厘二毫九絲七忽六微八僉七沙四塵一埃二渺。又雍正七年，奉文免扣民壯工食荒銀二錢七分六厘四毫三絲五忽；又乾隆元年，奉文佐雜等官免扣荒銀二錢九分零七絲二忽四微四僉，又免扣廪膳荒銀一錢七分九厘三毫七絲五忽五微五僉五沙四塵一埃二渺，又正印役食免扣荒銀五錢二分五厘二毫二絲六忽五微，尚銀二錢六分六厘九毫九絲一忽七微九僉二沙歸入起運項下外，尚銀一千七百七十兩零一錢六分六厘九毫六絲五忽九微四僉九沙六塵六埃七渺七漠八末零一巡。閏銀一百零八兩四錢一分七厘八毫五絲八忽五微六僉三沙九塵二埃八渺五漠九末六逡一巡。內扣荒銀八九分厘一毫七絲五忽四微七僉三沙一塵九埃六渺。內除奉文佐雜教職俸工免扣荒銀二分一厘七毫三絲六忽六微六僉，又廪膳免扣荒銀一厘八毫四絲一忽三微一僉八沙七塵二埃，又正印役食免荒銀三分九厘三毫五絲八忽五微，尚銀二分六厘二毫三絲八忽九微九僉四沙四塵七埃六渺歸入起運項下外，尚銀一

〔二〕據《光緒化州志》卷五補。

百零八兩三錢九分一厘六毫一絲九忽五微六僉九沙四塵五埃二渺五漠九末六逡一巡。

本州知州

原俸銀三十七兩六錢八分四厘。

薪銀四十八兩。內順治十四年裁解銀一十七兩零八分四厘，尚存支銀三十兩零九錢一分六厘。

油燭銀一十兩。迎送上司傘扇旗幟銀一十兩。內順治九年會議裁扣解銀八兩，又十六年分奉裁銀六錢，尚存支銀一兩四錢。

以上各項，共存支俸銀八十兩。除匀攤外，尚銀七十七兩三錢三分九厘三毫零。閏加銀六兩六錢六分七厘，除匀攤外，尚銀五兩九錢七分七厘零。

心紅紙張銀二十兩。內康熙七年四月二十二日起奉文裁銀五兩，尚存支銀一十五兩。閏加銀一兩二錢五分，續奉裁充餉。

門子二名。會議每名月給工食銀五錢，共銀一十二兩，閏加銀一兩。除扣荒、匀攤、匀給外，尚銀一十一兩七錢零四厘。

皂隸十三名。原一十六名，順治九年會議每名月給工食銀五錢。康熙七年奉裁八名，存八名；二十二年，奉文復回全支，續奉裁定一十三名。共銀七十八兩。閏加銀六兩五錢，除扣荒、匀攤、匀給外，尚銀七十三兩六錢零七厘。

民壯二十五名。原五十名，順治九年會議每名月給工食五錢。康熙七年奉文裁四十二名，存八名；二十二年奉文復回全支，續奉裁定二十五名。共銀一百五十兩。除扣荒、匀攤、匀給外，尚銀一百三十一兩四錢三分一厘。

馬快八名。順治九年會議每名月給工食銀五錢、草料九錢。康熙七年奉文全裁充餉；九年奉文復回全支，續奉全裁充餉；二十二年奉文只復回工食。共銀四十八兩。閏加銀四兩，除扣荒、匀攤、匀給外，尚銀四十五兩二錢九分六厘七毫。

禁子八名。順治九年會議每名月給工食銀五錢。於康熙七年奉文裁四名，存四名；二十二年奉文復回全支，續奉；各役匀攤、匀給銀三十五兩一錢五分，閏加銀四兩，共銀八十七兩一錢五分。除扣荒外，尚銀八十四兩四錢三分六厘。

修理監倉銀二十兩。康熙七年奉文三年一修，續奉文每年全支，隨奉文全裁充餉。

轎傘夫扇夫七名。順治九年會議每名月給工食銀五錢。康熙七年奉裁三名，存四名；二十二年奉文復回全支。共銀四十二兩，閏加銀三兩五錢，除扣荒、匀攤、匀給外，尚銀四十四兩零三分八厘。

庫子四名。順治九年會議每名月給工食銀五錢。於康熙七年奉裁二名，存二名；二十二年奉文復回全支。共銀二十四兩，閏加銀二兩。除扣荒、匀攤、匀給外，尚銀二十二兩六錢四分八厘四毫。

斗級四名。順治九年會議每名月給工食銀五錢。於康熙七年奉裁二名，存二名；二十二年奉文復回全支。共銀二十四兩，閏加銀二兩。除扣荒、匀攤、匀給外，尚銀二十二兩六錢四分八厘四毫。

仵作三名。原設二名，雍正年間增設一名，每名月給工食銀五錢。共銀一十八兩，閏加銀一兩五錢。除扣荒、匀攤、匀給外，尚銀一十八兩八錢七分三厘六毫。

本州吏目

俸薪銀三十一兩五錢二分，閏加銀二兩六錢二分六厘六毫。

門子一名。順治九年會議每名月給工食銀五錢。工食銀六兩，閏加銀五錢。

皂隸四名。順治九年會議每名月給工食銀五錢。康熙七年奉文裁二名，存二名；二十二年復回全支。共銀二十四兩，閏加銀一兩。

馬夫一名。順治九年會議每名月給工食銀五錢。工食銀六兩，閏加銀五錢。

府儒學教授、訓導二員

俸銀三十一兩五錢二分。雍正年間，照全俸，增銀五十三兩四錢八分。共銀八十五兩，閏加銀二兩六錢二分六厘六毫。

齋夫二名。每名歲支工食銀一十二兩。共銀二十四兩，閏加銀二兩。

門子三名。每名歲支工食銀七兩二錢。康熙七年奉裁二名，存一名；二十二年奉文復回全支。共銀二十一兩六錢，閏加銀一兩八錢。

府庠額廩四十名。每名原歲支銀七兩二錢，共銀二百八十八兩。自康熙二十四年扣荒外，復回三分之一，尚支銀九十六兩。

膳夫二名。每名原歲支工食銀二十兩，共銀四十兩。奉文三分，裁二，存一。尚銀一十三兩三錢三分三厘三毫，閏加銀一兩一錢一分一厘一毫。

本州儒學學正、訓導二員

俸銀三十一兩五錢二分。雍正年間，照品給以全俸，增銀四十八兩四錢八分。共銀八十兩，閏加銀二兩六錢二分六厘六毫。

齋夫三名。每歲支工食銀一十二兩，共銀三十六兩，閏加銀三兩。康熙七年奉文裁一名，存二名；二十三年奉文復回全支。

門子三名。每名歲支工食銀七兩二錢，共銀二十一兩六錢，閏加銀一兩八錢。康熙七年奉文裁一名，存二名；二十二年奉文復回全支。

本州額廩三十名。每名歲支銀七兩二錢，共銀二百一十六兩。自康熙二十四年除扣荒外，復回三分之一，尚支銀七十二兩。

膳夫二名。每名歲支工食銀二十兩，共銀四十兩。奉文三分，裁二存一。尚銀一十三兩三錢三分三厘三毫，閏加銀一兩一錢一分一厘一毫。

梁家沙巡檢司

俸銀三十一兩五錢二分，閏加銀二兩六錢二分六厘六毫。

弓兵二名。除奉裁扣解外，每名半支工食，尚銀三兩，閏加銀五錢。

會試舉人水手銀六兩六錢五分一厘二毫。

本州舖舍一十四處，舖兵四十二名。每名歲支工食銀六兩。康熙七年，奉裁一存二；二十二年，奉文復回全支。共銀二百五十二兩，閏加銀二十一兩。除扣荒、匀攤、匀給外，尚銀二百六十四兩二錢三分一厘。

布政司解戶一名。免差水脚共銀八十兩八錢。解司備支。

均平

一項拜牌習儀、香燭銀五錢。

一項拜進表箋、紙劄盤纏銀一十六兩三錢一分二厘四毫二絲五忽。

一項春秋二祭銀八十五兩六錢四分。

一項無祀鬼神銀三祭共銀一十五兩。

一項迎春土牛、芒神、春花、春鞭等銀七兩。

一項鄉飲酒禮銀三十五兩。康熙七年，奉文裁銀九錢四分八厘八毫二絲四忽八微；二十二年，奉文復回全支，續奉裁定，尚銀三兩五錢。

一項祭四賢祠銀二兩七錢一分一厘零。

一項祭山川銀一十兩零五錢三分九厘零。
一項祭社稷銀二兩九錢一分零。
一項孟夏雩祭銀四兩三錢六分二厘零。
一項石龍亭祭銀二兩七錢一分一厘零。
一項祭土地祠銀一兩六錢二分六厘零。
一項祭冼夫人廟銀一兩一錢四分三厘零，又壽誕銀八錢一分三厘零。
一項祭范祖禹墓銀二兩六錢一分二厘零。
一項孤貧口糧銀一十八兩，閏加銀一兩五錢。柴布銀奉裁。
一項時憲書銀一兩。解司支造。

舊志論曰：以田出賦，以丁起猺，誠古今不易之制。第役法未善，則避重移輕，不均滋弊。化則丁從田轉，無田辦差之累，法至善也。惟是兵燹，遺黎凋瘵未蘇。今考成所係，上及院司，故督責之令特嚴，而催科不得獨緩。幸州人士奉上急公者衆，頑梗玩法者少。按額經徵，歲無積逋，然其竭蹶輸將，而剜肉醫瘡者不知凡幾矣。嗟乎！蒿目時艱，民依可念，即束於功令，不能爲民請命，亦惟因時調劑，要使寬猛得宜。國計無虧於上，民力稍紓於下，勞心撫字者所當三致意也。

芬按：化州田賦，自明季疊遭兵燹，黄赤散佚，黠者溢稅而售，弱者減畝而收；舞文者那甲换乙，兼併者使李代桃；民不免於偏累，官不免於虚賠；錮弊相沿，菀枯日甚。國朝定鼎百年來，節次編審，而又憲令嚴明。守土者更代稽察，雖有奸書猾吏，無從肆其故智。獨是緩急典賣之際，或持以居奇，或戀而不絕，增減隨意，遇興衰而轉易多手，子孫世世翻根找貼，恬不爲怪。及當官吊驗類多白契，既無官印可憑，又不詳其四至。里甲。而勾棍賄囑，復爲之挺身作証，顛倒是非，爰書未定，而搶耕搶割隨之矣。詰其所由，總緣於賣者藕斷絲聯，留爲異日必贖之地；受者利其稅減價平，反以糊塗爲中計，迨年歲稍深，中保物故，即揹不與贖，或詐其祖父之手筆以謝之。此土田之搆訟，所以十有八九也。然則，欲清其源，以絕其弊，必至歸咎白契而後已。夫白契，實不始於今日，况亦有不盡書絕者。吊驗之請，爭者、忌者皆得藉端洩忿，雖終於兩敗俱傷，而究不得其平也。今漏稅之例始，嚴亦祇於清絕契，至於暫時抵押，限年回贖，書不以實，自貽子孫之累，而垂涎鼎側者，遂乘其式微而吞之。此則存乎人心之不古焉！未可以法禦也。

積貯

一本州常平倉，現貯買補、徵補還倉穀一萬六千六百九十石零四斗五升四合。

一項經報易穀三百七十四石五斗二升。

一項節年貯米倍穀一百三十三石八斗七升三合。

一項自乾隆四年起至十一年底現貯收捐監穀一萬五千一百九十石。

一項屯羨買貯及平糶羨價買貯穀一千二百九十一石零二升二合。

一本城社倉現貯穀二千七百六十四石五斗六升。在裕豐倉右傍，知州孔傳祖建。

一城內社分貯穀一十四石。現貯杏花村。

一東勝堡社穀二十五石八斗四升。現貯水尾村，離城二里。

一東南關社穀一十七石四斗八升。現貯南門外街，近城。

一東關社穀一十九石二斗。現貯南關，近城。

一南關社穀三十三石五斗。現貯東關街，近城。

一下郭堡社穀二十六石五斗。現貯七里村，離城七里。下郭堡社穀六石七斗。現貯下郭村，離城三里。

一北津堡社穀二十六石。現貯北岸村，離城二里。

一申六都社穀九十七石九斗四升四合。現貯車頭田村，離城三十里。

一申六都社穀一百七十一石四斗四升。現貯合水村，離城三十五里。

一申四都社穀六十五石零一升六合。現貯旱塘村，離城三十五里。

一吉三三都社穀六十七石八斗。現貯東瓜垌村，離城六十里。

一吉一三都社穀八十三石六斗。現貯張村，離城九里。

一進二都社穀七十七石四斗一升。現貯石水村，離城一百三十里。

一申六都社穀四十六石八斗七升。現貯竹根垌村，離城五十里。

一吉三二都社穀五十石。現貯田頭坡村，離城六十里。
一上郭堡社穀六十石零一斗。現貯關塘村，離城二十五里。
一申六都社穀九十二石二斗四升。現貯莉垌村，離城七十五里。
一申四都社穀六十一石一斗。現貯木槭塘村，離城五十里。
一進二都社穀五十一石七斗六升。現貯高馬村，離城一百一十里。
一博一都社穀三十一石。現貯沙垌村，離城一百五十里。
一博一都社穀六石。現貯六尋村，離城一百六十里。
一吉三二都社穀五十三石二斗九升。現貯封村，離城六十里。
一吉三二都社穀三十二石九斗七升六合。現貯中垌村，離城八十里。
一申一一都社穀五十七石一斗九升。現貯勞村，離城九里。
一吉一二都社穀六十五石三斗三升。現貯黄竹墟村，離城念里。
一吉一一都社穀一百一十九石九斗六升。現貯西山村，離城□十里。
一吉三二都社穀四十三石六斗三升。現貯蛇尾村，離城九十五里。
一進一都社穀七十四石八斗。現貯大塘村，離城七十里。
又一項乾隆七年分增捐。
一進一都社增捐穀八十八石七斗。現貯山口村，離城五十里。

一申三二都社增捐穀九石一斗三升。現貯瓦竈村，離城四十里。
一吉一二都社增捐穀四十七石五斗九升。現貯黃竹墟村，離城二十里。
一申一二都社增捐穀三十一石一斗。貯雙牌村，離城三十五里。
一吉一三都社增捐穀四十八石二斗二升。現貯西村，離城二十里。
一申五都社增捐穀六石二斗。現貯埇表村，離城五十五里。
一東勝堡社增捐穀三十七石。現貯水尾村，離城二里。
一申二三都社增捐穀八石。現貯那壢村，離城二十五里。

芬按：明洪武初，令天下立預備倉以賑貧民，而勸借和糴之法行。豐則斂之倉，歉則散之民，是亦古義倉遺制也。本州預備，原在州治東南隅；永樂十四年，知州田庸遷於在城倉之左、布政司之後，尋廢；又萬曆間，知州金俸詳允立東社倉於羅江渡東岸，立西社倉於南門外舊射圃地，立南社倉於下郭下壇地，立北社倉於上郭低壇，皆毀於兵。本朝積穀常平，懲侵那，重盤查，責買補，立法極爲詳盡，無非欲倉儲歸於實貯。而化之義倉，現計有三十八處，視昔之預備四社，所積奚翅數倍，以之備賑救荒足矣。持籌者，苟玩愒從事，利不在民，而累未嘗不在官，功令森嚴，勿以具文視之也。

化州志卷之五

化州知州楊芬輯

秩禮第五

祭祀　慶賀　開讀　救護　鞭春　上任　講讀　鄉飲

禮緣義起，莫大於祭，王者崇德報功，著爲令典。勸孝、勸忠，胥於是乎在。方今神聖在御，祀事載虔，天人享格，凡有關於民義者罔不脩。秩宗定其儀制，刊發直省，而於飲、射、讀、法諸禮尤加詳焉。雖郡國共見，有司歲守，弗違，未敢以泛常論也。作秩禮志。

祭祀

歲春秋仲月上戊日致祭

社稷之神。規置見《祠壇》。凡祭，用羊二、豕二、帛二、爵三、登一、鉶二、籩四、豆四、簠二、簋二。樂用鼓吹，其詞曰：『維神奠安九土，粒食萬邦，分五色以表封圻，育三農而蕃稼穡。恭承守土，肅展明禋。時屆仲春秋，敬修祀典。庶丸丸松栢，鞏磐石於無疆，翼翼黍苗，佐神倉於不匱。』

歲春秋仲月上辰日致祭

風雲雷雨山川之神。規置見《祠壇》。凡祭，用帛七、羊二、豕二、爵三、登一、鉶一、籩四、豆四、簠

二、簋二。樂用鼓吹，其詞曰：『維神贊勷天澤，福祐蒼黎。佐靈化以流形，生成永賴；乘氣機而鼓盪，温肅攸宜。磅礴高深，長保安貞之吉；憑依鞏固，實資捍禦之功。幸民俗之殷盈，仰神明之庇護。恭修歲祀，正值良辰。敬潔豆觴，祗陳牲幣。』

歲奉部文行日致祭

先農之神。規制見《祠壇》。凡祭，用羊一、豕一、帛一、爵三。其詞曰：『維神肇興稼穡，粒我蒸民。頌思文之德，克配彼天；念率育之功，常陳時夏。兹當東作，咸服先疇。洪惟九五之尊，歲舉三推之典。恭膺守土，敢忘勞民？敬奉彝章，聿修祀事。惟願五風十雨嘉祥，恒沐於神庥；庶幾九穗雙岐上瑞，頻書於大有。』祭訖，耕耤田，行謝恩禮。

歲四月上辛日常雩祭

社稷先農山川之神。凡祭，用羊一、豕一、帛一、爵三、登一、鉶一、籩四、豆四、簠二、簋二。其詞曰：『時維首夏，蒼龍御辰，是耕是耨，民事方殷。念彼百穀，地生天成，聿修禋祀，虔告神明。當夜而雨，當晝而晴，鳴條勿睹，破塊不驚。佑我南畝，粒我蒸民。神其來格，鑒此精誠。』

歲春秋上丁日致祭

先師廟。正獻官、分獻官，前三日致齋、詣齋、沐所、習儀。至期齊集，三跪九叩，行三獻禮，悉如制。祝曰：維先師德隆千聖，道冠百王，揭日月以常行，自生民所未有。屬文教昌明之會，正禮和樂節之時。辟雍鐘鼓，咸恪薦於馨香；泮水膠庠，益致嚴於籩豆。兹當春秋仲，祗率彝章，肅展微忱，聿將祀典，以復聖顔子、宗聖曾子、述聖子思子、亞聖孟子配。分獻官就十二哲、東西廡獻帛爵，先於初集時。至啓聖祠祭啓聖，如祭先師儀。祝曰：維王奕葉鍾祥，光開聖緒。盛德之後，積久彌昌。凡聲教所覃敷，率循源而溯本。宜肅明禋之祀，用申守土之忱。兹届仲春秋，聿修祀事，以先賢顔氏、先賢曾氏、先賢孔氏、先賢孟孫氏配。迎神唱樂，奏咸平之曲。詞曰：『大哉孔子！先覺先知，與天地參，萬世之師。祥徵麟紱，韻答金絲，日月既揭，乾坤清夷。』

初獻唱樂，奏寧平之曲。詞曰：『予懷明德，玉振金聲，生民未有，展也大成。俎豆千古，春秋上丁。清酒既載，其香始升。』

亞獻唱樂，奏安平之曲。詞曰：『式禮莫愆，升堂再獻，響協鼗鏞，誠孚罍甗，肅肅雍雍，譽髦斯彦，禮陶樂淑，相觀而善。』

終獻唱樂，奏景平之曲。詞曰：『自古在昔，先民有作，皮弁祭菜，於論思樂。惟天牖民，惟聖時若，彝倫攸敘，至今木鐸。』

徹饌唱樂，奏咸平之曲。詞曰：『先師有言，祭則受福，四海黌宮，疇敢不肅。禮成告徹，毋疏毋瀆。樂所自生，中原有菽。』

送神唱樂，奏咸平之曲。詞曰：『鳧繹峩峩，洙泗洋洋，景行行止，流澤無疆。聿昭祀事，祀事孔明，化我蒸民，育我膠庠。』

歲奉部文行日致祭

忠義神武關聖大帝。規制見《祠壇》。凡祭，用牛、羊、豕各一，帛一，爵三，籩八，豆八。詞曰：『維帝浩氣凌霄，丹心貫日。扶正統而彰信義，威振九州；完大節以篤忠貞，名高三國。神明如在，徧祠宇於寰區；靈應丕昭，薦馨香於歷代。屢徵異績，顯佑羣生。恭值嘉辰，遵行祀典，筵陳籩豆，凡奠牲膠。』是日初集時，先祭三公祠，用羊、豕各一，帛三，爵三。其詞曰：『維公世澤貽庥，靈源積慶。德能昌後，篤生神聖之英；善則歸親，宜享尊榮之報。列上公之封爵，錫命優隆；合三世以肇禋，典章明備。恭逢諏吉，祇事薦馨。』

歲奉部文行日致祭

龍神。凡祭，用羊一、豕一、帛一、爵三。其詞曰：『維神德洋寰海，澤潤蒼生。允襄水土之平，經流順軌；廣濟泉源之用，膏雨及時。績奏安瀾，占大川之利涉；功資育物，欣庶類之蕃昌。仰藉神庥，宜隆報享。謹遵祀典，式協良辰。敬布几筵，肅陳牲幣。』

歲春秋仲月上辰日，合祭城隍之神於山川壇。規置、壇祠、儀制同前。

歲春秋仲月上丁日，致祭名宦祠。規置見《祠壇》。凡祭，用豕一、羊一、帛一、爵三。其詞曰：『維公宦遊南粵，澤在編民，甘棠手植，萬古如新。某等忝職茲土，祭屆良辰，酌我清酤，俎豆是陳。高山仰止，謹步後塵。神其鑒只，來享明禋。』

歲春秋仲月上丁日，致祭鄉賢祠。規置見《祠壇》。凡祭品、儀注，悉如名宦。其詞曰：『維公兩間淑氣，挺秀羅源，惟忠惟孝，廉節高騫。垂芳志乘，樹範里門。某等恭逢春秋仲，潔治壺尊，靈其戾止，鑒此蘋蘩。』

歲春秋仲月上丁日，致祭忠義孝弟祠。規置見《祠壇》。凡祭品、儀注，悉如名宦鄉賢。其詞曰：『維靈秉賦貞純，躬行篤實。忠誠發奮，貫金石而不渝；義問宣昭，表鄉閭而共式。祈事懋彝倫之大，性摯莪蒿；克恭念天顯之親，情殷棣萼。模楷咸推夫懿德，綸特闡其幽光。祠宇維隆，歲時式祀。用陳尊簋，來格几筵。』

歲春秋仲月上丁日，致祭節孝祠。規置見《祠壇》。凡祭品、儀注，悉如名宦鄉賢。其詞曰：『維靈純心皓潔，令德柔嘉。矢志完貞，表閨中之亮節；竭誠致敬，彰閫內之芳型。茹冰蘗而彌堅，清操自勵；奉盤匜而匪懈，篤孝傳徽。絲綸特沛乎殊恩，祠宇昭垂於令典。祇循歲祀，式薦尊醪。』

歲四月後，遇旱而雩。凡祭品、儀注，悉照祭先農禮，雨降報祭亦如之。其詞曰：『瞻彼隴畝，畫然心傷。維此農月，胡爲恒暘，翼與冠毯，云萎而黃，我民何辜，罹此凶殃。惟神仁愛，其降皇皇，觸石膚合，甘雨其滂，亦既霑足，乃有倉箱。神之聽之，我享我將。』

歲有水災，乃設禜祭。祭日不用牲幣，仍禁屠宰。祭品如祭社稷山川，皆北向兩行，三獻禮。傍置大鼓數架，祭畢伐鼓，凡三百三十三下爲一通，擊數通而散。其詞曰：『陰陽違序，零雨浹旬。疆里既星。穎栗是卜，篝車是徵。報爾豐祀，有飶其馨。』晴即報謝，祭亦如之。

歲清明、中元、十月朔，致祭無祀壇。規置見《祠壇》。先期迎城隍神位於壇榜，無祀鬼而祭之。凡祭，用羊三、豕三、果四、羹飯、冥衣數百具。其啓城隍詞曰：『維神彰善癉惡，正直無私。陽資爕理，陰藉綱維。兹當享厲，奠以酒巵。恭奉神主，前涖壇壝。統攝諸類，母〔一〕使參差。飽飫聖澤，永免啼饑。化爲和氣，爲民護持。』其告城隍諭衆幽詞曰：『維神化州主宰，統理陰陽。今者節屆清明、中元、孟冬，遵奉朝廷典章，請神臨涖厲壇，爲衆幽主。凡兹冥途孤滯，或文場賫恨、仕路轗軻、飄零滅没者，或征戰刀兵炮石傷殘者，或虎狼蛇蝎咬壞者，或商旅資本無歸、沉淪異地者，或饑寒凍餒者，或火燒水淹者，或産厄墜胎隕軀者，或牢獄斃命者，或投繯服毒自刎者，或雷霆震擊及瘟瘽瘴癘侵染諸般病喪者，或受毒藥暗謀、棍棒傷害者，或投河墜井、寃不能伸者，或負債逋糧受逼及慮罪逃亡驚悸喪身者，或戳死、跌死、壓死、墜崖陷穽死者，或聾啞失明疲癃殘疾無告者，或僧尼道士無依歸者，種種孤悽。際此春雨既濡、秋景凋零，難望一盂麥飯。我皇上澤及枯骨，勅各郡縣有司，城北設壇，列於祀典。某不敢一毫苟且，視爲故事，弗盡厥虔，使爾等不得實沾天朝雨露，用是積誠行禮，增以楮幣，享以豕羊，爾等共鑒此衷。咸集壇右，聽神指揮，護國庇民，爲化州百姓作之福焉。謹告。』

〔一〕『母』當作『毋』。

慶賀

凡遇萬壽千秋令節、正旦、冬至，知州僚屬先期一日設萬壽牌於萬壽宮習儀，行三跪九叩首禮。次日黎明宮內行禮。

開讀

凡遇詔赦使者，先期一日報知所在官司，設儀仗於本治，照依原降儀式迎接行禮。

救護

凡遇日月薄蝕，欽天監推算分秒及圓復時刻，預行內外衙門。前期，設香案於露臺上，設金鼓於儀門兩傍，各官拜跪於露臺，上下俱向日。至期，陰陽官報日初食，各官行九叩首禮。執事捧鼓詣，班首擊鼓，鼓三，衆鼓齊鳴。陰陽官報食甚，贊唱，跪行九叩首禮。報復圓，行禮如初。月食，亦如前儀。各官俱便服。

鞭春

歲立春，先一日祀勾芒神於東郊。詞曰：『維神職司五穀，恩育三農。今屆首春，合修祀事，丹青設像。雖屬風俗之常，耕穫待時，必資長養之力。曰暘曰暘，曰雨曰雨。神庥廣庇，年穀順成。謹脩香儀，神其鑒只。』祀畢，迎歸安於儀門外。至交春時候，知州具朝服，率僚屬執綵仗，行鞭。春禮如制。

上任

新官，先一日致齋於城隍廟。上任日，祭城隍，畢，詣本治，具朝服行謝恩禮。畢，行叅見禮；畢，乃諭僚屬；畢，乃置公移；畢，乃饗官屬父老。

講讀

每朔望，知州親臨講所，率集紳士耆民行禮。畢，講聖諭廣訓、大清律例。照依衍說直解，逐條講說。其各鄉鎮墟市，俱設講所。紳士耆民傳集，居民設立牌案，行禮，畢，推善講者二人，明白宣講。

鄉飲

每歲正月十五日、十月初一日舉行。州長官前期具書速賔，凡致仕官及民有齒德儒行者咸與。至日，於學之明倫堂序立，行相見禮，三揖而後至堦，三讓而後升堂。州官爲主，位於東南；大賔位於西北；僎賔位於東北；介賔位次於東南。九十者，六豆；八十者，五豆；七十者，四豆。六十者，坐；五十者，立。州之捕巡、學官序爵坐，皆西向；耆老、儒士序齒坐，皆東向。學官一人爲司正，揚觶致辭。其詞曰：『恭惟朝廷，率由舊章，敦崇禮教，舉行鄉飲，非爲飲食。凡我長幼，各相勸勉，爲臣盡忠，爲子盡孝，長幼有序，兄友弟恭，内睦宗族，外和鄉里。無或廢墜，以忝所生。』生員一人，就律案講讀御製大誥文。其詞曰：『鄉飲之義，賔以象天，主以象地，介賔以象日月，三賔以象三光。政教之本，聖人務之，是故好學不倦，好禮不變，旄期稱道者，與焉。幼壯孝弟，耆耄好禮，不從流俗，終身俟命者，與焉。爰率有司，以月之令，以日之吉，乃加爾爵，賔主具在，共昭厥事。敬爾威儀，淑慎爾德，黄耇無疆，受天之慶。』又講讀大清律文。餘禮俱載儀注。

芬按：古者設戒令於族師，敘齒位於黨正。春秋州長習射於序，皆有籩、豆、酒、食之薦。鄉大夫飲國之賢者，亦不必廢酒醴，其所以明齒教讓爲義一也。葢細民長幼，雜作習於鄙野，罔知禮義，上之人不以爲不足教，親與揚觶，以激其孝弟忠信之行。而一時與其選者，皆有歉然不自安之意，誠以循名責實之不易也。自周而降，舉之者，漢之永平、晉之泰始、唐之貞元；行之者，伏湛、李栖筠、裴耀卿數人而已，後世漸及濫觴，至有不可言者。夫天地嚴凝之氣，盛於西北，故坐賓於西北，坐介於東南以輔之，律人以義也。天地溫和之氣，盛於東南，故坐主於東南，坐僎於東北以翼之，接人以仁也。今以突梯滑稽、脂韋絜楹之行，濫冒鑽刺，以希意外之榮，爲宗族交遊光寵，營者逐逐，視者耽耽。其於古人列竽肆筵，取象陰陽四時之義，不且大謬歟！今夫耕甿充倉庾，商賈挾囊橐，皆能繡佛飯僧，架橋剗路，還共見之金，焚無用之券，居鄉稱善人；而家庭骨肉甚至借鋤德色，取帚誶語，無孝弟忠信之事，而竊孝弟忠信之名，一經里選，遂爲定評，牢不可易。嗚呼！上之所期者在彼，下之所應者在此，雖欲不蹩躠爲仁，踶跂爲義，率世人而盡趨於僞也，不可得矣。今聖天子，貴德尚齒，粟帛之賜，歲無常額，乃猶加意鄉飲酒禮。御製大誥文，頒行。郡縣有司，恪守常經，何敢偏徇、重違鉅典？而或急於推廣皇仁，以必舉必行爲不廢禮。受者不知重，見者不知輿，滋引夤緣，敗壞風俗，不更甚於廢禮哉？

化州志卷之六

化州知州楊芬輯

戍備第六

兵制　營堡　鋪遞　狼猺兵

民有室家，誰固吾圉。況地當四塞，險與阻并，層嶔密箐，奸萌易於嘯聚，尤不可一日無備也。化州逼近廣右，繡錯鬱林，諸邑爲高凉西北門戶。有明之世，屢遭寇警，司戍者有深慮焉。詎玩於承平，而不爲未雨計耶？作戍備志。

兵制

化之戍備，舊無專設。明洪武二年，朱亮祖取廣東，建高州府衛一，曰『神電』。置內外所，外所四高州、信宜、寧川、雙魚，附所二陽春、石城。又以防倭，設沿海諸衛所，軍皆以耕爲屯，化在內地，故不設所。成化、弘治間，屢有猺寇當道，議調雷州衛等處兵戍守，尋罷。只留守備一員、旗軍一百四名防守，亦尋廢。

國朝罷諸衛所而立總鎮府於高州府，統制高、雷、廉，而以化石城當廣右之界。特設化石營守備，駐石城，分把總一員、領目兵一百名，爲化州城守，而守備往來控禦焉。康熙二十三年，更定營制，化石營裁汰千總二員、把總一員、兵一百七十八名；雍正八年，以本營汛廣兵，單將廉州營目兵一百三十名、高州營目兵八十名抽撥入營充額；又裁各營馬戰兵之餉，召募所得之兵，再撥三十名共二百四十名并歸本營，分防各汛通營，共計目兵五百二十七名。糧、米、草料俱于就近州縣支給。十年，將化石營守備改設都司化州專城，把總改設千總，化州現在專城千總一員、外委一員、額設兵共一百六十一名。內除親丁火糧六名、京塘一名，尚實兵一百五十四名。

營堡

中垌。離城八十里。

合江。離城九十里。

寶墟。離城一百九十里。

白梅。離城二百四十里。

鴨籠。離城一百九十里。

菉竹汛。離城五十里。

按：州之西北與廣西北流、陸川連界，山嶺險峻，樹木叢蔽，每猺狼山冦從此潛劫，故化之西北境

守戍爲難。舊有梁沙、平定二堡以衛軍戍之，自罷諸堡，置營汛，領以把總，皆西北要地，不可不加意也。〔一〕

□□□□□□□□□東岸興傑鎮安石灘牛□□□□□□□□□□汛今雖改置仍存□□□

□□□□□□署在東門直街城隍廟前。

□□□□往高州府

□□□□□□里至。

大橋塘。十里至。

湯水塘。十里至。

□□□□□□接茂名界，由電白往省城。

□□□鋪□□□□□水鋪。十五里至。

□村鋪。即□吊□。

〔一〕據《光緒化州志》卷六補。

□僻路□吴川，接吴川界。

州門□。十五里至。

馬鞍舖。十五里至。

石寧橋。十五里至。

南巢舖。

西大路往石城，接石城界。

州門舖。十里至。

都和舖。十里至。

棠陰舖。十里至。

龍山舖。十里至。

蒹竹舖。十里至。

中伙塘。即□十里。

□□□□〔一〕

舊志論曰：化當雷、廉、瓊三郡孔道，舊設陵水驛〔二〕，上達古潘茂名驛，下通息安石城驛，後以簡僻裁省。自海隅多故，凡有事境土者，絡繹不絕，經制之廢〔三〕歲恒不足，重以恫喝要求，用一索十，苟拂其意則謗讟媒孽，即爲開罪之端。於是供億日繁，疲於奔命，公私交困，莫此爲甚。今幸上睹其弊，俾下吏守法，惟謹任怨，而毋慮叢愆，則民其有瘳乎。〔四〕

狼猺兵

狼猺兵之設，始於成化間。粵西猺獞作亂，侵掠州邑，□□就撫，隨地安插，太守孔鏞以恩信結之，撥荒田以俾之，耕而蠲其猺役。在化有猺五十一山，狼二十村，無事則耕守，有事則按籍調遣。故雖日久廢弛，其名目不可不存焉。〔五〕

〔一〕據《光緒化州志》卷六補。
〔二〕據《光緒化州志》卷六補。
〔三〕『廢』当作『費』，據《光緒化州志》卷六改。
〔四〕據《光緒化州志》卷六補。
〔五〕據《光緒化州志》卷六補。

猺五十一山，兵五百二十四名，每山有總、有甲撫。〔二〕

漫山村九名。

北埇山十三名。

水車山十五名。

南根山十一名。〔三〕

牛阜山十一名。

排村山十名。

水口山九名。

山底山十二名。

南頭山十三名。

麻子山十名。

白石山十五名。

〔二〕據《光緒化州志》卷六補。

〔三〕據《光緒化州志》卷六補。

含牛山八名。
揖艮山八名。
羅霧山九名。
金垌山十三名。
謝陵山二十一名。
博垌山十五名。
平陽山十三名。
清水山八名。
謝半山十三名。
才脚山十名。
山扶山十六名。
楓木山十三名。
謝獲山二十名。
闞塘山十八名。
山田山九名。

六龍山十二名。
黎山十三名。
香山十六名。
塘蓬山八名。
平科山十名。
多荔山七名。
大雞山六名。
黃那山五名。
那僕山五名。
文黎山五名。
天井大嶺五名。
那僕大嶺五名。
文弄樟埇五名。
清水山十名。
蓬塘九名。

竹子山四名。
尖岡村十名。
大塘村十名。
甘竹寨十名。

狼二十村，兵一百九十四名，招主二名領之。

文弄村十三名。
山雙下十八名。
平鄧村九名。
潭落村八名。
三則村七名。
平典村九名。
蒼坡村十一名。
羅姿村七名。
平禾村七名。

羅甕村六名。
張平村十名。
那留村十二名。
大榃村十八名。
那良村十四名。
西屯大寨十名。
那得村九名。
雷嶺村九名。
大路村九名。
謝路村九名。
牌界村九名。

芬按：猺狼，古盤瓠之苗裔，深居谿峒，蔓衍日繁。每乘我不備，則出肆劫掠。漢永和間，討平二廣峝猺，欲加賦，虞詡謂加賦必叛，所得不償所費。宋趙亮勵請，擇其所信服之土豪爲總首，以任彈壓。後世撫戢狼猺，皆用此法。明景泰間，文莊邱公因其亂，欲倣土官例，以寓建衞意。中丞韓公設爲秋調之法，以嚴要害，至今服化如故。或遣其子就試，斑斕化爲青衿，非復猺狼故態矣。惟是，化州環封遼潤，帶山薄海，實爲五嶺奥區。今鎮軍建節郡城，分兵石、吳，設將領以專其責。我倚三方爲藩蔽，更置城守之防，其於居重馭輕、扼險據要之道，非不兩得。但恐事起倉卒，數名汛兵詎能當守禦大任？則前此猺狼兵之設正宜時。勤簡飭爲我腹心之衛，夫於官司闒者，何竟致而不問也。至於簡民間武勇，藉而練之，以充民壯，遇警調集，事已歸耕，實有得於寓兵於農之意。明初，從丁糧僉派，自條鞭法行，乃徵糧於官，而招募爲之，往往册報空名，失其本旨。化州原設民壯一百七名，增至二百二十七名，國朝陸續裁定，僅存二十五名，以其徒恣蠹食故也，然省費而無濟於事。即此二十五名，亦不免爲汰，是又慮在苞桑者不得不亟議之也。

化州志卷之七

化州知州楊芬輯

選舉第七

進士　鄉舉　恩拔副歲　例貢　薦辟　封贈　武科　冠帶附

古者三歲大比，興其賢者、能者，選於司徒、樂正，以入於國學，其漸摩浸灌於道德、禮樂之澤者深矣。後世或孝弟力田，或茂才異等，上無寒門，下無勢族，猶有古之遺意。洎隋迄今，率以帖括，代羔雁士，習舉子業，繩墨外尺寸不敢踰。然度材授職，積資敘庸，未嘗不拔十得五。方今聖天子旁求俊乂，嚚使不遺一才一藝，皆得見收於廊廟。沐作人之化者，有不睹芃芃棫樸，而咏髦士之攸宜哉。作選舉志。

進士

宋進士

景定壬戌梁□庚榜

余行成。字公性，四甲。江西僉憲。

林斗南。字景星，五甲。桂林路判官。

咸淳戊辰□文□榜

黄峕。四甲。廣西僉憲。

元進士

至大□榜

張仲明。字闇之，二甲。鬱林路同知。

林子章。字元倬，四甲。南雄路推官。

明進士

洪武二十七年甲戌科□信榜

蔣資。字源深，二甲。由刑部郎中出爲濟寧州知州，祀鄉賢，有傳。

永□二年甲申曾□榜

李璨。字廷圭，三甲。浙江永嘉知縣，陞廣西柳州同知。有傳。舉人瑄之兄。

梁瑤。二甲。初任福建寧化知縣，陞湖廣隨州同知。

永□四年丙戌科林□榜

陳純。字真常，三甲。浙江山陰知縣。

永□十三年乙未科□循榜
洪豫。山東右叅政。
永□十九年辛酉科曾□□榜
盧璿。字與衡，二甲。刑部主事。
永□二十二年甲辰科邢□榜
余宗器。字用之，三甲。
嘉靖八年己丑科□洪先榜
陳珪。字禹成，三甲。累官浙江左布政使，有傳。
□□五年丁丑科沈懋□榜
姚岳祥。字宇定，三甲。翰林院庶吉士，有傳。

鄉舉

宋鄉舉

□□戊午科
余行成。解首，見《進士》。

景定二年辛酉科

林斗南。見《進士》，聯捷。

咸淳丁卯科

黃旹。見《進士》。

元鄉舉

至大□

張仲明。見《進士》。

林子章。見《進士》。

至正□

黃和孫。字汝順，祖籍江西。宋狀元朴子。

余允。杭州教授。

明鄉舉

洪武二十年丁卯科

陳思賢。福建漳州教授，祀鄉賢，有傳。

蔣資。見《進士》。
陳遜。教諭。
黎皐。教諭。
洪武二十三年庚午科
李瑹。見《進士》。
龍澄。教諭。
蘇祐。訓導。
梁挺。進一六甲人。
彭敦。
洪武二十六年癸酉科
陳瓊。訓導。
陳豫。浙江金華教授。
洪武二十九年丙子科
吴斌。吉水訓導。
李隆。教諭。

洪武三十二年己卯科

黎獻。教諭。

陳寘。教諭。

李斌。歷任北平知府。

永樂元年癸未科

梁瑤。見《進士》，有傳。

陳純。見《進士》。山陰知縣。

永樂三年乙酉科

柴森。知縣。

吴席珍。天台知縣。

胡敏。訓導。

林莊。綏寧同知。

張庸。知縣。

永樂六年戊子科

陳旷。同知。係府庠。

梁可。府庠。

甯倫。主簿。
陳貞。主簿。
凌樂。桂陽教諭。
池浩。教諭。
羅文昌。
陳玉蘭。
馮雲驥。縣丞。
陳庸。
陳顯。訓導。
李文輝。歷任台州知府。

永樂九年辛卯科

陳敦。主簿。
王銘。經歷。
黄瓚。知縣。
李瓊。字南佐，斌之孫。融縣知縣。
洪豫。見《進士》。

陳英。典史。

黃俊。吏目。

陳懋。典史。

永樂十二年甲午科

林崗。交趾典史。

黃㢘。初任臨桂知縣。

李瑄。典史。瑹弟。

楊寧。交趾多驛知縣。

李貴。吏目。

王廣。

陳珩。典史。

林翰。馬平訓導。

永樂十五年丁酉科

施顯。經魁。善射。

陳奎。福建都司經歷。

盧璿。見《進士》。

永樂十八年庚子科

張旋。

蔣敏。教諭。

佘宗嚚。見《進士》。

佘宗珏。教諭。

佘聰。縣丞。

梁完。

永樂二十一年癸卯科

張恂。

張熙載。

羅靖。龍溪縣丞。

胡孜。訓導。

洪鼎。主簿。

簡倫。

宣德四年己酉科

林高。曲陽教諭。

宣德七年壬子科

蔣衍。教諭。

宣德十年乙卯科

陳成。教諭。係府庠。

黄定。經魁。福建政和教諭。

正統六年辛酉科

全節。柳城知縣。

景泰元年庚午科

黄信。同知。

景泰四年癸酉科

蔣滉。由儒士中任廣西雒容訓導。

蔣渾。

景泰七年丙子科

李澈。臨江通判，廉介有爲。瑄之侄。

天順六年壬午科

吴珩。

成化七年辛卯科

李奇。潯州訓導。澈之侄。

成化十年甲午科

王福。徐聞訓導。

成化十九年癸卯科

洪烈。鎮遠通判。豫曾孫。

正德二年丁卯科

陳禧。松江通判。珪父。

正德五年庚午科

凌士顔。歷任大庾知縣。夔父。

嘉靖四年乙酉科

陳珪。見《進士》。禧子。

隆慶四年庚午科

姚岳祥。見《進士》。守澈子。翰林院庶吉士，有傳。

萬曆癸卯科

林潮。

萬曆己酉科
黄雲祥。經魁。
萬曆戊午科
陳鑑。字子明。經魁。江夏教諭，庚午貴州同考。珪之曾孫。
崇正庚午科
梁明撝。

國朝鄉舉

康熙壬子科
李履祥。字吉甫。初任四川黔江知縣，丙子同考試官，陞貴州定番知州。
康熙戊午科
李之辨。
馮大偉。本姓謝寄，寄藉〔一〕電白。省志無。
康熙辛酉科
李雲程。字青萬。

〔一〕「藉」应为「籍」。

恩拔副歲

明洪武間

林居敬。江西鉛山知縣。
余表。福建德化縣丞，有傳。
黄嗣。廣西梧州訓導。
黄鼎。博白教諭。俱和孫子。

永樂間

林庸。交趾清化通判。
張耀。教諭。
甯元剛。都事。
陳猷。知縣。
洪澤。推官。
吳剛。州判。

黄從珊。福州教授。

梁誠。知縣。

宣德間

勞興。通判。

蔡賢。通判。

李球。天河知縣。

李瑜。知縣。

劉聰。縣丞。

施紹宗。經歷。

陳勳。照磨。

程節。知縣。

吳寧。訓導。

程資。

正統間

吳洪宇。武定同知。
楊暢。知縣。
張麟。主簿。
陳紀。扶溝知縣。思賢子。
董浩。
莫泰。知縣。
陳昂。平江知縣。
李楨。訓導。
陳震。知縣。
李熙。通判。
李聰。主簿。
吳璣。
李振。柳州經歷。
鍾興。

盧貴。桂林經歷。

池玘。吏目。

景泰間

謝宇。陸川知縣。

陳表。訓導。

天順間

陳善。河池知縣。

黄傑。照磨。

翁戩。

蘇英。

陶淵。經歷。

龎相。

張芳。宣州衞經歷。

盧道。主簿。

成化間

吳翰。侯官訓導。

李果。

馬容。賀縣訓導。

黄政。冠帶，不仕。

龎寵。大興衛經歷。

蔡癸。吏目。

陳中。州判。

陳韶。建安縣丞。

洪裘。壽縣縣丞。豫孫。

楊宏。上杭教諭。集章父。

余鼎。桂林衛經歷。宗珏孫。

林修齊。

陳志道。

吳經。訓導。

陳晟。忠州同知。
李縉。
張寧。
盧俊。潯州照磨。

弘治間

柳郁。
韓曜。黄梅縣丞。
盧鉞。都司斷事，陞通判。
董揆。
莫釗。
盧鍾。潮州簡校。
吳懿。福建石城教諭。
黄泰。徽州照磨。
蔣偉。
李芳。金華經歷。

周鑑。主簿。

余謙。

曾鉉。桂陽判官。

吳中。訓導。

李瑱。

黄綵。廣西融縣縣丞。

勞錡。陽朔訓導。興之孫。

正德間

陸顯。玉山訓導。

何鯉。平海衛教授。

李節。晉江縣丞。

甯廉。

李賦。福建福州訓導。

王裕。

李常。

李克章。

李正。

嘉靖間

洪範。梧州經歷。豫曾孫。

薛尚學。教諭。

陳鎰。光澤教諭。廷實、廷浩父。

陳旻。經歷。

劉賢。吏目。

薛源。休寧主簿。

蔣修齡。知縣。

陳文。

梁潤。

洪載。訓導。

謝章甫。

李仲春。

余亨。訓導。
何世禄。贛州訓導。
楊集。光澤教諭。申四二甲人。
楊章。永春教授。俱宏子。
姚守徹。安定教諭。岳祥父。
劉仕通。陸川知縣。
全大倫。梧州照磨。
余廷讓。古田訓導。
李觀光。陽朔教諭。
陳惟學。定安訓導。
李弼。應天訓導。
盧世榮。
張鳳岐。
洪守常。洪豫玄孫。
梁希顔。
凌宗冉。善化縣丞。

陳蘭。連城訓導。

凌宗尹。廣西太平訓導。

凌文緒。新寧教諭。

王尚賢。歐寧教諭。

董邦紀。

黄思明。

李克常。

陳珖。襄陽教諭。珪兄。

張汝才。廣西灌陽知縣。

陳廷實。訓導。鎰子。

凌文輝。

張士望。

吳仲魯。惠州訓導。

吳巨源。

謝希朱。

黄廷瑞。

李疇。會同教諭。
吳克儉。會寧教授。
李祖錫。
張文式。湖廣藍山訓導。
黃仕英。任石城縣訓導，陞昌化縣教諭。
李雍。靈山訓導。
李一棟。貴縣知縣。
李元清。益州教授。平易温厚，壽百歲。
余珪。

隆慶間

勞貞元。浦江教諭。錡孫。
全資。
陳廷訓。永平教諭。珖子。
李元賔。蜀府紀善。元清弟。
薛邦政。高要教諭。

余山。大同教諭。

余一英。訓導。

黃積中。

萬曆間

凌一夔。沔池訓導。

陳萬言。

王國瑞。選貢。

張棟。監貢，台州府通判。

顏諫。昌化訓導。

顏觀光。選貢，番禺訓導，轉廣寧教諭，遷楚府教授。以子可及貴，贈如其官。祀鄉賢，有傳。

林懋箴。選貢，藤縣知縣。

陳守矩。選貢。

黃守禮。龍川教諭。

李森。瓊州訓導。

凌山。邵武訓導。

陳天綱。萬州教授。
黄應詔。定安教諭。
陳廷誥。儋州訓導。
李見龍。澄海訓導。
洪作。惠州訓導。
黄士邦。
黄應選。羅定訓導。
李常鮮。選貢，天長知縣。祀鄉賢，有傳。
楊大忠。合浦訓導，陞福建政和縣教諭。壽九十四。
董丕顯。
凌懋建。太平通判。
凌祥。南海訓導。
蔣秉初。
楊三省。廣州教授。集孫。
黄鍔。
張一鴻。瓊州教授。
陳銓。

李邦奇。東莞訓導。
吳邦佐。順德教諭。
李上達。陽春訓導。
董大邦。宣化教諭。
李上林。
李惟竟。東安教諭。
李養正。感恩教諭。
黄藩。瓊山訓導。
李光春。仁化教諭。
楊世柱。
黄瓚。
李常暢。
陳王敬。府庠。
董三策。
趙獻策。延平照磨，陞桂林衞經歷。府志『榮』。
凌冲雷。瓊州府訓導。

泰昌間

何尚寅。府志「仁」。

天啓間

顔可及。觀光仲子。恩貢，歷任蘇州同知，國朝靖南王委署蒼梧道。

凌光祚。崖州訓導。

董大建。博羅訓導。

李纘昌。會同教諭。

張義。嵊縣縣丞，陞經歷。

顔可掬。

顔可幾。觀光長子。

陳敦典。

崇正間

董子奇。

張攝。

黃閣。

譚舜典。

吳匡鼎。

李經國。

黃紹曾。

黃簪。

黃雲觀。肇慶訓導，歷南平教諭、羅定州學正。

顏夢桂。明山知縣。

李逢陽。訓導。

梁峻登。容縣訓導。

梁伯殿。

凌桂。

李拔尤。拔貢，國朝寧德知縣。

黃象玄。東莞訓導。

鄧文炤。

黄納言。癸酉副榜，鬱林知州。
楊逢泰。
楊璔。
黄祖隷。
凌鳳鳴。
黄如金。
李芝。
李興雨。
余肖宗。
李之傑。壬午副榜。祀鄉賢，有傳。

國朝恩貢

趙丁。
楊儒泮。
顏光遇。捐築堤基，准給八品頂帶。
梁耀文。

國朝拔貢

李拔奇。

陳三俊。府學。

李岍程。字登萬，連山教諭。

陳敬先。字所乂，英德教諭。

黃中立。奉府同纂府志。

黃正泰。

廖高元。

李守仁。

國朝副貢

陳會江。康熙辛酉。

李萬英。雍正己酉奉府纂修府志。

國朝歲貢

順治

李興楫。
梁峻立。
陳濟。
勞謙。
顏守中。
梁峻標。
顏夢榴。
梁峻昇。
黄銓。
周鼎新。
董纘勛。
彭顯祖。
朱人龍。陽江訓導。

黃雨滋。

康熙

黃芝。海康訓導。

勞起鳳。

余猶龍。

陳斯樞。

黃雲。

陳斯概。

董儼舒。

陳琪。

陣斯桂。

董德光。保昌訓導。

陳殿簡。

陳忠簡。

張亮采。

吳夢鰲。德慶訓導。

顔德生。康熙五十五年報旌善人。
陳斯權。
黄良瑄。康熙五十五年報旌善人。
楊躬行。
李大韶。長樂訓導。
陳貞吉。
黄金光。
李鮮佳。
楊鳳至。
陳梅傑。
黄萃芳。新寧訓導。
李澤培。
李廷考。
陳錫爵。
李世泰。
劉傳珽。
陳宸詔。

楊儒溥。

雍正

黃與堅。

洪書範。

黃泰彰。

劉廷柱。

楊登九。

李培旺。

黃錫祺。

乾隆

劉沖天。

吳騆。

李俊泮。

凌震。

陳玉文。

李常瑞。

楊雲標。

陳仲賢。

董慶璉。

李宗傑。舉優。

顏大綱。舉優。

國朝例貢

董培。廩。

李種嶽。廩。

顏思灝。

薦辟

明薦辟

梁通。以人才薦任雷州府通判，陞治中。

陳津。以通經薦任山東陵海縣知縣。

楊紹文。由生員舉陸川縣知縣、鄉飲大賓。世柱之子。

顔文。可及長孫。以人才舉，宦隱歸農。
黄昌言。以人才舉，由增生授博白縣司訓。

國朝辟舉

李宗傑。貢生，雍正十一年以優行舉。
顔大綱。廩生，以優行舉。

封贈

明封贈

陳同。以子純貴贈山陰縣知縣，配某氏贈孺人。純配黄氏贈孺人。
洪漢。以子豫貴贈刑部主事，配王氏贈孺人。豫配陳氏贈宜人。
陳禧。以子珪貴贈奉直大夫、南京户部員外郎，配吴氏贈宜人。珪配張氏贈宜人。

國朝封贈

李逞奇。以子履祥貴贈黔江縣知縣，配楊氏贈孺人。履祥配張氏贈孺人。

李維楊。以子雲程貴贈文林郎、知縣，配董氏贈孺人。雲程配洪氏贈孺人。

國朝武科

雍正癸卯科

梁龍光。

冠帶附

李丹山。

余才馥。

黃清賢。

徐獻璣。

黃金隆。

楊泮瀠。

勞世仰。

陳宗洙。字養聚，州庠生。楊梅村人。

化州志卷之八

化州知州楊芬輯

人物第八

列傳　列女

析圭組於生前、垂竹帛於身後者，功名之士也。顔、閔之徒，不稱官閥，甘陋巷而啜菜羹，亦有人焉。夫一行之善，鄉黨且交譽之，况其炳炳麟麟、踔絶千古哉。不有所述，雖美弗彰，奚以爲激勸人心之助。作人物志。

列傳

漢

李進。字子賢，高興人漢爲高興郡。世本農家，進獨明悟，涉獵經史。時有一雞，毛羽具五色，倏然來去，莫知所自，目爲客雞。是年，進補郡功曹，累遷騎都尉。永和二年，荆蠻叛，進爲武陵太守，帥兵往討，大破之，斬首數百級，餘悉降附。進能和其將吏，在郡九年，恩威兼著。梁太后臨朝，下詔增秩二千石、賜錢二十萬。中平間，代賈琮爲交州刺史，奏請交州人才得與中州同選。其子孫蕃衍，布在交、廣，多仕至大官。高興人相傳，以客雞爲祥，比之陳寶云。

明

陳思賢。申三都塘瀨人。洪武丁卯鄉試第二，授漳州教。漳俗文浮於行，思賢訓以忠孝禮義，士翕然化之。每部使至，思賢叅謁畢，必進問聖躬安否。文皇入繼大統，詔至，思賢慟哭，集諸生於堂曰：『此堂何以名明倫？欲明此倫，正在今日！』與其徒伍佐原、陳應宗、呂賢、林玨、鄒君默、曾廷瑞不出迎詔，即堂爲舊君位，哭臨如禮。詔使執送京師，思賢背地而立，罵不絕口，與佐等皆死之。嘉靖中，提學副使邵銑立祠祀之，以六生配焉。爲文紀其事曰：『陳公初通朝籍，僻在海濱，非素受腹心之托，如方如黄；親膺節鉞之寄，如徐如鐵也。即心戀舊君，恥事新主，則超然高舉，雲卧巖棲，身名两全，亦無不可。而任綱常之重，明君臣之倫，率彼六生，同兹一死。甘堂阜之辱者，于公遜忠；採西山之薇者，與公兢烈。千載之後，凛凛猶生，志與日月爭光，名與天壤不敝矣。』

蔣資。登洪武甲戌進士，官至郎中。成祖繼統，以直諫忤旨，下獄，絕食三日，不死，謫口外軍，尋又上書。上嘉其忠，召還，出爲濟寧知州，加叅議俸，在任廉，能簡易教行〔二〕，惠孚，當入覲，民奏留之。滿九載，歸。祀鄉賢。

李琛。字廷圭，登洪武甲戌進士，知永嘉縣。有理劇才，能燭民隱，訟清役均。歲歉，有富室遏糴

〔二〕據《光緒化州志》卷九補。

者，下令禁之，使貧民立券以貸，俟秋償還，民皆樂從，賴以不困。郡守下其法於諸縣，全活甚衆。未幾，以他事坐累，被逮。邑民婁得成等赴京，直其冤，得復任，遷柳州通判。祀永嘉名宦。其弟瑄，中甲午鄉貢。

余表。州人。以洪武歲貢，爲德化丞。奉職廉慎，撫字有方，役均訟簡，民咸戴之。卒於官，郡守遣祭，以旌其廉。

梁瑤。登永樂甲申進士，知寧化縣。視民如子，不事苛察，而政修利舉，民信愛之。官終湖廣隨州同知。

全節。正統辛酉舉人。授古田縣，再調知柳城。殯母，時賊蘇公諫得其棺，節赴賊，抱棺泣，賊爲感動，且以金帛贈之，不受。家居孝友，設鴨塘一頃，以贍家塾。

陈禧。州之樂嶺人。正德丁卯鄉薦〔二〕，任上猶教諭。贍家，樂造士，士皆環至受業。督學趙竹岡嘆賞，以禧故，□學三倍。遷國學助教，猶士猶從之不絕。祀上猶名宦。

凌士顔。正德庚午舉人，初授仙遊教諭，以良知之教開示後學。遷永淳、大庾知縣，修社約録，捐俸建義倉，疏陂〔三〕溉田，民利賴之。

〔二〕據《光緒化州志》卷九補。
〔三〕據《光緒化州志》卷九補。

姚岳祥。字于定，州之博金人。父守徹，爲定安教學。屏壁外産芝一莖，縣主視之曰：『此非吾學之祥也，應在外州。』而守徹遂産岳祥於學署。既長，穎異絶倫，讀書過目成誦，登萬曆丁丑進士，授翰林院庶吉。時江陵柄政，母死不守服，論之下獄，凡就问鄒者，江陵遣吏藉之。岳祥不顧而入，主事趙用賢、艾穆皆以言居正奪情，下獄。岳祥奏記江陵，解之曰：『勿使百世後以趙生爲全人，相公爲口實。』江陵不悦，遂拂袖歸。卒年未三十，人皆惜之。

陳珪。字禹成，禧之子也。嘉靖丁丑，弱冠成進士。歷甌寧、元城、德化諸邑，皆有聲，擢刑部主事。不肯謁嚴嵩，貶外司理，及嚴敗，起南户部，出爲江西右布政，遷浙江左布政。以忤胡少保宗憲，歸。著有《羅江集》。孫鑑，字子明。萬曆戊午經魁。著有《州志拾遺》《天南酒樓詩集》。

李胄。申二都人，故名宦李璨之族。生平惇謹，以善聞里閭間，凡與賓序十一次。生宣德四年，卒嘉靖九年，壽一百三歲。

李蓁。胄從弟，舉人李瑄孫。以孝友篤行，率族比鄰，緩急依之。屢經賓聘，不出。生景泰七年，歿嘉靖三十三年，壽百歲。

李元清。胄之從孫，任益州教授。家居平易醇謹，有萬石風。壽百歲。

薛邦政。廂一都人。任高要教諭，不受貧生贄禮。退居林下，澹薄自如。壽九十歲。

顔河。申一都人。醇謹好修，助學工，撫孤侄，賑饑荒，多善行。壽九十餘。州守給匾旌之。

余顒。申三都人。冠帶義官。事繼祖母孝，諸姻戚無倚者周卹之。道傍遺屍，具棺瘞埋。壽七十八。

梁璋。進一都人。援例授益府典儀。少孤，撫育弟妹成立。拾遺金，還主。寇亂，助米賑饑，失庫助銀，捐地建義倉，又出粟四百石貯之。其樂義好施，難以枚舉，院道皆獎賞之。壽八十六。

顔淳。東岸人。好禮樂施，出穀貸貧乏，不計息。以公正嚴毅爲鄉族所畏服，垂老好學不倦。子觀光，貴，人以爲行善之報。

顔觀光。東岸人。萬曆間，以選貢任番禺訓導，轉廣寧教諭，遷楚府教授。在廣寧，捐俸修學。還家，不治産，闢塾延師，以教鄉之子弟。東岸田千頃，常苦旱澇，乃捐百金爲疏鑿水道，鄉隣皆頼之，知州沈水奬其義。以子可及貴，贈如其官。祀鄉賢。

李常鮮。萬曆間，以明經高第，授天長縣知縣，多惠政。及居鄉，以禮自守，詩書教其子孫，不聞外事，鄉里皆稱道之。崇正末，舉。祀鄉賢。

余顯。州學生。事繼祖母孝。父柩未殯，流寇至，欲燬之，跪泣翼蔽，賊爲感動，乃免。有黄德者，貸其銀三十兩，不能償，送女爲妾，顯焚券而還其女。以孝友著聞，學道奬而賞之。

黄鏤。字騰漢，州庠生。孝友睦族，好施與，嘉言懿行，可爲世範。崇正十五年，捐義田若干畝、歲穀三百石，爲春秋丁祭、生員科舉盤纏之需。今歲貢輪收之租，是也。其素行廉讓，已見一班矣。

容暘。由吏員考中第一，選福建南安縣主簿。值倭亂，督捕獲功，宦績有聲，亦化椽之僅見者。

李之傑。字才湛。登崇正壬午副榜。仗義扶單寒，出粟賑饑餒。時遭擾亂，鄉都士女被掠，傑身入賊寨，願立券以銀贖，全而歸者無數，後乃傾貲以償。至於疏食，終身晏如也。祀鄉賢。

董學賦。興賢坊人。事繼母孝，歲饑，周婣戚之貧者，不責償。復輸穀二百石以實義倉，兩院錫匾獎之。壽七十餘。

張文達。興賢坊人。冠帶鄉賓。業儒精醫，多識時務。教子張棟成名。壽八十餘。

楊一貫、一敬。興賢坊人。兄弟友愛，皓首同居，無間言，亦人世所難也。年俱九十。

董晨。興賢坊人。學宗老、莊，修道於霞塘山，官慕其名，以甘村垌田八頃與之，辭不受。常解衣捐棺，以賻貧而無葬者。長於詩，著有《霞塘山人存草》。

陳應良。興賢坊人。冠帶義官。助穀二百石入義倉。年七十餘。

凌建陽。廂二都人。兄弟友睦，助金建學，出穀賑饑，諸鄰待以舉丧，其行多有可取。壽九十餘。

國朝

李攀乾。廂一。冠帶。明知縣李球後。善事繼母，友愛諸弟，戚里孤寡者周之。康熙辛酉，連歲荒歉，常貸逋戶完糧，不求償。卒年八十六。

黄鈖。廂二人。秉性慈祥，置祀田以奉祖考，周貧困以洽比鄰。眼見四代，當代旌之。年九十六。司訓昌言子。

舊志論曰：李君進宏，才遠畧，因時樹功，所謂身名俱泰者乎！陳君思賢，成仁取義，與靖難諸賢爭光日月，雖至今猶生也！蔣君資，犯顔觸諱，幾瀕於死，投荒萬里，而忠愛之誠在遠彌篤，其於古之名諫何多讓焉！若夫李瑹諸君，或循良懋績，或教育標聲，或以純孝顯，或以抗直著，徽音懿行皆不可磨滅。至姚君岳祥，英姿間出，而嘉與正人。觀其奏記，慷慨可誦，卒見忤時宰，拂衣歸里，使天假之年，其建立必有大過人者，惜乎！修文之召、之速也。李胃、李蓁、李元清，皆壽躋百歲，不愧達尊，况篤行君子乎！夫論人於鄉，有賢則録，必以科目爲賢，則賢之遺焉者多矣，故統志之，以大秉懿之好。

朱人龍。字子翥，州之濱江人。以歲貢授陽江訓導，教士有方，既任滿，恬退自守。有扶來李姓者，挾貲五百兩自梅菉還，爲盜所尾，李懼，詣龍，寄其銀而去，非素知也。待李七年不來，訪之已物故矣，原封以還其子，州人至今猶傳其事。

陳軫。字兆暘，世居進二都西山。少習儒業，值滄桑變，晦跡養親。康熙初，北流冦賴晚越境剽掠，里中侵攘爲墟，軫招集流亾，代完逋賦，地方藉以安。丁丑，大饑，治糜粥以餉老病者，人咸德之。年八十一而終。子道明，有俠行。

李定簡。字席珍。州庠生，申三一都黄槐埇村人。敦本睦族，居家有和藹風，常捐金以周貧乏。鄉鄰有雀角者，簡出一言直之，無不讋服而去。行年七十餘，猶手一編，吟哦不輟。雍正癸卯，以孝廉舉，辭不就。

黄良瑄，字京璧。貢生。上郭人。讀書不與戶外事，一時能文之士多遊其門。建祠，獨任其難。尤好施與。王太守有善人之旌。

戴金鷂，州庠生。字玉巢，吉一二都望位村人。賑饑瘞露，多推解之行，而不矜其德。雍正癸丑，倡修文廟，踰期不成，鷂續捐三百餘金，卒竣其事，當事多有褒獎。卒年八十三。

李宗傑。字漢三，廂一都貢生。生平純孝，友敦信義，以所積睦族邮鄰，廣求利濟。其大者，則倡築陳村江堤，田無水患者三十餘里；兩賑南關火災，助修孔廟，捐書院膏火田，皆不惜重貲而勇於爲。晚年尤喜獎進後學，設塾延師，脩脯令無缺，常戒其子弟曰：『願汝曹砥礪有成，將以詩書亢吾宗。』雍正癸丑，以優舉，部覆准册録用。

朱元祐。醇謹嗜善。康熙癸巳，歲荒，出粟減糶；己丑，河決，捐槖築堤。人皆以爲克紹其先。蓋祐，人龍元孫也，祐字昊眷，庠貢生。

黄正嶽。良瑄子也。字統四，庠貢生。倜儻多義舉，與同時李宗傑並稱。每自急急人，不問所償，曰：『幸藉先〔一〕人勤儉所積，不致凍餒，足矣。與寠人交，非有所損於己，其情必不平，况甚之以求過乎？是怨之叢也！』其言可垂家範，故子弟多謹厚云。

陳世琮。字君重，庠貢生。世守義門之訓，母八十餘，侍不離左右，依然孺慕。一日無喜色，則曰：『我愧不能爲萊子。』凡遇壇廟、橋梁廢墜，罔不率先倡建，赴人之急，則又恐不逮焉。素爲鄉評所重。

〔一〕據《光緒化州志》卷九補。

李宗英。字漢良，州庠生。攀乾子也，世居亭子巷。律躬謹飭而見善喜爲，建祠修譜更不遺餘力。每朔望，宣講聖諭，孳孳以化導鄉愚爲事，亦青衿中能讀卧碑者。

董以澤。字廷英，國學生。世居書坊嶺。性醇謹，有長者行。修廢祠，散餘粟，排難恤孤，人多德之。雍正癸丑，以優聞於上，學憲繆□□□匾旌。

馮宗星。字子辰，州之馮渡人。垂髫即知嗜學，早補弟子〔一〕員。生平輕財産而重骨肉，内外無間言。有司喜〔二〕爲引譽。星鍵戶加勉，非公不至，人服其品。

李並芳。字卉孟，國學生，州之双〔三〕牌犀灣人。讀書敦實行，居喪循古禮。以嚴正率其族人，而解橐指困無所悋。乾隆壬戌，倡築江圍，淩村一帶田廬至今無水患者，皆芳之力也。州人兩以優舉。

顏思璋。吉一三都貢生。瞿瞿矩範中，不敢踰尺寸。繼母朱氏守節，善事之，三十餘年如一日。生平倡建橋梁，平治道路，恤災賑饑，其善尤多可採。

冼正北。津堡一甲人。世務農業，能事其親，教子孫不忘勤儉，每爲人排解，化忿爭之習而爲和睦之行。年九十有二，猶身充約長，以鄉黨服其公正故也。

林明發。字德達，州之東街人。早歲失怙，事母洗腆必潔，母病絶葷奉佛，願以身代。修龍母山下

〔一〕據《光緒化州志》卷九補。
〔二〕據《光緒化州志》卷九補。
〔三〕據《光緒化州志》卷九補。

路，以便行人。貧不能婚者，常出錢助之，義亦有可風云。

黄中立。字剛之，博金村人。少穎悟，喜涉獵，奉府擬纂郡志。以選拔，肄業成均，屢試高等，例補直隸州判，改授教職。生平能事繼母，兄弟八人友愛無間。惜未仕而卒。

芬按：君子之於己也，孤貞弗揚，細行弗録，懼其矜而概也。其於人也不然，一言之嘉，式之；一事之懿，奬之；大回間美者，選之；始渝既葢者，收之；好善有萌者，輔之掖之，所以示磨礪，崇挽救。微權隱義於是乎在！化州，漢以前人物無考，自李進以客雞兆瑞顯名當時，乃爲屈一指；越千餘年，始有陳、蔣、李、姚諸君子人才，何若是之難歟？要亦中間失紀之故。國朝來，雖科名寂寂，而家絃戶誦，殆過於明，固未可以顯晦論得失也。世際昇平，服先疇者，有酒漿璲珮之樂，宜其敦族邺鄰，勉爲善人者衆矣，而亦有難於求備者。夫世之徵逐於錐刀之末，垂老而不悟者比比皆是，賢達不免，况市儈耕甿，而責以乾餱不□，能有幾人夫？且攫擁豐殖，漁懦獵孤，貪悖無厭，尚得有人心乎？今於鄉評僉協中，更得一十八人，雖不必皆以功名顯，而各以其所遭爲所得爲，事跡若不甚遠，亦有同而異焉者。此予所以亟稱而樂道之者也。

列女

洪氏。永平廂民余日宏妻，年二十二守寡。舅姑已耄，值歲歉遣嫁，氏斷指自誓。壽踰九十，以節終。

盧氏。通判鉞之妹。年十四，遇賊遭擄，觸石流血，絶食三日，賊乃舍之。適生員張寧，三十二寡居，八十二乃卒。

陳氏。申一都顔宗瑋妻。年二十三而夫死，以紡績供舅姑，終年九十有八。

陳氏。永平廂民黄思儉妻，方伯陳珪妹也。年二十一，儉出外死，失屍，氏哭之慟，血點自空而下，乃招魂而葬。養姑，百折不回，守節，年九十五而終。嘉靖間，院道勘奬之。

李氏。申二三都故庠生楊一元妻、庠生楊世柱之母也。年二十二夫亡，姑老，柱方二歲，勸其他適，不許，以紡織供姑，僅飽薯莨。姑病，一夜十起，姑歿，欲鬻子以葬，族人憐而賻之。世柱既成立，通學公舉，巡按馬公給匾奬之。

陳氏。申二二都生員陳經女。年十八，歸董大猷，二年而夫亡，遺孤僅三月，繼姑欲嫁之，燃髪以誓，卒育子昌期，以有成立。昌期補州庠，孫數人。氏年七十，士民公舉，提學陳巡按馬給匾奬之。

楊氏。興賢坊人生員李希凱妻。年二十二夫死，家貧徹骨，誓不嫁，養姑，育子一。年六十餘終，知州陸觀德勘奬之。

李氏。申一都李本經女。適庠生黄廷相，年二十五夫故，無子，守節。家有六喪，皆氏竭力埋葬。壽八十二，始終無議，士論難之。以上舊志。

楊氏女。幼嫻禮教，受聘於李桂嵩，未嫁而桂嵩死，氏聞訃，投繯僻室。家人覺而救之，復絶食數日，不死。母諭之再，謂必歸李，守節乃可苟活，母不能違其志，於是望門奔喪，躃踊成禮就棺前。撫伯氏子棠爲嗣，有和丸、畫荻之勤。棠以庠生，援例上請，乾隆元年給帑建坊。

董氏。增塘庠生黄士昌妻。年二十七夫故，時當兵燹，遍地瘡痍，氏母子煢煢相依門庭，再造經營數十年。教其子金城、次子宙皆列膠庠，鄉黨以爲賢。卒年七十二。

吳氏。故庠生楊翹鳳妻。年二十四，翹鳳以苦學賫志歿，氏勺漿不入，諸姑伯姊曲解百端，意不悟，乃投藐孤珽斯於懷曰：『而殉逝者良善，顧呱呱何依，楊氏其爲餒鬼矣。』氏忍淚受兒，自晬及齔，不離膝下，長遣就傳，夜必篝火繅車，親爲課讀。珽斯早得補弟子員，以繼父志。孀居四十五年，庭無誶語，其秉性藎柔嘉云。

黄氏。庠生陳高棟妻。年二十六夫亡，欲殉不得，以有遺腹也。越兩月，次子嵩生，氏奉兩尊人，備物備志。教子最嚴，皆屢試高等，昂則食餼於庠。乾隆三年，賜鈔建坊。

周氏。米能村監生李爲渙妻。年二十三夫亡，剪髮封棺，示無異志。撫伯氏子文煜爲嗣，善事舅姑，備極孀帷之苦，卒能教子有成。守節二十七年而卒。

黄氏。北岸村故民楊卓彬妻。年二十七夫亡，遺二子。氏枕夫哀痛，昏仆幾絶。奉舅姑如卓彬，生子雲風、雲炳，皆列上舍，未幾俱逝，又撫其幼孫曰：『吾不得於爾父，將得之於爾也。』孀守五十六年。

楊氏。陳繼先妻。年二十九夫亡，秉禮不踰跬步，閨儀可式。子陳修、陳敞俱遊泮，皆氏義方所致也。乾隆四年，給帑建坊。

黄氏。張村故民戴士正妻。年二十適士正，未周而夫亡，淚血不乾。舅姑繼歿，室雖懸罄，而喪葬必誠必敬。撫其姪而爲之後，經營慘淡，歷冰霜四十八年。至今孫支蕃，氏可謂有功於戴矣。

李氏。庠生楊敏行妻。年二十六夫亡，茹蘖，矢志完節無虧。事姑，葬祭盡禮。年八十有六，子忠輔、忠丞相繼早逝，氏撫孤孫八人，列庠序者四。乾隆四年，給帑建坊。

陳氏。庠生楊憤行妻。年二十九生子五月，夫亡，氏堅志撫之，奉堂上人，唯謹是能，以婦道兼子道者。乾隆四年，給帑以旌其閭。子忠穎，國學生。

陳氏。濵江庠生黄沛妻。年二十七夫歿，淚盡惟血，欲踐同穴之盟，以二老奄奄一息、兩子又在襁褓，爲死之易，又當爲生之難。自是，屏絶鉛華，苦守完節。子志，貴庠生。

李氏。塘岍故民謝珙妻。年二十六生孩三月，珙即見背。氏事老姑，盤匜躬執，喪祭合禮。子武士，既列黌序，尋卒，氏又撫其孫成立。爲謝氏辛勤者四世，現年九十四歲，繞膝一十七人。人以爲節孝之報。

陳氏。牛灣村庠生李睿遠妻。夫亡年二十八，以先世三喪未葬，不得從死地下。甘貧食蓼，完夫未完之志，現年七十有九。前州楊某以貞壽旌之，殆不虚矣。子懷瑜。

余氏。例監李洽仁繼室。年十九適洽仁，兩月即失所天。氏善事其姑，撫前室子不啻己出，備極艱辛，婚嫁早畢。無何，子媳皆亡，氏忍死苟延，左提右携，卒得兩孫成立，以報洽仁。其節更有難泯者。

顔氏。上郭黄思露妻。夫亡年二十二，蓬首孀居，不問户外事。惟敬謹以侍翁姑，夜則鳴機軋軋，白課其兒。婦職姆儀，兩無所愧。

黄氏。清風垌故民董風瀛妻。未娶而夫歿，氏咬指滴血以誓，一醮不改，父母從其志，歸董立繼，以守之。家故貧，紡績以供堂上膳，不悔也。不見人者，現今三十一年。

曾氏。高門樓故民董元緒妻。夫死時年二十四，日夜哀毁，觸棺盟志。事舅姑，烹飪不假他手，十指作紅，苦節三十八載，撫其孤有成。

陳氏。張村故民戴士穎妻。年十九〔二〕歸於戴，未及一載，即稱未亡人。時無應繼子，氏忍隱以俟，卒得猶子，以奉蒸嘗。守節三十八年，雖足不越孀閨，而虀鹽門户未嘗不井井有條。婦蓋勤且儉者。

黄氏。雙牌故民李本敏妻。年二十嬪于李，敬戒無違，四載李歿，氏絶沐斷膏，欲殉不得。善事翁姑，力致甘毳，磬或鬻簪珥、嫁衣不惜，撫其子有成。今孀居二十九年。

王氏。高山村故民温思禮妻。夫亡年二十三，力貧奉姑，人有勸以他適者，乃斷髮誓死以謝，自是，無敢言者。姑篤於病，衣不解帶，及喪殯虞除，未嘗以孤孀廢禮。現年五十二，子良和。

羅氏。申三二都龐大成妻。年二十二夫亡，忍死而撫其子，幸得孫曰：『龐氏其無憂矣。』未幾，相繼以逝，氏將與媳姚氏齊殉夜臺，老姑以西山日薄願少留以待。孀居三世，慘集一門，見者酸鼻。乾隆

〔二〕據《光緒化州志》卷九補。

六年，給帑建坊。

黃氏。長岐故民洪夢松妻。年二十四生子未彌月，松即見背。氏括髮布素，力持清閨，以女紅自給，卒能千辛成育，撫其子德材，至於成立。人皆賢之。

周氏。庠生勞光弼妻。年十七歸弼，弼殁，氏願從死，家人待之不少疎，徐諭以母在子存，乃止。自是，操持家政，勤訓其子，卒膺歲薦。當事援例旌之。

陳氏。增塘故民黃錫位妻。年二十九夫亡，誓志不更適。婦供子職，治絲枲，奉脩瀡，晨昏罔缺，要皆積苦而來。子三：公洽、公沛、公澍。

李氏。勞方珂妻。年二十歸珂，僅五載生一子，夫死。家貧如洗，氏奉耄姑養葬，罔不如禮。以節孝聞。

陳氏。李廷綬妻。年二十八，子在襁褓而夫見背。貧無以立，茹苦如飴，奉姑則又甘旨無缺。年逾六十，守禮益嚴，迄無慚德。子秉禮，庠生。乾隆八年，賜鈔建坊。

何氏。廂一都義官李尚志妻。年二十歸志，六載夫亡，遺二孤。氏以紡績佐脩脯，卒能教子有成。孀守六十四載，年八十九。乾隆九年，給帑建坊於中村。

李氏。牛尾埇村故民彭鴻翰妻。年二十四夫亡，氏觸壁破顙，死而復甦者，再臨窆，以石投穴曰：『所不與君同穴者，有如此石。』撫二子宗殷、贊殷，備極辛勤。現今孀守三十二年。

黃氏。陳至惠妻，年二十一夫死，無子。氏守從一義，堅操柔德，妯娌和諧。現今守節五十年，庭無勃谿聲。

黄氏。監生李鳳書妻。年十八歸李，生二子，夫亡。氏椎心嘔血，誓以身殉，姑諭以侍老無人，乃强起執禮。藐孤俱成立，而涕痕猶在襟袖間也。寡居三十餘載，有司請給帑旌之。

朱氏。顔爲鑑妻。年二十四夫死，無子。撫其侄思璋，以繼鑑後，殫心怵志，稱未亡人。數十年，思璋以明經成名。乾隆十年，給帑建坊於白沙墟。

謝氏。老屋地故民董康儒妻。年二十二夫亾，婦括髮毁容，以婦代子。課兒，無令與家事，寧奏十指以補不給。積苦三十一年而卒。子漢元，上舍生。

黄氏。顔爲鑌妻。年十八歸鑌，甫四載夫亾，誓志柏舟，事繼姑以孝聞。子又早誓〔一〕，與媳張氏撫其孫禹標，白首無玷，鄉諭歸之。現年七十。乾隆十一年，賜鈔建坊。

李氏。吉三一都故民黄君顯妻。年二十二夫故，堅志孀守。雖備嘗艱苦，始終不渝其操，闔族以節孝舉。乾隆十一年，給帑建坊。

李氏。雙牌村故民黄大行妻。年十七適大行，六載夫殁，氏撫二子。事其姑，能得歡心。孀守六十一年，壽八十四，以苦節獲喬年。當事以貞壽旌之。

李氏。塘口故民何永俊妻。年二十二夫亾，執義自誓，以首觸棺，暈絶，家人以地下言責之曰：

〔一〕「誓」当作「逝」。

『而夫所恃以瞑者，此一綫耳，殉以身孰若慰以志。』氏乃長號，入闈閉戶。終喪，歷苦不改其操，現今守節三十三年。

馬氏。吉一三都六甲故民張士瑶妻。夫殁守節，食貧自甘，惟冀其子成立。子復以中道殂，氏率其媳侯氏同勵清操。鄰里以雙節舉。

陳氏。庠生馮紹洙妻。夫亾，志矢靡他，婦代子職，隣里稱其孝。教子宗星，克承父志，有優行。乾隆十二年，給帑建坊於馮道村。

李氏。濱江庠生黄屏藩妻。年二十一適屏藩，六載夫殁，氏絶粒誓殉，家人諭以終養爲難，乃强起咽粥，撫孤以供婦職。苦節三十餘年，現在，詳請建坊。子聯經，庠生。

傅氏。吉一一都六甲故民李際灝妻。年二十二夫亾，氏觸棺同逝，家人救護甚力，得不死，絶食三日，一痛而絶。

黄氏女。受聘於董青選，未婚而青選死，氏年方二十二，躃踊奔喪，養子相盛以繼其嗣。冰霜刻厲，終身無悔心，卒年五十歲。

李氏。尤顯貴妻。秉性貞烈。隣有惡少，乘其夫出，突入其室狎之，氏疾聲力拒，得免。里人共訴於官，惡少逸去，氏以不得洩忿，遂自縊。數日，其人潛歸，以疾暴死於路，其陰報不爽如此。當事上其事，給帑旌之。

李氏。博腮村故民何懌瓚妻。年二十一生子未及週，懌瓚身死，氏與孤相倚爲命，服蔬茹糲，泊然安之。奉九十六歲翁祖，先意承志數十年，人無間言。

黄氏。雙牌故民李泰安妻。夫亾，年二十一，矢志不貳。善事翁姑，養送備極心力，食粗衣敝者三十六載。

董氏。吉三一都九甲故民黄中達妻。年二十七夫歿，甘貧苦節，孝行無虧。寡居三十二年，現在，詳請建坊。

芬按：婦德主柔順，而勤儉佐之，矜奇炫著者弗與焉。不幸遭家多故變，而爲節、爲烈慘矣。然天之成德於人也，必極之險阻艱瘁，非惟以勵鬚眉即幽，而笄帷亦將有以異之。舊志八節，盧氏拒賊、陳氏招魂、李氏僅飽薯莨，皭然完其操於蘙棘中，葢亦人所難已。國朝，楊氏十五婦咸膺綽楔，輝映鄉閭；兩黄氏，以未嫁而守貞，雖未邀褒旌之典，其志、其事於楊氏又何讓焉！董氏以下惸嫠孑立，化行族黨，非具陽剛於陰柔，烏能百折不回歟？夫輕塵弱草，人壽幾何！婦之苦守寒閨，不必以輕生爲節者，豈皆豐衣足食，有期功强近之可倚哉？存遺卵於覆巢，口瘏羽翛以至成育，雖烈丈夫猶或難之。故吾志節婦，未嘗不對卷欷嘘者屢矣。

化州志卷之九

化州知州楊芬輯

紀事第九

災異　古蹟　坵墓　餘録

志所以紀事，兵凶、災沴事之最大者。書之以驗天人之所感，治亂之所由焉。古蹟、坵墓，名不列於山川，義無關於田賦，不得不以事概之。至若齊諧志怪，虞本有初，非以寓目滇耳，亦以見此地曾有是事云爾。作紀事志。

災異

明正統十四年，大水。

景泰七年丙子，石龍鳴。

天順三年，廣西猺賊胡公威冦州城，知州吴春力禦，擊却之。

弘治二年，民饑，多採山爲食，滁陳倉水度命。蓋經公威之亂，里舍蕭條，故有是饑。

十一年七月十一日初昏，有大星自東南徑西北，聲如雷。

正德二年丁卯，州治後池開並蒂蓮。是年陳禧中式，州守贈以詩云：『知君袖有如椽筆，應我池中並蒂蓮。』

四年九月，地大震；十二月十日，復震。

嘉靖四年乙酉，州池結並蘂蓮三。是年陳珪中式，至戊子年結並蘂七株，次年珪登進士。州守俞慶雲構亭於上，扁曰：『瑞蓮池』。

二十六年丁未，大瘦。

二十八年，廣西龍山賊自西城架梯越城，劫庫。

三十一年，大水。

三十四年，大疫。

四十一年正月，龍山賊白晝刦庫。知州畢竟立督吏卒，親與格鬬，貢士張文式率家僕巷戰，斬一級，賊走，官兵追，斬畧盡。

四十二年，田生瑞穀，一桴二米。

四十三年十一月十六夜，廣西八寨賊突至，攻城。時本府推官楊逢元，與知州張冕率衆拒禦，次日追至北利村，斬首一顆，賊遁去。

四十五年，廣西龍山賊冦州城，射退之。

隆慶五年辛未冬，倭自廣海衞，破電白城來冦。先是，民間有白蝴蝶數萬，聚飛官道爲之蔽，人以爲冦警之應。

六年，歲大饑，斗米百錢。

萬曆九年，大丈州田。舊秧田不丈，知州祝簡悉丈，報稅。

二十年二月，東岸火延，燒房屋殆盡。

二十四年，大饑，斗米銀二錢，大賑。知州沈水大發廪賑之，勸諭凌家忠、何龍、王元啓等出穀助賑，分別上饑、中饑、下饑三等，民賴以蘇。

四十六年，東方白氣，長竟天。其占爲蚩尤旗，主兵。

四十七年，增遼餉。

天啓年元旦，東岸街火。

國朝順治八年辛卯，平南王尚可喜、靖南王耿繼茂畧定高州。師至高州，自化州以及雷州，兵不血刃而定。

十一年春三月，僞安西王李定國破廉州，自石城至高州皆陷。十二月，平靖兩王、朱大將軍兵破李定國於新會，定國遁廣西地，方復平。

康熙八年，大水，東岸水深三尺。州守吕兆璜捐穀百石，賑之。冬，水街火。知州吕兆璜捐穀百石、銀七十五兩，賑之。

十六年丁巳春二月，井溢。

二十年辛酉，大饑。

二十一年壬戌夏五月，有蝶數萬，自西北來，從東北去。秋七月，颶風拔木；冬，大雪。

二十二年癸亥，大有。

二十三年甲子，大有。

二十四年乙丑，大有。

二十六年丁卯，大雨，山崩。

三十年辛未，不雨，江水絶流。

三十二年癸酉，大有。

三十三年甲戌，大有。

三十四年乙亥，大有。

四十八年己丑秋，大水。

五十一年壬辰，大饑。

五十二年癸巳，大疫。

五十三年甲午，大有。

六十年辛丑，有星徑尺，墜於西北，聲如雷。

雍正元年癸卯，大有。

四年丙午秋八月，大風。

十年壬子，大有。

乾隆九年八月，大水，繼以蝗虫，田禾蚕食殆盡。

十年乙丑，大旱。哀鴻遍野，州主林寅踏勘詳請發倉賑濟，民賴以安。

十二年丁卯，大有。

九月，南街火。知州楊芬捐銀穀以賑之。

芬按：五雲之變可以占豐歉，八風之朝可以占吉凶，故君子遇災而懼，有修德、修政、修救、修禳之事。舊志於有明以前，所紀者皆沿革中事，首卷既見，今悉去之，非敢鑿空影附，亦春秋殺菽、多麋有蜮之遺意也夫。

古蹟

古陵羅縣。在陵羅鄉進一都，距州城一百二十里。

古羅辯縣。在羅水旁，本羅辯洞。

古龍化縣。唐初，建在羅水旁。

古羅州。境訖於石城。故石城，稱羅國，水亦云羅者，皆本於羅辯洞而稱，今羅肥鄉是其地。

舊志論曰：滄桑屢改，城郭全非，高臺俱已傾，曲池俱已平。爰惟廢興之數，而感慨係之，後之觀風吊古者，其亦可以賦矣。

坵墓

宋學士范祖禹墓。在州城西大路一里許。永樂十三年，右条政鄭阜儀偕知州田庸搆祠於其基。左条政趙次進作記，匾其額曰『朱翰林學士范公之墓』。成化四年，僉事顧儼增其墓圜，築土垣以禦樵牧。嘉靖二十八年，知州傅昂繚以磚墻，中爲亭，扁曰『玉光』。

明義士墓。在南關外養濟院左偏。隆慶五年，倭亂，自電白來攻化城，条將陳文豪引兵拒守，有新會人楊暢、陳時爲部下，士殊死戰，賊退去，二人亦被創死。州守王鉅厚葬之，號『義士塚』。

舊志論曰：余志坵墓而不禁三嘆也。范公，宋之賢者也，以直言謫化。當其始至也，州人敬之、愛之，金帛以資之，及其死也，擇地以葬之，迄今五百餘年。陵谷屢變，而馬鬣之封依然，人猶得指之曰：『此范學士墓也。』樵蘇無禁，而民自不犯，敬愛之思歷久弗渝。嗟乎！直道之在人心，固不可泯。而鄭少条諸君，先後表著之功，亦足多也。至於楊暢、陳時殺賊完城，身殉戰陣，勇烈之槩、捍衛之勣，皆有可録，稱之義士，誰曰不宜。

餘録

羅辯洞。相傳，有古羅辯遇仙女劉三妹，教以服雲母方，遂於白牛潭煉雲母，服之得仙。騎白牛，入來安山天池，化爲龍，因稱爲龍王山云。

梁天監中，武帝建同泰寺，募夜明珠以飾金像。寶誌與滟公曰：『此獨可使人牒龍公取之。』聞石龍陳氏家有制龍石，每石龍動，陳氏以石鎮之，輒止。召陳氏賫石，至視之，誌公曰：『此可以制山龍，而不可制水龍。』乃命其賫還，鎮於龍穴中。而别遣人多裹練葉，以五色綫爲繫龍絛，賫燒燕及水犀，竟入龍宫。龍畏練葉、色綫而嗜燒燕，見輒以燒燕投之，龍皆伏不動，果得夜明珠以歸。陳氏以石鎮於龍穴，兄弟五人皆化爲龍去。

按：鎮石處，即今石龍亭處是也。明州守趙士錦因亭廢穴平，乃掘其淤土，入地丈餘，果見石。石旁下有孔，深不可測，乃完築如故。

凌樂。永樂戊子舉人，桂陽教諭。有門下人，侍公謹，公見其聰慧，家貧母老，厚給其母，而令與諸公子讀書，穎悟倍常，因育之如子。宦滿，買田遺之。公死，其人中第，爲廣東軍門，親來泣奠，市田宅以貽其後。復建報恩坊於城南。

州治大堂左廊下古井，相傳爲石龍首。其井竅通於江，氣激則鳴聲如雄鵞，若在半空，而氣實在穴底。時或噴沙滿庭，皆輕細明瑩，或歲一作沙，或間數歲一作。景泰七年，鳴三晝夜。州同楊景生子一清，後位至宰相；而邑人李澈，是科亦中第。又傳，州治後有石入江，爲石龍尾。每冬水涸，居人小兒，輒緣石入巖下穴中摸沙，得古錢，或爲五銖，或爲開寶，或爲通元，或缺或圓，皆古物也。

千秋山。舊有文昌閣、社學書院在其麓。明天啓間，有龍過，拔其屋，存四柱不動。崇正末，乃燬。僉憲呂公沆，題詩清風樓。一日，忽見樓板上書李太仙和詩一首，次日視之，無有矣。二詩俱見《藝文》。

黎内使者，化之黄姜人。成化間，獠猺擾劫，四至奔逃，鑑與其母劉氏相失。時方七歲，爲人掠至京，入中官家，被選入内庭給事。孝宗即位，被恩寵，掌東廠，賜蟒衣玉帶，每念其母相失，遍物色得之，迎養於京。劉卒，葬安定門，爲作『永思堂』，以奉其母。翰林王鏊，哀其志而記之。鑑死，賜葬於黄姜山，今皆稱爲『太監墳』，碑石尚在。

御馬太監陳雲，吉一都斜白村人。成化間，雲從廣東鎮守太監至京，被選入内庭。讀書數載，典承運庫，陞奉御，尋奉命南京織造，還陞少監，典坤寧宫。復命提督南京機房，賜蟒衣玉帶，許内禁乘馬。遣其弟璉歸，合葬其父母於斜白山之陽，距州治二十里許，翰林三山爲表其墓。

化州志卷之十（上）

化州知州楊芬輯

藝文第十

典謨　記序　碑銘　詩賦

文章之爲事末矣，然于數百年後，攟摭舊跡，勒爲成書，非盡憑臆斷，其軼見于他說，往往藉以發明。况帝典王謨，尤爲覺世牖民之要。冠諸簡首，俾窮鄉僻壤，咸得朝夕捧誦，相與偕于大道，則又守土之臣不敢不敬謹宣揚者也。作藝文志。

典謨

世祖章皇帝御製大清律序順治三年

朕惟太祖、太宗創業東方，民淳法簡，大辟之外，惟有鞭笞。仰荷天庥，撫臨中夏，人民既衆，情僞多端，每遇奏讞，輕重出入，頗繁擬議。律例未定，有司無所稟承，爰敕法司廣集廷議，詳譯明律，參以國制，增損劑量，期於平允。書成奏進，朕再三覆閱，仍命內院諸臣校訂妥確，乃允刊布，名曰《大清律集解附例》爾。內外有司官吏，敬此成憲，勿得任意低昂，務使百官萬民畏名義而重犯法。冀幾刑措之風，以昭我祖宗之德，子孫臣民其世世守之。

頒示賦役全書序順治十四年

朕惟古帝王臨御天下，必以國計生民爲首務。故《禹貢》則壤定賦，《周官》體國經野，法至備也。當明之初，取民有制，休養生息，至萬曆年間海内殷富，家給人足。及乎天啓、崇正之世，因兵增餉，加派繁興，貪吏緣以爲奸，民不堪命，國祚隨之，良足深鑒。朕荷上天付託之重，爲生民主，一夫不獲，亦疚朕懷，凡服御饍羞，深自約損。然而祖宗百神，軍旅燕饗，犒錫之繁，以及百官庶役、餼廩之給，罔不取之民間。誠恐有司額外加派，豪蠹侵漁中飽，民生先困，國計何資？兹特命戸部右侍郎王宏祚，將各直省每年額定徵收、起存、總撒，實數編撰成帙。詳稽往牘，条酌時宜，凡在条差遺漏，悉行駁正。錢糧則例俱照萬曆年間，其天啓、崇正時加增，盡行蠲免。地丁，則開原額若干，除荒若干。原額以萬曆刊書爲準，除荒以覆奉御旨爲憑。地丁清核，次開實徵，又次開起存、起運者部寺倉口種種分晰，存留者款項細數，事事條明。至若九釐銀，舊書未載者，今已增入。宗祿銀，昔爲存留者，今爲起運。漕白二糧，確依舊額，運丁行月，必令均平。袢襖盔甲，昔解本色，今俱改折。南糧本折，昔留南用，今抵軍需。官員經費，定有新規，會議裁冗，改歸正項。本色絹布、顔料、銀朱、銅錫、茶蠟等項，已改折者，照督撫題價值開列；解本色者，照刊書價值造入。每年督撫確察時值題明填入，易知單内照數辦解。更有昔未解而今宜增者，有昔太冗而今宜裁者，俱細加清核，條貫井然。後有續增地畝錢糧，督撫按彙題造冊報部，以憑稽核。綱舉目張，勒成一編，名曰《賦役全書》，頒布天下，庶使小民遵兹令式，便於輸將；官吏奉此章程，罔敢苛歛。爲一代之良法，垂萬世之成規。雖然，此其大畧也。若夫催科之中，寓以撫字，廣招徠之法，杜欺隱之奸，則守令之責也。正已率屬，承流宣化，覈出納之數，慎那移之防，則布政司之責也。舉廉懲貪，興利除害，課殿最於荒墾，昭激揚於完欠，恪遵成法，以無負朕足國裕民之意，則督撫之責有特重焉。其敬承之無忽。

聖祖仁皇帝上諭十六條康熙十八年

敦孝弟以重人倫；篤宗族以昭雍睦；和鄉黨以息爭訟；重農桑以足衣食；尚節儉以惜財用；隆學校以端士習；黜異端以崇正學；講法律以儆愚頑；明禮讓以厚風俗；務本業以定民志；訓子弟以禁非爲；息誣告以全善良；戒匿逃以免株連；完錢糧以省催科；聯保甲以弭盜賊；解讐忿以重身命。

御製訓飭士子文

國家建立學校，原以興行教化，作育人材，典至渥也。朕臨御以來，隆重師儒，加意庠序。近復慎簡學，使釐剔弊端，務令風教修明，賢才蔚起，庶幾棫樸作人之意。乃比年士習未端，儒行罕著，雖因內外臣工奉行未能盡善，亦由爾諸生積錮已久，猝難改易之故也。兹特親製訓言，再加警飭，爾諸生其敬聽之：從來學者先立品行，次及文學、學術、事功，源委有敘。爾諸生幼聞庭訓，長列宮牆，朝夕誦讀，寧無講究。必也躬修實踐，砥礪廉隅，敦孝順以事親，秉忠貞以立志。窮經考業，勿雜荒誕之談，取友親師，悉化憍盈之氣。文章歸於醇雅，毋事浮華；軌度式於規繩，最防蕩軼。子衿佻達，昔人所譏，苟行止有虧，雖讀書何益？若夫宅心弗淑，行已多愆；或蜚語流言，脅制官長；或隱糧包訟，出入公門；或唆撥姦猾，欺孤凌弱；或招呼朋類，結社邀盟。乃如之人，名教不容，鄉黨勿齒。縱倖脫褫朴，濫竊章縫，返之於衷，寧無媿乎？況乎鄉會科名，乃掄才大典，關係尤鉅。士子果有真才實學，何患困不逢年。顧乃標榜虛名，暗通聲氣，夤緣詭遇，罔顧身家。又或改竄鄉貫，希圖進取，囂凌騰沸，網利營私，種種弊端，深可痛恨。且夫士子出身之始，尤貴以正。若兹厥初拜獻，便已作姦犯科，則異時敗檢踰閑，何所不至？又安望其秉公持正，爲國家宣猷樹績，膺後先疏附之選哉？朕用嘉惠，爾等故不禁反復惓惓。兹訓言頒到，爾等務共體朕心，恪遵明訓，一切痛加改省，爭自濯磨，積行勤學，以圖上進。國家三年登造，束帛弓旌，不特爾身有榮，即爾祖父亦增光寵矣。逢時得志，寧俟他求哉？若乃視爲具文，玩愒勿儆，毀方躍冶，暴棄自甘，則是爾等冥頑無知，終不能率教也。既負栽培，復干咎戾，王章具在，朕亦不能爲爾等寬矣。自兹以往，內而國學，外而直省鄉校，凡學臣師長，皆有司鐸之責者，並宜傳集諸生，多方董勸，以副朕懷。否則職業勿修，咎亦難逭，勿謂朕言之不預也。爾多士尚敬聽之哉！

世宗憲皇帝諭知州知縣雍正元年

朕惟國家首重吏治，爾州牧縣令乃親民之官，吏治之始基也。貢賦訟獄，爾實司之，品秩雖卑，職任綦重。州縣官賢，則民先受其利；州縣官不肖，則民先受其害。膺兹任者，當體朝廷惠養元元之意，以愛民爲先務，周察蔀屋，綏輯鄉里。治行果有其實，循卓自有其名，非内聚賄而外干譽，謂之名實兼收也。全省吏治如作室然，督撫其棟梁也，司道其垣墉也，州縣其基址也。《書》云：『民惟邦本，本固邦寧。』夫所以固邦本者在吏治，而吏治之本在州縣。苟州縣之品行不端，猶基不立則室不固，庸有濟乎。皇考臨御六十一年，灼知州縣之重，特行引見，咨詢明試，至詳至慎，其有廉能之員，每不次超擢以示鼓勵。今海内羣黎皆皇考所懷保也，朕膺宗社重寄，思纘皇考之治功，惟爾州縣諸臣有父母斯民之責，其爲朕立之基址，以固邦本焉。誠能潔己奉公，實心盡職一州一縣之中，興仁興讓，教孝教忠，物阜民安，刑清訟簡，朕將升之朝，寧用作股肱。如或罔念民瘼，恣意貪婪，或朘削肥家，或濫刑逞虐，或借刻以爲清，或恃才而多事，或諂媚上司以貪位，或任縱胥吏以擾民，或狥私逞欲以上虧，國帑王章具在，豈爾貸歟！更有任州縣時，私肥己槖而漫云且俟顯要方立名節者，其與初市清名、晚而改操之人何以異哉！至於錢糧，關係尤重，絲毫顆粒皆百姓之脂膏，增一分則民受一分之累，減一分則民沾一分之澤。前有請暫加火耗抵補虧空帑項者，皇考示諭在廷，不允其請，諸臣共聞之矣。今州縣火耗任意加增，視爲成例，民何以堪乎？嗣後斷宜禁止，或被上司察核，或被科道糾參，必從重治罪，決不寬貸。夫欲清虧空之源，莫如節儉正直。節儉則用無不足，正直則上官不可干以私，若朘小民之生以飽上官之貪欲，冒不測之罪以快一時之奢侈，豈砥礪廉隅爲民父母之道乎？爾州縣等官，其恪共乃職，勿貽罪戾，毋謂地遠官卑，朕不及察其賢否也。特諭。

諭旌奬務期核實雍正元年

上諭禮部：政治之要，首在風化。移風易俗，莫先於鼓勵良善，使人人知彝倫天則之爲重，忠孝廉節之宜敦。古帝王勞來匡直，所以納民於軌物者，舍是無由也。朝廷每遇覃恩詔欵，内必有旌表孝義、貞節之條，實係鉅典。邇來直省大吏往往視爲具文，並未廣諮遠訪，衹將有力之家囑託賂遺者，漫憑郡縣監司之申詳，即爲題請建坊。而山川僻壤窮氓耕織之人，或菽水養親，天性篤孝，或栢舟矢志，之死靡他，鄉鄰嗟嘆，何可勝數。爾部即着傳諭督撫、學正諸臣，嗣後務期各屬搜羅，虚公核詢，確據本人鄉評實蹟，題奏旌奬。勿以匹夫匹婦而輕爲沮抑，勿以富家巨族而濫爲表揚，以副朕成俗化民、實心彰善至意。特諭。

諭開墾雍正元年

上諭：朕臨御以來，宵旰憂勤，凡有益於民生者，無不廣爲籌度。因念國家承平日久，生齒殷繁，土地所出，僅可贍給，偶遇荒歉，民食維艱，將來户口日滋，何以爲業？惟開墾一事於百姓最有裨益。但向來開墾之弊，自州縣以至督撫，俱需索陋規，致墾荒之費浮於買價，百姓畏縮不前，往往膏腴荒棄，豈不可惜？嗣後各省凡有可墾之處，聽民相度地宜，自墾自報，地方官不得勒索，吏胥亦不得阻撓。至陞科之例，水田仍以六年起科，旱田以十年起科，着著爲定例。其府州縣官能勸諭百姓開墾地畝多者，准令議敘。督撫大吏能督率各屬開墾地畝多者，亦准議敘。務使野無曠土，家給人足，以副朕富民阜俗之意。特諭。

御製聖諭廣訓序雍正二年

《書》曰：『每歲孟春，遒人以木鐸徇於路。』《記》曰：『司徒修六禮以節民性，明七教以興民德。』此皆以教本崇實之道。爲牖民覺世之模，法莫良焉，意莫厚焉。我聖祖仁皇帝久道化成，德洋恩普，仁育萬物，義正萬民。六十年來宵衣旰食，祗期薄海内外興仁講讓、革薄從忠，共成親遜之風，永享昇平之治。故特頒上諭十六條，曉喻八旗及直省兵民人等，自綱常名教之際，以至於耕桑作息之間，本末精粗，公私钜细，凡民情之所習，皆睿慮之所周視。爾編氓誠如赤子，聖有謨訓明徵定保萬世守之，莫能易也。朕纘承大統，臨御兆人，以聖祖之心爲心，以聖祖之政爲政，夙夜黽勉，率由舊章，惟恐小民遵信奉行久而或怠，用申誥誡以示提撕。謹將上諭十六條，尋繹其義，推衍其文，共得萬言，名曰《聖諭廣訓》。旁徵遠引，往復周詳，意取顯明，語多直朴，無非奉先志以啓後人，使羣黎百姓家喻而戶曉也。願爾兵民等仰體聖祖正德厚生之至意，勿視爲條教號令之虚文。共勉爲謹身節用之。庶人盡除夫浮薄嚣凌之陋習，則風俗醇厚，家室和平，在朝廷德化樂觀其成爾，嗣後子孫並受其福，積善之家必有餘慶，其理豈或爽哉。

諭勸農雍正二年

上諭：朕惟撫養元元之道，足用爲先。朕自臨御以來，無刻不廑念民依，重農務本，業已三令五申矣。但我國家休養生息，數十年來，户口日繁，而土田止有此數，非率天下農民竭力耕耘，兼收倍獲，欲家室盈寧，必不可得。《周官》所載巡稼之官不一而足，又有保介田畯，日在田間，皆爲課農設也。今課農雖無專官，然自督撫以下，孰不兼此任也？其各督率有司，悉心相勸，並不時諮訪疾苦，有絲毫妨於農業者，必爲除去。仍於每鄉中擇一二老農之勤勞作苦者，優其獎賞，以示鼓勵。如此，則農民知勸，而惰者可化爲勤矣。再舍傍田畔以及荒山不可耕種之處，度量土宜，種植樹木。桑柘可以飼蠶，棗栗可以佐食，柏桐可以資用，即榛楛雜木亦足以供炊爨。其令有司督率指畫，課令種植，仍嚴禁非時之斧斤、牛羊之踐踏、奸徒之盜竊，其爲民利不小。至孳養牲畜，如北方之羊，南方之彘，牧養如法，乳字以時，於生計不無裨益。總之，小民至愚，經營衣食非不迫切，而於目前自然之利反多忽畧，所賴親民之官委曲周詳，多方勸導，庶使踴躍爭先，人力無遺而地利始盡，不惟民生可厚，風俗亦可還淳。爾督撫等官，各體朕惓惓愛民之意，實心奉行。倘視爲具文，苟且塗飾，或反以擾民，則尤其不可也。

諭設社倉雍正二年

上諭：社倉之設，原以備荒歉不時之需，用意良厚。然往往行之不善，致滋煩擾，官民俱受其累。

朕意以爲奉行之道，宜緩不宜急，宜勸諭百姓聽民便自爲之，而不當以官法繩之也。近聞各省漸行社倉之法，貯蓄於豐年，取資於儉歲，俾民食有賴而荒歉無憂，朕心深爲喜悦。但因地制宜，須從民便。是在有司善爲倡導於前，留心照應於後，使地方有社倉之益，而無地方之害，此則爾督撫所當加意體察者也。又民間輸納錢糧，用自封投櫃法，亦屬便民之道，但偶有短少之處，令其添補，每致多索，其數浮於所少之外，理應將原銀發還，仍於原封内照數補足交納，庶可免多索之弊。此雖細事，督撫吏亦不可不留心體察，嚴飭有司，以除民累。特諭。

諭沿海居民敬神雍正二年

上諭：沿海居民人等，朕思天地之間，惟此五行之理，人得之以生全，物得之以長養。而主宰五行者，不外夫陰陽。陰陽者，即鬼神之謂也。孔子言：鬼神之德，體物而不可遺。豈神道設教哉？蓋以鬼神之事，即天地之理，故不可以偶忽也。凡小而邱陵，大而川岳，莫不有神焉主之，故當敬信而尊事，況海爲四瀆之歸宿乎！使以爲不足敬，則堯舜之君，何以柴望秩於山川；文武之君，何以懷柔百神及河喬嶽？今愚民昧於此理，往往淫祀而不信明神，傲慢褻瀆，致干天譴。夫善人多而不善人少，則天降之福，即稍有不善者，亦蒙其庇；不善人多而善人少，則天降之罰，雖善者亦被其殃。近者，江南報：上海崇明諸處，海水泛濫。浙江又報：海寧、海鹽、平湖、會稽等處，海水衝決隄防，致傷田禾。朕痛切民隱，憂心孔殷。水患雖關乎數，或亦由近海居民平日享安瀾之福，絶不念神明庇護之力，傲慢褻瀆者有之。夫敬神，固理所當然，而趨福避禍之道，即在乎此。能敬則謂之順天，不敬則謂之褻天。褻天之人，顧可望綏寧之福乎？《詩》曰：『敬天之怒，無敢戲渝。』又曰：『畏天之威，于時保之。』朕固當朝乾夕惕，不遑寧處，以敬承天意，亦願爾百姓共凜此言，內盡其心，外盡其禮。敬神如神在，實以至誠昭事，而不徒尚乎虚文。人意即神意之感格，自足以致休祥，豈獨一家一乡〔二〕之被其澤哉？爾百姓果能人人心存敬畏，必獲永慶安瀾。著該督撫，將此諭旨令該地方官家喻戶曉，俾沿海居民一體知悉。特諭。

御製大清律集解序雍正三年

《周禮》大小司寇之職，以三典詰四方，以五刑聽獄訟。正歲帥其屬而觀刑象，不用法者，國有常刑。月吉始和，布刑於邦國都鄙，乃懸刑象之法於象魏，使萬民聚而觀之。是知先王立法定制，將以明示朝野，俾官習之而能斷，民知之而不犯。所由息爭化俗，而致於刑措也。恭惟我皇考聖祖仁皇帝大德如天，以至仁涵育羣生。法司上奏，率多全宥，停刑肆赦，屢沛恩綸。臨御六十一年，厚澤周浹乎宇內，血氣心知之倫，熙然安處於仁壽之域。朕紹守丕圖，深懷繼述。雍正元年八月，乃命諸臣將律例館舊所纂修未畢者，遴簡西曹，殫心蒐輯，稿本進呈。朕以是書民命攸關，一句一字，必親加省覽。每與諸臣

〔二〕據《嘉慶新安縣志》卷首補。

辯論商榷，折中裁定，或析異以歸同，或删繁而就約，務期求造律之意，輕重有權，盡讞獄之情，寬嚴得體。三年八月，編校告竣，刊布内外，永爲遵守。《易》曰：『先王以明罰敕法。』漢鄭昌言：『律令一定，愚民知所避，奸吏無所施。』是書也，豈惟百爾有位宜精思熟習，悉其聰明以察，小大之比；凡士之注名吏部，將膺民社之責者，講明有素，則臨民治事，不假於幕客胥吏，而判決有餘。若是通都大邑至僻壤窮鄉，所在州縣仿《周禮》布憲讀法之制，時爲解説，令父老子弟遞相告戒，知畏法而重自愛。如此，則聽斷明於上，牒訟息於下，風俗可正，禮讓可興，於以體皇考好生之德，而追虞廷從欲之治不難矣。朕實有厚望焉。

諭教士子責成學臣教職雍正四年

上諭：爲士者，乃四民之首，一方之望。凡屬編氓，皆遵之奉之，以爲讀聖賢之書，列膠庠之選，其所言所行俱可爲鄉人法則也。故必敦品勵學，謹言慎行，不愧端人正士，然後以聖賢詩書之道開示愚民，則民必聽從其言，服習其教，相率而歸於謹厚。或小民偶有不善之事，即懷愧恥之心，相戒勿令某人知之，如古人之往事。則民風何患不淳，世道何患不復古耶！朕觀今日之士子，雖不乏閉門勤修、讀書立品之輩，而蕩檢踰閑不顧名節者，亦復不少。或出入官署，包攬詞訟；或武斷鄉曲，欺壓平民；或違抗錢糧，藐視國法；或代民納課，私潤身家，種種卑污下賤之事，難以悉數。彼爲民者，見士子誦讀聖賢之書，而行止尚且如此，則必薄待讀書之人，而並輕視聖賢之書矣。士習不端，民風何由而正？

其間關係極爲重大。朕自即位以來，加恩學校，培養人材，所以教育士子者，無所不至宜乎。天下之士，皆鼓舞奮興，爭自濯磨，盡去其佻達之習矣。而内外諸臣條奏中，臚列諸生之劣跡，請行嚴懲者甚多。朕思轉移化導之法，當先端其本源。教官者，多士之儀型也；學臣者，教官之表率也。教官多屬中材，又或年齒衰邁，貪位竊祿，與士子爲朋儔，視考課爲故套。而學臣又但以衡文爲事，任教官之因循怠惰、苟且塞責，漫不加察，所以倡率之本不立。無怪乎士習之不端，而風俗之未淳也。朕孜孜圖治，欲四海之大，萬民之衆，皆向風而慕義，革薄而從忠。故特簡督學之臣，慎重學臣之職。欲使自上而下，端本澄源，以收實效也。凡爲學臣者，務使持公秉正，宣揚風化。於教官之稱職者，即加薦拔；溺職者，即行叅革。爲教官者，訓誨士子，悉秉誠心，如父兄之督課子弟。至於分别優劣，則至公至當，不涉偏私。如此各盡其道，則士子人人崇尚品誼，砥礪廉隅，且不但自淑其身，而羣黎百姓日聞善言日觀善行，以生其感發之念，風俗之丕變，庶幾其可望也。特諭。

諭老人 雍正四年

上諭：朕覽戶部奏銷本章，見恩詔内給賞老人一項，直隸各省七十以上至百歲以上老民、老幼，共一百四十二萬一千六百二十五名，賞給絹布等件價銀共八十九萬餘兩，米一十六萬五千餘石等語。凡此老人，但就民人而言，如仕宦、紳士、商賈、僧道皆不入此數之内。《洪範》以壽居五福之首，而昔人稱七十爲古稀，誠以壽爲難得而可貴也。乃今日老人之多至於如此，皆由我皇考聖祖皇帝六十餘年以來深仁厚澤，休養生息，凡山陬海澨、僻壤窮鄉無不沐浴鴻慈，涵濡大化，太和翔洽，壽國壽民，所以期頤耄耋、龐眉皓首之人，至數百餘萬之多。所謂老者以壽終、幼孤得遂長者，皆我皇考之賜也。從此益加培養，日積月累，則民間享高年介眉壽者，更不知如何之衆矣。此等老人，躬際昌明，年登上壽，大抵皆居心忠厚、力行善事之人，即或有一二年少時未盡醇謹者，亦必中年暮齒能自悔悟之人，蓋一念修省，即荷上天福祐也。是國家有培養之恩，亦由本人能修善以祇承之，非倖而致之者也。爾等百姓，觀百年之盛事，當歡忻鼓舞，謹身修德，以迓天庥，父與父言慈，子與子言孝，兄弟友恭，夫婦和順，比閭族黨之間相親相愛，無詐無欺，革薄從忠，循分守法，盡除乖戾之氣，爲國家淳朴善良之民，則天地祐善錫福，長享遐年，此必然之理也。但生齒日盛，食指繁多，則謀生之計不可不講。爾等百姓，當重農桑以順天時，勤開墾以盡地利，務本業以戒遊惰，謹葢藏以裕久遠，而且節省食用，愛惜物力，毋使奢侈，毋競紛華，毋任意靡費以耗有用之財，毋但顧目前而忘經久之計。朕以勤儉先天下，宫禁之中，於食餘之物皆不忍棄，必令人撿取收貯之，數年以來，所貯米粟已至數十石之多。朕臨御萬方，尚多方樽節愛養，以爲加惠元元之本，爾等小民，安可縱口腹之所欲，而忘物力之艱難乎？爾等誠能體朕諄諄訓誨之意，敦善行則心體安，務本計則俯仰足，惜財用則家室裕，人心和樂，風俗醇美，同爲壽考之人，長享昇平之福，豈非朕之所厚望哉？着該部將朕此旨轉發直省督撫，通行所屬郡縣鄉村，咸使聞知。特諭。

諭利弊辨雍正四年

上諭：帝王體國經邦，政治所施，惟準乎道理之至當，寬嚴賞罰，各得其宜。若一涉利弊二字，便入於私。是以孟子云：『仁義而已矣，何必曰利。』蓋仁所以休養安存，義所以裁成化導也。朕自承大統，四年於兹，凡政教號令，皆遵法皇考。皇考在位六十一年，聖謨宏遠，諭旨周詳，紀綱法度，靡不備舉。特當時臣下，或有陽奉陰違，不能實力遵行者，或有事經歷，久漸至廢弛者，朕在藩邸時，知之甚悉。即位以來，仰體皇考仁育義正之心，屢降明旨，諄諄誥誡，無非欲内外大小臣僚咸恪遵皇考之良法美政，實心奉行，以共成久安長治之盛。是朕所行之政，皆皇考已行之章程；所申之令，皆皇考已申之寶訓，實未嘗有所減省增益。特以歷年既久，新進疎遠之臣未能悉知，見朕所施之政令，遂以爲從前所未有；而淺陋寡識之人往往於陳奏内，有衆利皆興、諸弊盡除等語。朕經理天下，凡用人行政，悉本大中至正之心，事至而應，惟理所當然，從無計及利弊之私意。如謂興利除弊，則凡平治道路、疏濬河渠、修葺城垣、開墾田畝，此國家經野之常典，而可謂之興利乎？年歲豐歉不齊，設有水旱，爲之賑饑平糶，蠲賦緩徵，此朝廷軫恤之恒政，而可謂之興利乎？老人應賜以衣食，則賜之；孤獨應恤以錢糧，則恤之；勸以孝弟，本小民自有之天良；助以耕桑，固閭閻各盡之職業，而可謂之興利乎？至於盜賊姦宄，法所應誅；貪官污吏，法所應黜；豪紳劣矜，法所應鋤〔一〕；而謂誅盜奸、黜貪汙、鋤豪劣，爲除弊可乎？情罪重者，予以刑辟，情罪輕者，予以矜釋，此又可爲除弊乎？欲正民風而端士習，不得不戒之用休、董之用威也，將以此爲興利乎，抑除弊乎？念習俗之流於奢靡也，朕躬爲節儉，以身示天下，慮農人之惰於南畝也，親爲耕藉，以身天下，將以此爲興利乎，除弊乎？夫存興利之心，即有不利之害，有除弊之意，即爲啓弊之端，由此類推，治道安得有利弊之名，朕又何嘗有興除弊之舉也。皇考六十餘年，有豐功偉烈，布在方冊，皆因事治事，以人治人，從不居興利除弊之名。而以此頌揚朕之政事，朕實不敢當，朕也不願當也。外省督撫諸臣未能深悉朕意，爲此曉諭知之。

雍正五年

上諭直省總督、巡撫等：自雍正二年以來，朕躬耕耤田，而耤田之中每歲必産嘉谷。上年自雙穗至於九穗，今歲則自雙穗至於十三穗，在廷諸臣及京都耆庶皆〔二〕驚訝以爲奇。朕之宣示於衆者，並非矜詡誇張以爲祥瑞，葢實有見於天人感召之理，捷於影響，而朕敬天之心至誠至切，願與内外大小臣工共勉之也。稼穡爲天地之寶，實生民之命攸關。我聖祖仁皇帝臨御六十餘年，無刻不以重農力穡爲先務。仰

〔一〕『法所應鋤』至『爲此曉諭知之』为據《道光廣東通志》卷二所補。
〔二〕據《道光廣東通志》卷一補。

觀天時，俯察地理，辨土性而課人功，資雨暘而防旱潦，旰食宵衣。偶遇雨澤愆期，聖心憂勞之切，侍側臣子皆惶悚不寧，所以爲萬民謀粒食者至矣盡矣。朕瞻仰目覩者四十餘年，今纘承大統，竭誠效法，念切民依，每年虔祀先農，躬耕帝耤。仰蒙上天眷祐，叠錫嘉禾，信而可徵，纖毫不爽。故特頒諭旨，令各省守土官共舉耕耤之禮，爲萬方百姓祈禱秋成。今見各省督撫奏報前來，處處風雨均調，春麥秋禾，並登豐稔，雖邊遠荒僻之地亦慶有秋。惟直隸、湖廣、安徽數州縣近水最低之處，常年被潦者畧有浸注，亦不爲災，是今歲可稱大有年矣。朕感上天之垂慈，慶下民之受福，而推求其故，良由今年各省初耕耤田，各該有司自然小心敬慎，齋祓虔誠，是以感格上蒼，而獲此盈寧之錫。倘從此益加敬謹，不懈初心，則歲歲屢豐可以預必。爾督撫等可通行曉諭所屬官民，當凜帝鑒之匪遙，勿視耕田爲故事，永矢敬恪，以迓天和。天下臣民受福，斯朕之福也。思之慎之，毋忽！

諭閩廣百姓各務本業雍正五年

上諭：閩廣兩省督撫常稱本省産米甚少，不足以敷民食。總督高其倬亦曾具奏。巡撫楊文乾則云：『廣東所産之米，即年歲豐收，亦僅足供半年之食。』朕思本省之米不足供本省之食，在歉歲則有之，若云每歲如此，即豐收亦然，恐無此理。或田疇荒廢，未盡地力；或耕耘怠惰，未用人功；或奸民希圖重價，私賣海洋，三者均未可定。昨曾面諭九卿，今廣西巡撫韓良輔奏稱『廣東地廣人稠，專仰給於廣西之米，在廣東本處之人，惟知貪射重利，將地土多種龍眼、甘蔗、烟葉、青靛之屬，以致民富而米少。

廣西地瘠人稀，豈能以所産供鄰省多令販運』等語，此奏與朕前旨相符，可知閩廣民食之不足，有由來矣。令二省督撫等悉心勸導，俾人人知食乃民天，各務本業，盡力南畝，不得貪利而費農功之大，不得逐末而忘稼穡之艱。至於園圃果木之類，當俟有餘地餘力而後爲之，豈可圖目前一時之利益，而不籌畫於養命之源，以致緩急無所倚賴，而待濟於鄰省哉？假若鄰省或亦歉收，則又將何如哉？該督撫等務須諄切曉諭，善爲化導，俾愚民豁然醒悟，踴躍趨事，則地方不致虛耗，而米穀不致匱乏矣。特諭。

諭舉貢生生員雍正五年

上諭：從來爲政，在乎得人。《書》曰：『野無遺賢，萬邦咸寧。』蓋賢才登進在位者多，則分猷效職。庶績自能就理，而民生無不被共澤也。朕即位以來，加意旁〔二〕求，凡所以延訪擢用之道，盡朕心力。如現任官員及候補候選科目諸人，每特令薦舉，遴選引見，廣開録用之途，冀收羣策之力。又念各省學校之設，原以養育人才，爰命學臣保舉賢能，升聞於朝，以備任使。乃直省學臣所舉人數不多，又多草率塞責，不能副得人之實。夫十室之邑，必有忠信。今直省府州縣學貢生生員，多者數百人，少亦不下百餘，其中豈無行誼醇篤、好修自愛、明達之士乎？著知州知縣官，會同各該學教官，將府州縣之貢生生員內，居家孝友，行止端方，才可辦事而文亦可觀者，秉公確查，一學各舉一人，於今年秋末冬初，

〔二〕據《道光遂溪縣志》卷一補。

中報該上司，奏聞請旨。其或僻遠，中學小學實無可舉者，令知縣教官出具印結，該督撫查實奏聞。朕因廣攬人材，舉此曠典，所以黜浮華而資實用。州縣教職等官，爲一方師長，選賢薦能，乃其專責。倘敢有輕忽之心、虛應故事、濫舉非人者，定照溺職例革職。若夫徇情受賄，則又加倍治罪。八旗之滿洲、蒙古、漢軍，亦照此例。將人品端方、通曉漢文者，著該佐領各舉一人。如不得其人之佐領，亦具印結，令該都統彙齊奏聞請旨。庶得潛修篤行之士，得以表見，而國家亦收得人之效矣。特諭。

諭禮義廉恥辨雍正五年

上諭：近因考試新科進士，以宋儒所云『士人當有禮義廉恥』句爲論題。諸進士試卷進呈，朕躬自披覽，見其文藝之工拙優劣，固有不同。然大槩皆詞章記誦之常談，見解卑淺，識量狹隘，未能真知題中之理蘊而實有發明，蓋所言止於儀文末節而已，非禮義廉恥之大者也。朕則謂，古人言『禮義廉恥，國之四維』者，蓋以天下之大、四海之衆，皆範圍其中，而不可須臾離。而士人貴有禮義廉恥之說，所指甚遠，所包甚宏。上之爲人君，下之爲人臣，皆當求其大者以爲務，而不可屬於儀文末節之間也。以禮〔二〕言之，如化民成俗，立教明倫，使天下之人，爲臣〔三〕者皆知忠，爲子者皆知孝，此禮之大者也；

〔二〕據《道光遂溪縣志》卷一補。

〔三〕據《道光遂溪縣志》卷一補。

進退周旋，俯仰揖讓，此禮之小者也。以義言之，如開誠布公，蕩平正直，使天下之人無黨無偏，和衷共濟，此義之大者也。然諾不欺，出入必謹，此義之小者也。以廉言之，理財制用，崇儉務本，使天下之人，家給人足，路不拾遺，盜賊不生，爭訟不作，貪官污吏無以自容，此廉之大者也；簞食豆羹，一介不取，此廉之小者也。至於以恥言之，爲人君者，憲天出治，誠和萬民，則當以一夫不獲其所爲恥；爲人臣者，行義達道，兼善天下，則當以其君之不爲堯舜爲恥。若夫迂拘曲謹如鄉黨自好之類，不失言於人，不失色於人，此乃知恥之小者耳。曾何足以盡有恥之道乎？欲爲君，盡君道，欲爲臣，盡臣道，而其道曾不外禮義廉恥之四端。士人者必當以天下爲己任，其身即爲臣之身，而有致君之責者，豈可徒知禮義廉恥之小節，而不知禮義廉恥之大者乎？夫禮義廉恥，由一端之小者，擴而充之，皆可以保四海。然必知其大者而務之，自可不遺於其小。若或徒窺小節，而不知其大，則迂拘曲謹，止圖檢束一身，而不敢任天下之重，此則細民之行，而非士人之道也。孔子曰：『人能弘道，非道弘〔二〕人。』其可不勉自奮立乎？朕引見新科進士之時，即欲面加訓諭。因天氣炎熱，恐伊等暫時跪聽，不能悉心領會。今特詳爲宣示，朕願與大小諸臣交相儆勉，詳思禮義廉恥之大者。身體力行，則人心風俗蒸蒸日上。而唐虞三代之治，庶幾其可復見也。特諭。

〔二〕據《道光遂溪縣志》卷一補。

諭人子毋毁傷肢體雍正六年

上諭：覽福建巡撫常賚奏稱，羅源縣孝子李盛山割肝救其母病，母病愈後，李盛山傷重身故，請加旌表。部議以割肝乃小民輕生愚孝，向無旌表之例，應不准行。朕念割肝療疾，事雖不經，而其迫切救母之心，實難得而可憫，已加恩准其旌表矣。嘗讀韓愈之文曰：『母疾，則止於烹粉藥石以爲事，未聞毁傷肢體以爲養，苟不傷于義，則聖賢當先衆而爲之矣。』又讀朱子書曰：『割股固自不是，若誠心爲之，不求人知，亦庶幾。』今乃有以此要譽者，是先儒論及此者屢矣。本朝順治年間定例，割股或致傷生，卧冰或致凍死，恐民倣傚，不准旌表。伏思我世祖皇帝、聖祖皇帝臨御萬方，立教明倫，與人爲善，而於此例慎予旌表者，誠乃天地好生之盛心，聖人覺世之至道。視人命爲至重，不可以愚昧而誤戕；念孝道爲至宏，不可以毁傷爲正理。立法垂訓，實有深意存焉。但向來地方有司，未嘗以聖賢經常之道與國家愛養之心明白曉諭，開導編氓，是以愚夫愚婦救親而捐軀、殉夫而殞命者，往往有之。既有其事，若不予以旌表，恐無以彰其苦志而慰其幽魂。所以數十年來，雖定不予旌表之例，而仍許其奏聞，且有邀恩於常格之外者，仰見聖祖皇帝哀矜下民之聖心，固如是之周詳而委曲也。《孝經》曰：『身體髮膚，受之父母，不敢毁傷，孝之始也。』《孟子》曰：『事孰爲大？事親爲大。守孰爲大？守身爲大。』此皆言人子一身乃父母之遺體，雖一髮一指不可偶有虧損，以傷父母之所貽也。孔子曰：『父母惟其疾之憂。』蓋父母愛子之心無所不至，偶有疾病，尚以爲憂。設有不肖忤逆之子，父母且恕而矜之，其純孝之子，而父母之憐愛又當如何也？豈有以已身患病之故，割其子之肝肉充飲饌而和湯藥，其父母之心斷無不驚憂慘惕不安之理也。若因此而至於傷生，又豈父母所忍聞者乎？夫父母有疾，固人子所當盡心竭力之時，而孝道多端，實不容効命捐軀於一節。孔子曰：『生，事之以禮；死，葬之以禮，祭之以禮。』是人生孺慕之誠，原通百年而無間者也。人子一身，承先啓後，負荷甚鉅，若舍身殞命於倉卒之間，而忘宗祀繼續之重，恐非所以爲孝也。况人子於親，本乎天性，倘能盡至誠純孝之實，則親病雖篤，呼籲請禱，力省一身之過，誓願爲一正人，如此必能感天地、動鬼神，何須割肝刲股以爲回生之良劑乎？家庭之行，惟在至誠至敬，善體親心，不必以驚世駭俗之爲，著奇於日用倫常之外也。致若婦人從一之義，醮而不改，乃天下之正道。而其間節婦、烈婦亦有不同者。烈婦以死殉夫，慷慨相從於地下，固爲人所難能。然烈婦難而節婦尤難。蓋從死者取決於一時，而守貞者必歷夫永久；從死者致命而遂已，而守貞者備嘗其艱難。且烈婦之殉節捐軀，其間情事亦有不同者。或迫於貧窶而寡自全之計，或出於奮激而不暇爲日後之思。不知夫亡之後，婦職之當盡者更多，上有翁姑，則當奉養，以代爲子之道；下有後嗣，則當教育，以代爲父之道。他如修治蘋蘩、經理家業，其事難以悉數，安得以一死畢其責乎？是以節婦之旌表載在典章，而烈婦不在定例之內者，誠以烈婦捐生與割肝刲股之愚孝，其事相類。假若倣傚者多，則戕身者衆，爲上者之所不忍也。向來未曾通行曉諭，朕今特頒諭旨，著地方有司廣爲宣布，務期僻壤荒村家喻戶曉，俾愚民咸知孝子節婦之自有常道可行，而保全生命之爲正理，則倫常之地皆合中庸，不負國家教養矜全之德矣。倘訓諭之後，仍有不愛軀命、蹈于危亡者，朕亦不槩加旌表，以成閭閻激烈之風，長愚民輕生之習。思之，思之。特諭。

諭閩廣正鄉音雍正六年

上諭：凡官員有莅民之責，其語言必使人人共曉，乃可以通達民情，熟悉地方事宜，而辦理無誤。是以古者六書之制，必使諧聲會意，嫻習語音，皆所以成遵道之風，著同文之治也。朕每引見大小臣工，凡陳奏履歷之時，惟有福建、廣東兩省之人，仍係鄉音，不可通曉。夫伊等以現登仕籍之人，經赴部演禮之後，其敷奏對揚，尚有不可通曉之語，則赴任他省，又安能於宣講訓諭、審斷詞訟，皆歷歷清楚，使小民共知而共解乎？官民上下，語言不通，必致吏胥從中代爲傳達，於是添飾假借，百弊叢生，而事理之貽誤者多矣。且此兩省之人，其語言既皆不可通曉，不但伊等歷任他省，不能深悉下民之情，即伊等身爲編氓，亦必不能明白官府之意。是上下之情，捍格不通，其爲不便實甚。但語音自幼習成，驟難改易，必其徐加訓導，庶幾歷久可通。應令福建、廣東兩省督撫，轉飭所屬各府、州、縣有司及教官，遍爲傳示，多方教道，務期語言明白，使人通曉，不得仍前習爲鄉音，則伊等將來引見殿陛奏對，可得詳明，而出仕地方，民情亦易於通達矣。特諭。

誡勉臣下諭雍正六年

上諭：大凡爲臣者，必以報稱君上爲心，而不得有瞻顧身家之念。從古聖賢之所以教忠，皆是道也。蓋在平時，則正其誼不謀其利，明其道不計其功，孝弟忠信一一皆盡其實，而不可有一毫之虛假。及至居官，則國而忘家，公而忘私，盡屏其偏陂黨同之習，悉去其沽名示〔一〕惠之端，此之謂實心任事，而智名勇功於是乎出。內不欺衾影，即外不愧大廷矣。夫臣下之用心，在上未有不燭照其微、洞悉其隱者。古之良臣有嘉謀嘉猷，則入告於內而順應於外。其誠意之交孚，何如其懇摯。苟或挾詐任術，飾貌修文，隱微有潛伏之私，則必不能忠敬以事上，而上有不知其情僞者乎？凡有學古入官之寄者，宜矢之以至誠，將之以篤敬，秉虛公以撥大中之則，務正直以遵王道之平，本忠君爲國之實心，爲立身行道之大務，以此自勉，更以此交勉，可以成明良一德之盛矣。特諭。

詔禁賭博雍正七年

上諭：游惰之民，自昔治天下之所深惡。若好爲賭博之人，又不止于游惰而已，荒棄本業，廢盡家貲，品行日即于卑污，心術日趨于貪詐。父習之，則無以訓其子；主習之，則無以制其奴。鬭毆由此而生，爭訟由此而起，盜賊由此而多，匪類由此而聚。其爲人心風俗之害，誠不可以悉數也。大凡爲不善之事者，雖干犯功令，猶可得微利於一時。而獨至賭博，則今日之所得，明日即未必能保。若合一年數月而計之，勝者與負者同歸于盡。此天下人所共知者。而無如邪僻之人，一入其中，即迷而不悟，且甘爲下賤而不辭者，大可悲矣。數年以來，屢降諭旨嚴禁，而此風尚未止息者，則以製造賭具尚有其人，

〔一〕「示」當作「市」。

而有司之禁約未曾盡力也。百工技藝之事，可以獲利營生者，何事不可爲？而乃違條犯法，製此壞風俗、惑人心之具，其罪尚可言乎？嘗思賭博之風所以盛行者，父兄爲之，子弟見而傚之；家主爲之，奴僕在旁見而傚之；甚至婦人、女子亦沉溺其中，而不以爲怪。總因習此者多〔二〕，故從風而靡者衆也。假若嚴行禁止，使人不敢再犯，則日積月累，後生子弟無從而見，即無〔三〕從而學，此風自然止息，無俟條教號令之煩矣。凡地方大吏有司，有化民成俗之責，而乃悠悠忽忽，視爲平常，安辭溺職之咎？今特定本省官員勸懲之法，以清其源。嗣後拿獲賭博，必窮究賭具之所由來。其製造賭具之家，果審明確有證據出於某縣，將某縣知縣照溺職例革職，知府革職留任，督撫、司道等官各降一級留任。如本地有私造賭具之家，而該縣能緝獲懲治者著加二級，知府著加一級，督撫、司道等官著紀錄二次。將此勸懲之法，永著爲例。於雍正庚戌年爲始，著該督撫通行曉諭，使城邑鄉村及遠陬僻壤咸使聞知。特諭。

諭開墾雍正七年

上諭：國家承平日久，戶口日繁，凡屬閒曠未耕之地，皆宜及時開墾，以裕養育萬民之計。是以屢頒諭旨，勸民墾種，而川省安插之民，又令給與牛、種、口糧，使之有所資藉，以盡其力。今思各省皆有未墾之土，即各處皆有願墾之人，或以食用無資，力量不及，遂不能趨事赴功，徘徊中止，亦事勢之

〔二〕據《嘉慶新安縣志》卷首補。
〔三〕據《嘉慶新安縣志》卷首補。

所有者。著各省督撫各就本地情形，細加籌畫，轉飭有司作何勸導之法。其情願開墾而貧寒無力者，酌動存公銀穀，確查借給，以爲牛、種、口糧，俾得努力於南畝。俟成熟之後，分限三年，照數還項；五年後，按則起科。總在該督撫等統率州縣，因地製宜，實心經理，務使田疇日闢，耕鑿惟勤，以副朕愛養元元之至意。特諭。

諭沿海弁兵雍正七年

上諭：粵東三面皆海，各省商民及外洋番估攜資置貨往來貿易者甚多，而海風飄發不常，貨船或有覆溺，全賴營汛弁兵極力搶救，使被溺之人得全軀命，落水之物不致飄零。此國家設立汛防之本意，不專在於緝捕盜賊已也。乃沿海不肖之弁兵等利欲熏心，貪圖財物，每於商船失風之時，利其所有，乘機搶奪，而救人之事姑置不問。似此居心行事，更甚於盜賊，無恥殘惡之極，豈國家弁兵忍爲之事乎？如雍正六年八月間，有福建龍溪縣人徐榜貿易西洋，行至廣東新寧縣地方，遭風損船。廣海寨守備鄧成同兵丁等巡哨至彼，撈獲銀錢，私相分取，而坐視徐榜等在危困之中，不行救護。此案現在題叅候審。又聞有香山縣澳門番人月旺貿易交趾，於雍正六年十二月在瓊州府會同縣遭風損船。該汛百總文秀即駕小船搬運貨物，及至登岸，止還本入緞疋、銀器數件，其餘藏匿不吐。地方官現在查追。似此貪殘不法之事，廣東、福建二省居多，而他省沿江濵海之營汛亦所不免。此皆該地方督撫、提鎮等不能化導於平時，又不能稽查懲究於事後，以致不肖弁兵等但有圖財貪利之心，而無濟困扶危之念也。嗣後若有此等，應作何嚴定從重治罪之條，使弁兵人等有所畏懼儆戒。著沿海督撫各抒己見議奏，到時九卿會同，再行定議。此旨頒到之時，著一面即行宣諭弁兵等，一面定議具奏。特諭。

諭重農雍正七年

上諭：自古帝王致治詰民，莫不以重農爲首務。《書》陳《無逸》，先知稼穡之艱難；《詩》載《豳風》，備叙田家之力作。《論語》云：『百姓足，君孰與不足？』《孟子》云：『民事不可緩也。』葢國以民爲本，民以食爲天。農事者，帝王所以承天養人、久安長治之本也。我國家撫綏寰宇，聖祖仁皇帝臨御六十餘年，深仁厚澤，休養生息，戶口日增，生齒益繁，而直省內，地不加廣。近年以來，各省皆有收成，其被水歉收者，不過州縣數處耳。而米價遂各覺漸貴，閩、廣之間頗有不敷之慮，望濟於鄰省。良由地土之所産如舊，而民間之食指愈多，所入不足以供出，是以米少而價昂，此亦理然之必然者也。夫米穀爲養命之寶，既賴之以生，則當加意愛惜，而不可存輕棄之心。且資之者衆，尤當隨時撙節，而不可縱口腹之欲。每人能省一勺，在我不覺其少，而積少成多，便可多養數人。若數人如此，則所積豈不更多，所養豈不更衆乎？養生家以食少爲要訣，固所以頤神養和，亦所以節用惜福也。况脾主於信，習慣便成自然。每見食少之人，其精神氣體未嘗不壯，此顯而可見者。至於各省地土，其不可以種植五穀之處，則不妨種他物以取利；其可以種植五穀之處，則當視之如寶，勤加墾治，樹藝菽粟。安可舍本而逐末，棄膏腴之沃壤而變爲果木之塲，廢養殖之恒，産以倖圖贏餘之利乎？至於烟葉一種，于生人日用毫無裨益，而種植必擇肥饒善地，尤爲妨農之甚者也。小民較量錙銖，且但顧目前，不爲久遠之計，故當圖利之時，若令其舍多取寡，移重就輕，必非其情之所願。而地方官遽繩之以法，則勢有所難行，轉滋紛擾。惟在良有司懃懃懇懇，諄切勸諭，俾小民豁然醒悟，知稼穡爲身命之所關，非此不能生活，而其他皆不足恃，則羣情踴躍，不待督課，而皆盡力於南畝矣。朕聞江南、江西、湖廣、粵東數省，有一歲再熟之稻，風土如此，而仍於乏食者，是地土之力有餘，而播植之功不足。豈非小民習於怠惰，而有司化導者有未至耶？或者曰，米穀太多則價賤，而難於糶賣。昔人有穀賤傷農之説，諺語所謂熟荒者。此則不必過慮，假若小民勤於耕作，收獲豐盈，至價賤而難於出糶，朕必多發官價以糶〔一〕買之，使重農務本之良民獲利而有餘貲也。朕生平愛惜米穀，每食之時，雖顆粒不肯抛棄。以朕玉食萬方，豈慮天庾之不給？而所以如此樽節愛惜者，實出於天性自然之敬慎，並不由於勉強。且以米穀乃上天所賜，以生養萬民者，朕爲天下生民主，惟有敬謹寶重，仰冀天心默祐，雨暘時若，歲穫有秋，俾民家有蓋藏，人歌樂土。朕既爲億萬生民計，不敢輕忽天貺。爾等紳衿、百姓，獨不自爲一身一家之計乎？朝夕生養之需，既受上天之賜，若果加意愛惜，隨時撙節，天心〔二〕頻頻賜賚，長享盈寧之福；若恣情縱欲，暴殄天物，則必上干天怒，不蒙賜賚，而水旱災祲之事，皆所不免。其理豈有爽哉？又聞江西、廣西地方，竟有以米穀飼養豚豕者。試思穀食之與肉食，孰重孰輕，孰急孰緩？而乃以上天之所賜小民終歲勤苦所獲者，爲豢養物類之用，豈不干天和而輕民命乎？朕所以惓惓訓之者，惟期天下之人專務本業，以杜浮

〔一〕「糶」当作「糴」。
〔二〕「心」当作「必」。

縻，愛惜物力，以圖久遠。共體朕敬迓天庥、勤恤民隱之意，則爾等室家必益至於豐饒，爾等子孫必永綿其福澤。思之，思之。毋忽朕言！著將此曉諭内外官民人等，並通行遠鄉僻壤，咸使聞知。特諭。

欽定訓飭州縣規條諭雍正八年

上諭：牧令爲親民之官，一人之賢否，關係萬姓之休戚。故自古以來，慎重其選。而朕之廣覽旁求，訓勉誥誡，冀其奏循良之績，以惠我烝黎者，亦備極苦心矣。惟是地方事務皆發端於州縣，頭緒紛繁，情僞百出，而膺斯任者類，皆初登仕籍之人，未練習於平時，而欲措施於一旦，無怪乎？彷徨瞻顧，心志茫然。即採訪咨詢而告之者，未必其盡言無隱。此古人所以有學製美錦之歎也。向以大學士朱軾、左都御史沈近思外任多年，周知地方利弊。雍正二年，曾令二臣商著規則，以爲州縣之南車。乃書未就緒，而沈近思物故。邇年以來，朱軾復時多病，此事遂至遲延，去年始降旨，委諸總督田文鏡、李衛。今二臣各抒所見，繕錄諸條以進。朕親加披覽，見其條理詳明，言詞剴切，民情吏習罔不兼該，大綱細目莫不備舉，誠新進之津梁，庶官之模範也。在二臣各就其所閱歷者而言，繁簡同異之間不必一致。而慎守官方，勤恤民隱，興利除害，易俗移風，其大指則一而已矣。爰就本文，付之剞劂，頒賜州縣官各一帙，俾置之几案間，朝夕觀覽，省察提撕。治效未臻，必思所以勉之；弊端未革，必思所以去之。本之以實心，行之以實力，毋始勤而終怠，毋静言而庸違，如此，則不但國家得司牧之賢，草野有父母之頌，而爾等身膺顯擢，叨被榮光，福貽子孫，名標史册，豈不美歟？特諭。

諭富戶借貸銀米毋重生息雍正八年

上諭：民間借貸一事，所以通彼此之有無，濟一時之緩急，意本善也。乃有貪利營私之徒，往往乘人匱乏，勒索重利。如借貸米穀，則不但加三起息，竟有加五，或多至加倍者。小民偶爾窘迫，止顧目前，及禾稼登場，終歲辛苦之所獲，不能復爲己有。雖豐潤之歲，僅足供償債之需。一遇歉收之年，則束手無策，必致息上起息，累年不能楚結，且貽累於子孫。而挾貲射利，乘急多取者，視爲固然，全無矜憐憫惜之意。貪饕爲性，澆薄成風，此亦世道人心之患也。夫緩急亦人所有，《周禮》三物六行，孝友睦姻，而繼以任恤。葢儕類里黨，有急則相倚任，有困則相賑恤，此鄉鄰風俗之美，王化所先。而其人以仁厚居心，亦所以長享福澤于勿替，此即仰邀天地神明賜祐休徵之根本也。從來窮通貧富，境遇不常。幸而富貴有餘，是天之待我獨厚，則當思濟人利物，恤災扶困，以廣行善事，仰答天恩。若以天之厚我者，持以爲剝削貧人之具，上天監臨，必加譴責，返之于心，亦忍爲之乎？凡屬貧鄙之人，利令智昏，以爲如此可以致富，獨不思貧富有一定之數，善惡有不爽之報。假令爲富不仁者，皆得擁厚貲以長子孫，則樂善好施者必致匱乏終身矣。自古迄今，有此天理乎？嘗見不義之財得之若易，乃享受未久，或耗於意外之災患，或敗於不肖之後人。是知刻薄之行，損人適以自損；仁厚之風，利人還以自利也。此種盤算惡薄之俗，若不曉諭化導，遽以官法繩之，恐轉阻其借貸之路，非所以爲便於窮民。故特將天道好還循環往復之道，委曲詳明，覺悟貪夫薄夫，而啓其良心，杜其敝俗。凡有借貸銀錢、米穀者，加二加三起息，尚屬情理可行，若太多則誠爲富不仁矣。著地方有司將天理人心，時時訓諭所屬之人，以化其殘忍刻薄之習。倘勸導既久，如下愚頑惡之性不移，尚有爲富不仁、重利盤放者，則訪確一二人，加以懲治，以儆其餘。如此，庶惡習可以轉移，貪風可以止息也。如有無藉棍徒，因朕此勸導之訓諭，或借端圖賴，或生事强借，以擾害良善温飽之家者，尤當加以重懲，不可寬貸。但全賴地方有司奉行勸導之，公當勤誠也。特諭。

令實報收成分數雍正十三年

上諭：《洪範》庶徵，凡雨暘之愆和，關人事之得失，所以著感應之理，使修人事。然水旱之災，雖堯湯不能免，惟有勤恤民隱，竭力補救，可以化災沴而成太和，總在積至誠以昭假，不可萌一念之欺罔也。督撫身任封疆重寄，奏報收成分數，乃關係地方民命，必確實無欺，始得議行蠲賑，以甦民困。朕平日留心此事，見各省陳報收成分數，或有只據一方豐收數目爲定，雨水過多之處，以高阜所收爲準，亢旱時有之年，以低下所穫爲準。並不分析某處豐收，某處歉穫。其意秖圖粉飾，以邀感召和氣之名。而不知即此一念欺罔，已爲獲罪于君，獲罪于民，而獲罪于天矣！朕豈肯姑貸此等督撫，以爲民害耶？嗣後務各警省，所奏報各地方收獲分數，不得絲毫假飾，以干重戾。特諭。

禁止火化雍正十三年

上諭：古之葬者，厚衣之以薪，葬于中野。後世聖人，易之以棺槨，所以通變宜民，而達其仁孝之心也。本朝肇迹關東，以師兵爲營衛，遷徙無常，遇父母之喪，棄之不忍，攜之不能，故用火化以便隨身奉侍，聊以遂其不忍相離之願，非得已也。自定鼎以來，八旗、蒙古各有寧居，祖宗廬墓，悉隸鄉土，喪葬可依古以盡禮。而流俗不察，或仍用火化，此狃于沿習之舊，而不思當年所以不得已而出此之故也。朕思人于事親，送死最爲大事，豈可不因時定製，而痛自猛省乎？嗣後遠鄉貧人不能扶櫬歸里，不得已攜骨歸葬者，姑聽不禁外，其餘一槩不許火化。倘有犯者，按律治罪，族長及佐領等隱匿不報，一併處分。朕又聞，漢人多惑于堪輿之說，購求風水，以致累年停柩，漸至子孫貧乏，數世不得舉葬，愚悖之風，至此爲極。嗣後守土之官，必多方勸導，俾得按期葬埋，以妥幽靈，以盡子職。此厚人倫、美風俗之要務也。各宜凜遵，毋忽。欽此。

禁止鬧喪雍正十三年

上諭：朕聞外省百姓，有生計稍裕之家，每遇喪葬之事，多務虛文，侈靡過費。其甚者，至于招集親朋鄰族，開筵劇飲，謂之鬧喪。且有于停喪處所，連日演戲，而舉殯之時，又復在途扮演雜劇戲具者。從來事親之道，生事死祭，皆必以禮，得爲而不爲，與不得爲而爲之者，均爲非孝。是知各循其分，乃能各盡其孝，而初不在以奢靡相尚也。况當哀痛迫切之時，而招集親朋，飲酒演戲，相習成風，恬不知怪，非惟于理不合，抑亦於情何忍？此甚有關于風俗人心，不可不嚴行禁止。着各省督撫等，通行明切曉諭，嗣後民間遇有喪葬之事，不許仍習陋風，聚飲演戲，以及扮演雜劇等類，違者按律究處。務在實力奉行，毋得姑爲寬縱。特諭。

嚴禁重羨雍正十三年

上諭：耗羨一項，可減而不可增，可于額外從寬，而斷不可于額外多索。倘于所定分數之外，或又借估色，或又借添戥爲名，多取絲毫者，該督撫即行題參，重治其罪。倘督撫徇隱不舉，或經科道糾參，定將該督撫等一併嚴加議處。再各省耗羨分數，率在加一上下。然江南賦重之區，如蘇、松、常、鎮四府，額賦較之他省幾及數倍；雍正六年以前，每加耗僅止五分，雍正六年以後增至加一；且有司又復巧取苛索，民何以堪！令江南督撫詳加酌定，量減分數徵收，不得仍前，重耗困民。倘敢陽奉陰違，朕必于該督撫是問。欽此。

今上皇帝勅州縣力查賭博雍正十三年十二月

上諭：民間惡習，無過于博戲。有或陷溺于其中，則子弟欺其父兄，奴僕背其家主，逃人、盜賊之源，鮮不由此。又有市井奸兇，三五爲羣，聚黨鬬狠，爲患于鄉里，或强爭市肆，或凌挾富人，朝懼官法，夕復逞兇，其惡不減于劫盜。至於牛爲農事之本，民賴以生，故惟郊壇、宗廟、社稷、嶽瀆之重，乃用太牢，而愚民妄肆宰屠，賤于羊豕，悖莫甚焉。是以皇考莅政之初，用爲大禁，嚴飭百吏，訪緝奸兇，造賭具者有刑，屠耕牛者有罰，執法不移。由是鬭狠酗博之莠民，屏息而不敢出，內則五城衢巷，行竊之賊日稀；外則商旅恬安，宵行野宿少逢劫盜，田疇益治，井里晏眠。摩以歲月，乃克致此。朕承百度肅清之後，故庶政皆從寬大，雖中外吏民，蒸然向化，遷善遠罪而不自知。然所育者眚災，所恤者善良，非謂怙終而不悛者舉可縱釋也。近聞奸民倡爲流言，以惑衆志，詭曰步軍統領緝獲賭博，已經奏聞，朕置而不問。又云，屠牛之禁亦開。昔周公立造言之刑，重罷民之罰，謂非此不足以定民志而成道化也。勅下步軍統領暨五城御史，密訪嚴緝造爲此言者，以正典刑。各直省州縣，有不能治其境內而犯此三者，該督撫即時糸究。其或失察，朕亦不能爲大吏寬。昔皇考立法之初，多方鼓舞，故告發賭博，隸民加賞，有司議敘，而奉行失宜，間或有生事以自爲功者。自今以往，其各官實心查禁。若不能禁賭博及造賭具者，必以不職罪之，打降及屠牛亦然。惡萌復生，將隳皇考已成之治化，朕滋懼焉。爾諸臣其共凜之。特諭。

嚴禁四惡乾隆元年

上諭：朕聞奸宄不鋤，不可以安善良；風俗不正，不可以興教化。閭閻之大惡有四：一曰盜賊，三代聖王所不待教而誅者也。二曰賭博，干犯功令，貽害父兄，以視《周官》之罷民，未罹于法而繫諸嘉石，收之國士者，罪有甚矣。三曰打架，即周公所謂亂民，孟子所謂賊民也。四曰娼妓，則自周以前，人類中未嘗有。此四惡者，劫人之財，戕人之命，傷人之肢體，破人之家，敗人之德，爲善之害者，莫大于此。是以我皇考愛民之深，憂民之切，申嚴究禁。戒飭守土官，法在必行，日夜捕緝。積歲月之久，然後道路少响馬及老瓜賊，而商旅以寧；賭博及造賭具者，漸次改業，而家室以安；聚黨打架者歛跡，而城市、鄉鎮鮮聞鬬囂；娼妓遠藏，不敢淹留于客店。此皇考十有三年政教精神所貫注，海內臣民顯見其功效，實享其樂利者也。朕自嗣位以來，蠲免租賦，豁除賠累，裁革積弊，增廣赦條，無非惠保良民，使得從容休息，衣食滋植。無識諸臣，誤謂朕一切寬容、不事稽察，以致大小官吏日既縱馳，民聞訛言諸禁以開，風聞直省四惡，皆微露其端倪。即如天津一帶，私鹽横行無忌，恐其他類此者相繼而起。是守土之官，敢悖世宗憲皇帝明旨，隳十有三年之成功，而戕賊善良，傷風敗俗也。自後州縣官，有政令廢弛，使四惡復行于境內者，該督撫不時訪察，即行嚴条。督撫、司道、郡守有不能董率州縣，殫心捕治者，或被內外臣工核實列条，或朕訪聞得知，必以溺職治罪，與苞苴、受賄賂等，決不輕貸。爾諸臣慎毋泄泄沓沓，自取殃咎。戒之，戒之！特諭。

令州縣官出借社穀乾隆元年

上諭：據右通政李世倬奏稱：『社倉一法，固以濟民間之缺乏，而救荒之法，即于是而可通。臣在湖北布政使任內，查社倉之春借秋還，立有社長，主其出入，蓋一鄉一堡之中，其人之貧富、業之有無，皆社長所深知。誠使爲有司者，於春借之時，社長具報之日，即備詢其家業名口，而自註之於册，或慮家業之消長不時，人口之添退無定；則再于秋還之候，復詢改註，此不過有司舉筆之勞，不必假手胥吏。一旦遇有水旱賑濟之事，舉前所自註之册，計其男婦、大小、名口，按其多寡而賑給之，視貧富之等而酌量之，自無舛錯、遺漏、浮冒之弊。第恐有司未能留心于平日，一朝奉命，勢必責令社長另造戶口册籍，責令百姓開報花名，彼此相傳，驚疑易起。請飭督撫轉飭有司，于社長册報之時，專心查記，善爲奉行』等語。所奏似屬有理，但必有司善爲舉行，方爲有益，否則紛擾閭閻，未見其益先受其累矣。着傳諭各該督撫酌量地方情形，密飭有司，留心酌辦。該地方有難行處，亦不必勉强。欽此。

蠲免勸業戶 乾隆元年

上諭：朕臨位加惠元元，將雍正十二年以前如有民欠錢糧，悉行寬免，誠以民爲邦本。治天下之道，莫先于愛民，愛民之道，以減賦蠲租爲首務也。惟是輸納錢糧，多由業戶，則蠲免之典，大槩業戶邀恩者居多，彼無業貧民，終歲勤勤，按産輸糧，未被國家之恩澤，尚非公溥之義。若欲照所蠲之數，履畝除租，繩以官法，則勢不能，徒滋紛擾。業戶受朕惠者十，苟捐其五以分惠佃戶，亦未爲不可。邇聞江南有嚮義樂輸之業戶，情愿捐免佃戶之租者。閭閻興仁讓之風，朕實嘉悦。其令有司，善爲勸諭各業戶，酌量寬減彼佃戶之租，不必限定分數，使耕作貧民有餘糧以贍養妻子。若有素豐業戶，能善體此意加惠佃戶者，則酌量奬賞之。其不願者聽之，亦不得勉强從事。此非若捐修公項之比，有司當善體朕意，虛心開導，以興仁讓而均惠澤。若彼刁頑佃戶，藉此觀望遷延，則仍治以抗糧之罪。朕視天下業戶、佃戶皆吾赤子，恩欲其均也。業戶沾朕之恩，使佃戶又得拜業戶之惠，則君民一心，彼此體恤，以人和感召天和，行見風雨以時，屢豐可慶矣。特諭。

恤教職乾隆元年

上諭：教職乃師儒之官，有督課士子之責。素蒙皇考世宗憲皇帝加恩優待，屢次訓勉，且與有司一體賞給封典。朕即位以來，念伊等官秩卑微，恐以冗散自居，不思殫心盡職，特加品級以鼓勵之。查舊例，教職兩官同食一俸，未免不敷養廉。着從乾隆元年春季爲始，照各員品級，給與全俸，永著爲例。欽此。

恩賞生監老人乾隆元年

上諭：上年恩詔，凡民人年七十以上者，許一丁侍養；八十以上，給予八品頂帶，以榮其身。朕思直省生監中，有年登耄耋者，秪以名列膠庠，轉未得邀恩，錫于引年，尚齒之典，尚爲未備。着通行内外，直省凡屬生監年七十以上者優免一丁，八十以上者給予八品頂帶。欽此。

禁州縣冒充書役乾隆元年

上諭：朕惟州、縣爲親民之吏，自宜廉平不擾，懋著循聲。乃獄訟催科之際，官民情意，易致暌隔。百姓潛受苦累而無由自訴者，則以書役之爲害正劇，州、縣官不知所以振刷而剔除之也。朕訪聞直省州、縣衙門，經承之外，必有貼寫；正役之外，每多白役。聚此數十輩無賴之徒，假托公務，横肆貪饕，其爲小民擾累，何可勝言！故有獄訟尚未審結，而耗財于若輩之手，兩造已經坐困者矣；額糧尚未收納，而浮費于催徵，中飽于蠹胥，已什去二三矣；其餘勾緝命盜，夤緣舞弊，遇事生風，株連無辜，賄縱要犯，大率貼寫、白役之爲居多。各直省督撫，務宜嚴飭各該州、縣，將所有吏役，按籍勾考，其有私行充冒者，悉行裁革。設正額書役，實不敷用，不妨于貼寫、帮役中擇其淳謹者，酌量存留，亦必嚴加約束，毋得非時差擾。至于經承正役，務須時刻稽查，倘有壞法擾民之事，立即按律重懲，庶使若輩知所顧忌，不得肆其伎倆。倘或明知故縱，姑息養奸，又或喜其巧于趨承，受其蒙蔽，此則不愛百姓而愛吏役，即屬戕害吾民之甚者也。爲民父母，其忍出此乎？且胥吏之爲害，不止州、縣衙門已也。凡徵解錢糧，上司書吏輒向州、縣衙門書吏索取費用，而縣吏假借司費、紙張名色，派索花戶。又如徵解漕糧時，糧道衙門書吏需索縣吏規禮，因而縣吏亦遂勾通本縣家人，盤踞倉厫，于正額外多收耗米，稍不遂意，百般留難。遠鄉小民，以得收爲幸，守候爲艱，不得不飽其貪壑。又聞，院司衙門，凡州、縣申詳事件，每先發各房書吏，擬批送籤；書吏從此作奸射利，遲速行駁之間，得以上下其手。蓋衙蠹之爲擾，自上及下，正不自州縣始也。是在爲督撫者，整肅紀綱，立闔省之表率；而監司守令，各奉厥職，互相糾正，則弊絶風清，民安衽席。朕惠養元元之恩意，得以周浹閭閻矣。特諭。

令州縣巡歷鄉村乾隆二年

上諭：天下親民之官，莫如州、縣；州、縣之事，莫切于勤察民生，而務教養之實政。夫所謂知州、知縣者，欲其周知一州一縣之庶務，悉心經理，四境即其一家，精神必須貫注。有事則在署辦理，無事則巡歷鄉村，所至之處，詢民疾苦，課民農桑，宣布教化，崇本抑末。善良者加以獎勵，頑梗者予以戒懲。遇有爭鬬細事，就地剖斷，以省差拘守候之苦。烟戶牌甲，隨便抽查，使不敢玩法容隱。鄉愚無知，則面加開導，庶幾上下之情，通達無阻，而休戚相關，親愛之誠油然自生，而提撕易入。如此從容歲月，始可收循良之實效，不愧爲民父母之稱。乃今之州、縣有司，視以簿書爲事，平日安坐衙署，除相驗人命、因公踏勘外，足跡不至鄉間。以故鄉民非有事匍匐公庭，目不覩官長之面，耳不聞官長之訓，無論窮簷疾苦未能周知，即四境情形亦茫然莫曉。胥吏、約保等蒙蔽之弊，因之以起。顧名思義，親民之謂何，而情誼揆隔如此也。凡州、縣所管地方，大率不過百餘里，最廣者二三百里，周遍巡歷，爲時亦不甚多。即事繁之處，亦未必朝朝聽訟、日日比糧，果能精勤勿怠，斷不至于經理無暇，遂致閭閻于膜外也。至于農田之事，尤爲養民之要務。春耕秋斂之時，各宜下鄉察其勤惰，稽其豐歉，倘有應先事圖維、臨時酌辦者，悉心計議，申詳上司定議舉行。但往來鄉村，必須輕騎減從，絲毫不擾里民，方爲有益。若失于覺察，以致書吏、鄉保及跟隨人役等借端生事，擾累百姓，則較之躭逸偷安、端居不出者，其過爲更大，朕必加以嚴譴。着各省督撫遵朕旨，董率有司，實力奉行，務使官民上下情意流通，聯爲一體，以副朕教養斯民之至意。特諭。

令出借社穀乾隆二年

上諭：朕聞各省出借倉穀，于秋後還項時，有每石加息穀一斗之例。朕思借穀各有不同，本非歉歲，秪因春月青黄不接，民間循例借領，出陳易新，則應照例加息。若值歉收之年，其乏食貧民，國家方賑恤撫綏之不遑，所有借領倉糧之人，非平時貸穀者可比。至秋後還倉時，止應完納正穀，不應令其加息。將此永著爲例，各省一體遵行。該督撫仍當嚴飭有司體恤民隱，平斛收量，毋得多取顆粒。如有浮加斛面，額外多收，及胥吏苛索等弊，著該督撫嚴糸治罪。欽此。

加孤貧口糧乾隆二年

上諭：直省設立養濟院收養孤貧，月給銀米，計口授食。俾官主其事，吏胥無得中飽，法至周也。但聞州縣舊例，給發孤貧口糧，遇小建不扣，遇閏月不加。試思鰥寡孤獨、疾病殘廢之衆，既無營生又非乞丐，若年歲遇閏，一月無糧，其何以存活？着該部通行直省督撫，嗣後孤貧口糧皆計日給發，小建可扣，閏月糧應加，使均沾實惠。欽此。

令出借常平穀乾隆三年

上諭：乾隆元年六月，朕曾降旨，各省出借倉穀與民者，舊有加息還倉之例。此在春月青黄不接之時，民間循例照領，則應如是辦理；若值歉收之年，豈平時貸穀可比，至秋收後秖應照數還倉，不應令其加息。此乃兼常平、社倉而言也。今聞外省奉行不一，凡借社倉穀石者，照此辦理，而借常平倉穀者，遇歉收之年，仍循加息之例，似此則非朕降旨之本意矣。嗣後毋論常平、社倉穀石，若值歉收之歲，貧民借領者，秋收還倉，一槩免其加息，俾蔀屋均霑恩澤。將此永著爲例。欽此。

恤災分數乾隆三年

上諭：各省地方偶有水旱，朕查蠲免錢糧舊例，被災十分者，免錢糧十分之三；七八分，免十分之二；六分者，免十分之一。雍正年間，我皇考特降諭旨，凡被災十分者，免錢糧十分之七；九分者，免十分之六；八分者，免十分之四；七分者，免十分之二；六分者，免十分之一，實愛養黎元、軫恤民隱之至意也。朕思田禾被災五分，則收成僅得其半，輸將國賦，未免艱難，所當推廣皇仁，使被災較輕地畝亦得均沾恩澤。嗣後著將被災五分之處亦準報災，地方官查勘明確，蠲免錢糧十分之一，永著爲

令。欽此。〔一〕

嚴加耗乾隆三年

上諭：朕聞江南州縣徵收錢糧，有加增火耗之處。可傳諭那蘇圖、許容等，嚴查屬屬，如果有劣員暗地加耗，立即題參治罪，以爲殃民肥己之戒。但以朕所聞江南如此，恐别省亦有此風，不急爲查禁，則貽害百姓，將不可言。朕御極以來，政崇寬大，而人心澆薄，漸啓玩縱之端，以爲不妨稍有假借。不知所謂寬大者，乃愛養良民，俾無失所，求盡父母斯民之道耳；非謂舉殘暴害民之輩而悉寬大之也。即如蠲租税以裕物力，減重賦以恤民艱，水旱偏災立即賑恤，雨暘愆候先事綢繆，無一不爲民生起見。至如官吏處分之從寬者，非其心有可原，則由才尚可用；刑章議罪之從寛者，非其情原可憫，亦必跡在可疑。若謂貪官污吏，一切包容，惡棍奸民，槩從釋宥，以示寛大，是滋稂莠而妨嘉穀，縱虎狼以賊生靈，殘忍酷虐，無過于此，尚何寛大之有？前後屢頒諭旨，至爲明切，而尚誤以玩縱爲寛大，是非誤會朕意？直任意行私，朘脂膏而肥囊橐，乃國法之必不可宥者矣。從前火耗未經提解，州縣恣意横徵，飽其谿壑，苦累百姓，是以皇考允各省督撫提解火耗之請，而優給各官養廉，令不得額外巧取。所以懲貪風

〔一〕據《乾隆河源縣志》卷三補。

而紓民力，用意誠善。即養廉稍薄之州縣，當時亦必就其所辦事務，酌予足用。〔一〕該員量入爲出，自無不敷，何得暗加重耗，刻剥小民，以爲自潤之計？情罪至爲可惡！該督撫不時體訪，如有有不肖州縣，於應收火耗外，絲毫加重者，立即題条，嚴行治罪。如不行覺察，經朕訪聞確實，必將該督撫一並嚴加議處，斷不姑容。欽此。

禁止折米浮收乾隆四年

上諭：廣東徵收糧米，支給本省兵食，民間因名爲兵米。聞向來州縣官，皆折收銀兩，每一倉石照時價多收銀六、七錢至加倍不等；收銀之後，另買稻穀，碾米給兵，其買穀或派富戶，或派米舖，每石又照時價短發一錢或數分不等；甚至有富家希圖結交，因事請托，並不領價者。似此一出一入之間，多收少發，小民何堪賠累之苦！即云山居遥遠之地，折收銀兩，亦可免其輸將，量議加增，以爲運脚，亦民所樂從。然借端需索，爲數太多，則事之必不可者。着該督撫悉心查察，務令公平辦理，倘有仍前滋弊者，即行嚴条，毋得姑容。欽此。

〔一〕據光緒《四會縣志》（民國十四年刊本）卷首上『詔令 乾隆三年戊午』一文補。據《清實録·高宗純皇帝實録》卷七補。

諭士民首崇孝弟乾隆五年十一月

上諭：從來爲治之道，不外教、養兩端。然必衣食足而後禮義充，故論治者，往往先養後教。朕御極以來，日爲斯民籌衣食之源、水旱之備，所期薄海蒸黎，蓋藏充裕，俯仰有資，以爲施教之地。而解愠阜財之效，尚未克副朕懷。第思維皇降衷，有物有則，衣食以養其形，教化以復其性。二者相成而不相妨，不容偏廢。正如爲學之道，知先行後，然知、行並進，非劃然兩肘、判然兩事。又安得謂養之之道未裕，遂可置教化爲緩圖也？今學校徧天下，山陬海澨之人，無不挾《詩》《書》而遊庠序。顧學徒以文藝弋科名，官司以課試爲職業，于學問根本，切實用功所在，槩未暇及。司牧者，盡心于簿書筐篋，或進諸生而談舉藝，則以爲作養人材，振興文教；其于閭閻小民，則謂是蚩蚩者，不足與興教化。平時不加訓迪，及陷于罪，則執法以繩之。無怪乎習俗之不淳，而詬誶澆淩之不能禁止也！朱子云：『聖人教人，大槩只是說孝弟、忠信，日用常行底話。人能就上面做將去，則心之放者自收，性之昏者自著。』此言深探立教本源，至爲切實。葢心性雖民之秉彛，而心爲物誘則放，性爲欲累則昏。存心養性，非知道者不足與幾。若夫事親從兄，則家庭日用，人人共由。孩提知愛，少長知敬，又人人同具，不待勉强要之。堯舜之道，不外乎是。即如得一食必先以食父母，得一衣必先以衣父母，此即是孝；能推是心，而凡所以順其親者無不至，則爲孝子。父之齒隨行，兄之齒雁行，此即是悌；能推是心，而凡所以敬其長者無不至，則爲悌弟。一人如此，人人從而效焉；一家如此，一鄉從而效焉，則爲善俗。孟子曰：

『人倫明于上，小民親于下。』又曰：『人人親其親，長其長，而天下平。』由是道也，惟在上者不爲之提撕警覺，則習而不察，而一時之明不勝。夫積習之漸染，重昏錮蔽，日入于禽獸而不自知。任君師之責者，奚忍不亟爲之重申而切諭之也！我聖祖仁皇帝頒聖諭以教士民，首崇孝弟。皇孝世宗憲皇帝衍爲《廣訓》，往復周詳，無遺藴。但朔望宣講，祇屬具文，口耳傳述，未能領會。國家教人，字字要人躬行實踐，樸實做去。人倫日用，正是聖賢學問至切要處。堯舜之世，比戶可封，只是能盡孝弟。放僻邪侈，觸蹈法網，只爲不知孝弟。《記》曰：『將爲善，思貽父母，令名必果；將爲不善，思貽父母，惡名必不果。』誠能如此存心，豈復有縱欲妄行之事？苟不從此處切實做起，雖誦讀詩書、高談性命，直謂之不學可。凡有牧民、課士之責者，隨時隨事切實訓誨。有一時之近于孝弟，則從而獎勸之；一事之近于不孝、不弟，則從而懲戒之。平時則爲之開導，遇事則爲之剖晰。如此則親切而易入，將見父詔兄勉。日積月累，天良勃發，率其良知、良能，以充孝弟之實。藹然有恩，秩然有義，豫順積于家庭，太和翔于宇宙，親遜成風，必從此始。凡吾赤子，其敬聽諸；凡厥司牧，其敬奉諸。欽此。

諭民謹葢藏乾隆六年五月

上諭：今歲直隸自春徂夏，雨水調勻，麥秋甚爲豐稔，乃數年所罕見者。外省督撫亦多以二麥有收奏報，朕心深爲慰悦。即江、浙、閩、楚等省春雨稍多，而水耕之鄉實於秧田有益，現在各處禾苗秀發，糧價平減，將來秋成亦大有可望。夫積貯之道，必講求於豐年，而後可以濟儉歲之用；若至儉歲，而追悔從前之未曾預籌，亦已遲矣。今兹禾麥盈疇，實屬田家難遇之景象，各省應貯穀數自應，及時經理，買補足額，以備緩急。但積之於官，雖倉廩無虧，其爲數終屬有限。惟當於民間有餘之時，教以撙節之方，使人自爲計，戶有蓋藏，庶幾長保盈寧，不致有辜上天隆貺。夫欲籌積穀之法，必先去其耗穀者，如躧麯、燒鍋等事最爲耗穀，人所共知而小民無知。止貪目前之利，而不計異日之饑餒，是在地方有司化導而禁遏之。今惟河南麯禁頗嚴，直隸、山東、山西、西安等省俱未實力奉行，販賣流通，去路既廣，則躧造必多，及至此省穀耗價昂，或官府撥運，或商賈私販。則彼省之穀亦爲之耗，此相因之，勢有必然者。是在各該督撫等共體朕心，深思民事，有應爲之籌畫者，則切加勸諭；有應示以嚴禁者，則勿視爲具文。務使上天恩賜得以儲蓄，爲萬民俯仰之資，如此則無忝父母斯民之職，而有以慰朕宵旰之勤矣。欽此。

飭禁游惰乾隆六年六月

上諭：朕惟士農工商各有恒業，衣食由此而裕，教化由此而行。惟游惰之民，實爲閭閻之蠹。我國家昇平休養，生齒滋繁，而游惰亦以日衆。此等之人，性好佚游，習成驕恣；不畏刑憲，罔恤鄉評；酒食流連，拳勇是尚。黠桀者爲豪爲俠，柔狡者爲詐爲奸。大凡鄉曲之中，其誘民以奢靡沉湎者，游惰也；誘民以博奕鬬訟也，游惰也；誘民以作奸犯科者，游惰也。愚懦無知，轉相慕效，往往棄本業而從之，戕生敗家，比比而是。甚至如近年逆苗蠢動，皆由內地游手奸徒幸灾樂禍，或啗以財帛，或誣以鬼神，煽惑愚頑，遠近要結。蜂屯蟻聚，致生事端，遂不得不用兵剿捕。正孟子所謂『無恒産而無恒心，放僻邪侈，無所不爲』者。朕撫育羣黎，深念正德厚生之要，勸農敦本，訓飭不啻再三。上年因游惰之民不務生計，曾特頒諭旨，令各省督撫董率該地方官實力稽查，多方化導，責令父兄族黨嚴加管束，不遵訓約者加以懲治。邇來留心體訪，有司並未實力奉行。夫養稂莠者傷禾稼，惠奸宄者賊善良。游惰者，奸宄之源也。當其游惰而董教之、懲戒之，使悟而知返，則可納于善良。若聽其游惰而不早爲之所，是縱之使爲奸宄也。父母斯民之義何居？現今保甲之法，在在舉行，稽查甚易爲力。而一切視爲具文，置之膜外，尚安望其阜財求而興禮讓哉？地方有司，有不實心整飭化導，仍前怠玩者，朕必于該督撫是問。欽此。

聽民墾種零星地土免其陞科乾隆六年六月

上諭：從來野無曠土，則民食益裕，即使地屬畸零，亦物産所資。民間多闢尺寸之地，即多收升斗之儲，乃往往任其閒曠，不肯致力者，或因報墾則必陞科，或因承種易滋爭訟，以致愚民退縮不前。前有臣工條奏及此者，臣部以國家惟正之供，無不賦之土，不得概免陞科，未議准行。朕思，則壤成賦固有常經，但各省生齒日繁，地不加廣，窮民資生無策，亦當爲籌畫變通之計。向聞邊省山多田少之區，其山頭地角閒土尚多，或宜禾稼，或宜雜植，即使科糧納賦亦屬甚微，而民隨所得之多寡，皆足以資口食。即內地各省，似此未耕之土不成坵段者，亦頗有之，皆聽其閒棄，殊爲可惜。用是特降諭旨，凡邊省內地零星地土可以開墾者，嗣後悉聽該地民夷墾種，免其陞科，並嚴禁豪强首告爭奪，俾民多鼓舞之心，而野無荒蕪之壤。其在何等以上，仍令照陞科，何等以下永免陞科之處，各省督撫悉心定議具奏，務令民沾實惠，吏鮮阻撓，以副朕于惠元元之至意。欽此。

禁閩廣及江西刁民聚衆逞兇

上諭：向因閩省漳、泉地方，民俗剽捍，好勇鬬狠。而族大丁繁之家，往往恃其人力强盛欺壓單寒，偶因細故微嫌，輙聚衆逞兇，目無憲典。漳、泉大率如此，而他府亦復不免。蒙我皇考特頒諭旨，諄切周詳，令該督撫董率有司，時加勸導，訓誨提撕，務期革薄從忠，共成禮讓之俗。無如積習難移，官吏又奉行不力。今朕得聞數事，皆出于理法之外者。本年四月間，福州府屬之屏南縣典史下鄉徵糧，鄉民竟將典史毆打綑縛；又興化府屬之仙遊縣告病知縣邵成平，赴省領咨，有縣民李姓因訟事未結，嗔其即行離任，竟于中途截住，肆行毆辱。至于漳、泉等民人，凡遇爭奪田土集場以及口角等事，輙率多人執持器械以決勝負。大姓欺凌小姓，小姓不甘，又復糾集鄉人復仇報怨。又廣東之惠、潮兩府與閩之漳、泉壤地相接，江西之寧都一縣與汀州府亦屬毗連，悉皆薰染刁風，號稱難治。數處之人，犯罪發覺，則互相竄匿，彼此爲逋逃之藪，奸宄叢生。州縣等官，未免自顧考成，曲爲隱諱；而前任督撫，又于屬員中稍欲振作者嗔爲多事，苟且玩愒，視爲固然。即如前任永春州汪廷英，于乾隆元年因鄉民兩姓爭鬬，前往彈壓，竟被兇毆，其後，不過以枷責完結。姑息養奸，莫此爲甚！此有關于人心風俗之要務，著閩、廣及江西督撫時刻留心，化導整頓，務令循理遷善，革其非心，倘有怙過不悛，仍蹈故轍者，即令分別輕重寘之于法，不少寬貸。如此庶人心知所儆懼，而惡俗可以轉移矣。欽此。

諭民兼修園圃虞衡藪牧乾隆七年

上諭：《周禮·太宰》：『以九職任萬民，一曰三農生九穀，二曰園圃毓草木，三曰虞衡作山澤之材，四曰藪牧養蕃鳥獸。』其爲天下萬世籌贍足之計者，不獨以農事爲先務，而兼修園圃、虞衡、藪牧之政。故因地之利，任圃以樹事，任牧以畜事，任衡以山事，任虞以澤事，使山林、川澤、邱陵之民得享山林、川澤、邱陵之利。夫制田里，教樹畜，岐周之善政。管敬仲亦云：『積于不涸之倉者，務五穀也；藏于不竭之府者，養桑麻育六畜也。』如果園圃、虞衡、藪牧之職，以次修舉，于民生日用不無裨益。國家承平日久，生齒日繁，凡資生養贍之源，不可不爲亟講。夫小民趨利如鶩，亦豈甘爲惰窳，舉山林川澤天地自然之利委爲棄壤哉？良以疏闢之初，豪强既羣起而爭管業，之後奸民又多方戕賊，地方有司每視爲貲産細故，不爲申理，此所以寧荒其業耳。督撫大吏身任地方，所當因地制宜，及時經理，其已經開墾成産者，加意保護，或荒墟榛壤以及積水所滙有可疏闢者，多方相度籌畫，俾地無遺利、民無餘力，以成經久優裕之良法。至于竭澤焚林，并山澤樹畜一切侵盜等事，應行禁飭，申理之處轉飭地方官實力奉行，該督撫不時稽察，務令從容辦理，以期實效。毋致絲毫滋擾，尤毋得日久因循，以仰副朕惠養斯民之致意。欽此。

諭接到諭旨實力奉行乾隆八年

上諭：國家子惠黎元，教養由來並重。朕君臨天下，宵旰維勤，重農桑，輕徭賦，所以養民者惟恐不周。至于正人心、厚風俗，皆國之大務，尤所時廑于懷者。凡中外臣工，莫不諄切誡諭，務使民間習尚馴良，訟獄衰息，以漸臻風移俗易之效。乃數年以来，民風仍未還淳，習俗每輕犯法，豈小民之不可牖迪歟？抑牧令之教化不浹而德未孚也？古者朝廷之政，象魏懸書，閭里月吉讀法，三物六行，匪徒具文。我聖祖仁皇帝聖諭十六條，飭紀敦倫，型方正俗，精義超越前古。世宗憲皇帝萬言《廣訓》益加詳明，剴切開導，所以牖民覺世至矣。使地方有司竭誠宣布，雖甚愚頑，誰無天性？亦必洗心滌慮，革薄從忠，駸駸于上理。無如實力奉行者甚少，即朔望宣講，不過在城一隅，附近居民聚集觀聽者僅數百十人；而各鄉鎮間有講約之所，亦多日久廢弛，全無實際。至所奉諭旨有關于教民者，亦惟張掛告示，視爲通行之常例，焉能使之悦耳革心、翻然悔悟？是以尚氣輕生，狃于性成，作奸犯科，常爲俗染，其怙終不悛，而刑禍隨其後，朕實憫之。夫守令者，民之父母，古所稱忠信之長、慈惠之師。惟本至誠惻怛之意，以感動愚民，使之各自警省，又能隨時隨事委曲勸誘，諒無有不可化誨之人，亦無往而非敷教之地。即聽訟一端，兩造具在，儕佑親族齊集公庭，正百姓耳目所屬，推誠曉諭，最易提撕，不徒現犯者各自愧悔，并使旁觀者因彼此傳播，交相勸勉。若公事稍暇，或講讀編審，或勸課農桑，即可單車簡從，親歷鄉村，遇父老子弟，奬其善良，懲其不率，申之以勸誡，示之以榮辱。循謹者益加鼓舞，即强悍者亦知戒懲，漸摩日久，性情和順，貪利好勝之心不作，而一道同風之盛可幾矣。惟是百姓以守令之行事爲觀感，守令以督撫之意指爲從違。爲督撫者果能董率所屬，留心化導，實力奉行，日計不足，月計有餘，斷未有爲其事而無其功者。若徒視爲虚文，接到諭旨，轉行牌示，遂以爲已經遵奉，則亦何益之有？各省督撫等受朕深恩，畀以封疆重寄，尚其儆惕黽勉，以副朕諄諄誥誡之至意。欽此。

諭州縣實心以興化致治爲根本乾隆八年

上諭：朕君臨天下，勤求治理，小民生養之源，無日不爲深計，而勸諭之尤在久道化成。是在督撫諸臣，董率羣吏，日就月將，實用其心于興化致治之要，以駸駸于上理，非徒奉文守法，循分苟安，遂謂無忝厥職也。朕聞雅爾圖之在河南，宫署鞠爲茂草，許容之居湖南，至以文書廢紙糊窓，此即孫樵所爲以官爲傳舍，醉濃飽鮮，笑語而已。雅爾圖、許容尚稱勤於職事者，而猶有此，則推而至于他省等，而至于州縣，其在官無異一驛耳。古之人臣處官事如家事，試問今之爲官者，其料理家務，果肯若此之草率簡陋、漫不經心乎？此雖細務，可見其心不在，欲望其曲體民情而代謀家室，此必不可得之數也。張九齡云：『縣得良宰，萬戶息肩。州有賢牧，千里解帶。』葢吏數變易，則下不安業；久于其任，則民服教化。若當官而存苟且之心，將百事皆從廢弛矣。漢時治尚循良，璽書勉勵，增秩賜金，以儲公輔之用，意在久任于安民也。雖朝廷用人，量才審器，必酌人地之宜，自不能一無更調，而欲吏與民相接，俾氣協而情通，究以久任爲常法。居是職者暫不忘久，即一日而爲數十年之計，久不生倦，數十年仍當如一日之心，則訓俗型方，自必視爲切己事也。今親民之官，不致苞苴肆行，亦多兢兢職守，然僅惕于功令，以遏其貪饕，事迫于考成，以策其勤敏。簿書期會之外，豈真有以民心之淳薄而爲念者歟？此閭閻之所以不盡馴良，而化導之未洽也。夫身膺民社，即爲其父母師保，官之視民如子弟，則民之視官若父兄。官民同其休戚，而情意相浹，即叩之而即應，感之而易從。今之州縣，於黎元之身家性習，視同膜外，平時不相聯屬，而誡諭俱屬具文，澆漓溺於其心，凌競狃於所習，此則所爲痼疾，外視若無所苦，而疾隱中於本根，愈久愈大，治之甚難，誠不可不亟爲究心者。試思身爲牧令，若但司簿領、事承接，則一書吏之能事，何以官爲？昔韓延壽閉閤思過，而民自悔悟；吳佑以身率下，而民不忍欺，是民非無良，權實操之在上。惟教深於隱微，故其樹績益顯。爲督撫者，果以此爲課最，使有司提撕儆覺，百姓觀摩漸漬，日計不足，月計有餘，將見官與民相習，情與事相通，一氣感孚，不致扞格，于以興教化而移風俗無難也。倘任其波流，無以發其孝悌廉讓之至性，豈能使之奉長吏之命而羣然率從乎？朕聞馴馬不馴，御者之過也。百姓不治，有司之過也。有司與民漠不相關，咎在督撫；督撫不能使有司化誨其民，咎即在朕。今吏多玩愒而風不古，若朕實愧之。國家承平日久，治具畢張，雖久道化成，未易驟至，而整吏治以戒因循，正人心以除積習，凡有涖民之責者，皆當審時務之急，先思致治根本，而加之意焉。其各遵奉毋忽。特諭。

諭親民之官教養百姓乾隆九年

上諭：朕君臨天下，愛育黎元，厚生正德，時切于瘝瘝。蓋教、養雖爲二端，而實則相爲表裏。衣食足，乃可興禮義；飢寒迫，則罔顧廉恥。是不能養民，不可以言教，不能教民，仍不得謂之能養，故教即在養之中，養即可收教之效，其理勢固如此也。乃今之司牧者，但知用心于刑名、錢穀，自顧其考成，苟免無過，便爲得計，上官亦即以爲稱職。求其視百姓爲一體，視民事如家事，以實心行實政，經畫有方，勸課有法，使地無遺利，家有蓋藏者，百不得一。雖遇有收之年，而小民之生計亦窘，及歉荒偶形，議蠲議賑，已非上策；而胥吏作奸，豪强侵蝕，種種弊端，不可枚舉。其百姓之狡猾者，又復捏虛領賑，欲無饜足，以致效尤囂凌，刁風日熾，此雖百姓之無良，亦由有司之不能教養于平日。賈誼所謂『移風易俗，使天下回心而嚮道，類非俗吏之所能爲也』。朕以教養之責付之天下督撫，督撫分任之州縣，此古稱親民之官，與百姓最爲近切。其所轄之地不過數十里，或一二百里，形跡不甚隔絶，情意易于流通，果能視百姓如赤子，察其飢寒，恤其困苦，治其田里，安其室家，以父母斯民之誠心，行父母斯民之實政。凡兹小民，其有秉彝，斷無有不中心感激、服教從風者。外省向設宣諭化導，使宄之一二之身，難以家喻而戶曉。且經年累月，一至其地，未免一暴十寒，終不若州縣官各子其民，懃懃懇懇，惟教養是務，以養爲教之本，以教成養之切。不視具文，不沽虛譽，但期實有裨于民生，初不責効于旦夕。爲督撫者，又當開誠布公，諄切訓誨，遇良吏則嘉獎成全之，其不及者，則督率勸戒之。聖人曰：

『至誠而不動者，未之有也。』如督撫果以誠心課吏，有司果以誠治民，歲月既久，漸摩淪洽，庶幾教養有成，可副朕之厚望焉。欽此。

諭督撫訓飭州縣周知民瘼以收治效乾隆九年

上諭：爲治以安民爲本，安民以教養爲本，二者相爲表裏而不可偏廢。務求實效而不爲虚名，乃克盡父母斯民之道。蓋人君總其成于上，而分其任于督撫；督撫總其成于上，而分其任於州縣。州縣者，民之司命，而又撫民最親者也。身居此官，身履此地，耳聞目擊，切近易知，非地遠情疎、遥爲揣度者可比。是則民生之休戚，民俗之醇疵，鷄犬桑麻之細，日用飲食之常，良奸之不一其類，勤惰之各異其情，必一一洞悉于其中，而後可以加之調劑。所謂知州必能知一州之事，知縣必能知一縣之事。顧名思義，循名責實，豈簿書錢穀無誤期會，遂謂可勝任而愉快耶？朕御極以來，孜孜圖治，訓飭大吏，廣勵羣僚，至再至三，辭煩意複，無非欲措斯民以袵席之安，復斯民以降衷之性。而細察近日，有司究不免奉行故事，罕有能深體朕意，以行實政而收實效者。夫一州一縣之事，既不周知洞見，則官之與民益相隔而不能相親，欲其視民之疾苦如家人之困厄，視民之詐僞如子弟之慆淫，救焚拯溺，竭力殫心，不可得矣。州縣所屬地方，雖廣狹不一，事務亦繁簡不同，然一月之中，豈無齋戒停刑之日，亦有因公下鄉之時，果能乘此餘暇，不辭勞瘁，親履田間，與父老子弟懽然相接如家人父子，言孝言慈，啓其固有之良，化其惰窳之習。因而詢問疾苦，講求利益，度其原隰，相其泉流，審物土之宜，因閭閻之便，利所當興者舉之，害所當除者去之，則養與教兼施，善政莫大乎是！至於身所不能遍及之處，則有約正值月人等，或給之廩餼，或加之獎誘，使之分佈四鄉，代爲化導，亦可冀其分任耳目，以助官之不及。務使一州一邑之民情聯勢合，如父兄子弟之相爲扶掖，如耳目手足之相爲捍衛。一州一邑如此，他州他邑從而效之；一郡一省如此，他郡他省從而效之。始則艱苦，久則漸近自然，所謂日計不足，月計有餘，古之循吏獨不可再見於今歟？是在爲督撫者，實心以勸課屬吏，爲州縣者，實心以愛育羣黎，勉强力行，毋憚勞勩，功成于上，民悅于下，事有必至，理有固然。語曰：『至誠而不動者，未之有也。』爲其事而無其功者，亦理之所無也。用是再頒此旨，通行訓誡，自督撫以至州縣各官，皆當身體力行，以奏治效，毋徒視爲具文。特諭。

禁飭抗官頑民乾隆十二年

上諭：朕宵旰敕幾，思所以惠鮮懷保之道，尤勵始勤終怠之戒，不敢因臨莅久而有泰心。近歲以來，科道時有以民氣漸驕爲言，朕初不信，仍戒飭之。乃福建，則有羅日光抗租拒捕之案；山東，則有張懷敬聚衆毆差之案；江南，則有王育英號召罷市之案；廣東，則有韋秀貞拒捕傷人之案，而莫甚于山西安邑、萬泉聚衆抗官，守門索犯之肆爲猖獗也。夫以普免錢糧而民不以爲恩，加賑厚恤而民不生其感，偶或地方有司辦理少不如意，輒呼號咆哮，挾制官長。爲督撫者，或避不急之名，或存省事之見，不詢根由，不顧大體，甚或糸處官員，以圖結案。夫百姓之敢於恣肆妄爲，亦平日不知尊親大義；而平日之不知大義，則由於朕厚加之以恩膏，而不先率之以教化。督撫亦惟知朕有愛民之心，而不思朕有教民之責，居恒煦嘔噢咻，惟恐咈百姓之意。百姓目無官長，竟若官長去留可操之其手，及有不遂，譁然而起，而官長則已掛名彈章，以致益相煽惑，習爲故常。猶劣子之倚慈母，有所恃而無恐，且抗衡焉。不思守令者，朝廷之守令，敬守令所以尊朝廷。普免加賑，格外之矜恤也。假如不蠲免、不賑濟，譬之父母之不顧其子耳，子不得生怨忿之心，乃既蠲既賑，而轉不安分奉法，即使有司奉行不善，胥吏夤緣爲奸。國有常經，民宜靜聽。夫父母愛子，亦愛其馴順者耳，使其子縱欲而不能節之以禮，爲非而不能裁之以義，至於扞法抵禍，議者必歸咎其父母，其父母亦必自悔過縱之失。則今日之頑民聚衆，干犯刑章，朕得不引爲己過，深自愧悔也歟！然朕雖失教于前，尚思懃懇誨迪于後，以爲衆黎庶勸。各督撫，其倡率州縣〔二〕，諄切化導，使愚民知敬畏官長，服從教令，勿復自蹈迷途，以益朕過，實厚望焉。各督撫，其遍行曉諭，使遠地窮鄉之民，咸悉朕意。欽此。

〔二〕據《同治平江縣志》（同治十三年刻本）卷首之二補。

化州志卷十（下）

化州知州楊芬輯

記序碑銘

勅封高凉郡夫人冼氏廟記　缺名

夫人者，高凉冼氏女也。世爲南越首領，部落十餘萬家。夫人幼賢明，多籌畧，在母家撫循部衆，能行軍用師，壓服諸越。每勸親族爲善，由是信義結於本鄉。越人之俗，好相攻擊。夫人兄，南凉州刺史，恃其富强，侵掠旁郡，嶺表苦之。夫人多所規諫，由是止息。海南歸附者千餘家。梁大同初，羅州刺史馮融聞夫人有志行，爲其子高凉太守寶聘焉。馮氏雖世爲方伯，非其土人，號令不行。至是夫人約束本宗，使從民禮，条決詞訟，雖親戚無所縱捨，馮氏始得行其政。高州刺史李遷仕遣使召寶，寶欲往，夫人止之曰：『刺史被召援臺，乃稱有疾。鑄兵聚衆，而後召君，此必欲質君，以併君之兵也，願且無往，以觀其變。』數日，遷仕果反，遣主帥杜平魯逼南康，陳霸先使周文育擊之。夫人謂寶曰：『平魯今與官軍相距，勢不得還，遷仕在州無能爲也，君若自往，必有戰鬬。宜遣使卑辭厚禮，告之曰身未敢出，欲遣婦条。彼必喜而無偹。我將千餘人步擔雜物，倡言輸賧，得至栅下，破之必矣。』寶從之，遷仕果不設偹，夫人襲擊，大破之。遷仕走保寧，文育亦擊走平魯，據其城。夫人與霸先會於灨石，還，謂寶曰：『陳郡督非常人也，甚得衆心，必能平賊，而厚資之。』及寶卒，嶺表大亂。夫人懷集百越，數州晏然。陳永定二年，其子僕年九歲，遣帥諸首領入朝，拜陽春郡守。後，廣州刺史歐陽紇謀反，僕至南海，誘與爲亂。僕遣使告，夫人曰：『我忠貞兩世，今不能惜汝而負國也。』遂提兵拒境，帥諸酋長迎章昭遠自外逼之，紇敗。僕以夫人功，封信都侯，遷石龍太守。遣使持節勅命冼氏爲『石龍太夫人』，賜繡幰油幢，給駟馬安車，鼓吹一部，麾節鹵簿如刺史之儀。至德中，僕卒。後陳國亡，嶺南未有所附，數郡奉太夫人爲主。隋開皇八年，高祖遣總管韋洸安撫嶺南，陳將徐登以南康拒守，洸至嶺下，逡巡不敢進。初，夫人以南越犀杖獻陳主，至是，晉王廣遣陳主遺夫人書，喻以國亡，令其歸化，并以犀杖及兵符〔一〕爲信。夫人見杖，驗知陳亡，集首領數千，盡日慟哭。遣其孫暄率衆迎洸至廣州，嶺南悉定。表暄爲儀同三司，勅夫人『宋康郡夫人』。番禺人王仲宣反，首領皆應之，圍洸於州城，進兵屯衝嶺。夫人遣孫暄帥師救洸，暄與逆賊陳佛智素相友善，遲留不進。夫人知之，大怒，遣使執暄繫於州獄，又遣盎出討佛智，戰克，斬之。進兵至南海，與鹿愿軍共破仲宣。夫人親披甲，乘介馬，張錦繖，領彀騎，衛詔使裴矩循撫諸州，嶺表遂定。高祖嘉之，拜盎爲高州刺史；仍赦出暄，拜羅州刺史；追贈寶廣州總管、譙國公；勅夫人爲『譙國夫人』，開幕府，置官屬，給印章，聽便宜行事。降勅書曰：『朕撫育蒼生，情均父母，欲率土清淨，兆庶安樂，而王仲宣等輒相聚結，擾亂彼民，所以遣往誅翦，爲百姓除害。夫人情在奉國，深識正理，遂令孫盎斬獲佛智，竟滅羣賊，皆有大功。今賜夫人物五千段。暄不進之愆，誠合罪責，以夫人立此誠效，故特原免。夫人宜訓導子孫，敦崇禮教，遵奉朝化，以副朕心。』皇后以首飾

〔一〕據《光緒化州志》卷三補。

及晏服一襲賜之，夫人盡盛以金篋，并梁、陳賜物各藏一庫。每〔二〕歲時大會，陳於庭，以示子孫曰：『爾等宜盡赤心向天子，我事三代王，惟用一好心。今賜物俱存，此忠孝之報也，願汝等思念之。』時番州總管趙訥貪虐，諸俚亡叛。夫人遣長史張融上封事，論安撫之宜，并言訥罪狀，不可以招懷遠人。上遣推訥，得其贓賄，竟寘於法。仍詔招諭亡叛，夫人親載詔書，稱使者，歷十餘州，宣述上意，諭諸俚獠，所至皆降。高祖嘉之，賜臨振縣湯沐邑，千五百户；賜僕爲崖州總管、平原郡公。仁壽初，卒，賜物五千段，謚『誠敬夫人』。祀曰：『於惟夫人，間氣之英。有土有衆，惟忠惟貞。賛畫帷幄，慷慨將兵。削平僭亂，策勛梁陳。開府宣諭，功褒隋廷。尊君奉職，三代一心。宜其榮謚，照耀丹青。惟天降異，厥靈孔殷。斡旋威福，護國安民。顯顯神應，祀典孔明。遇茲仲冬誕節，牲醴告誠。爰祈爰報，闔境是欽。繡幰肅駕，赫然居歆。』

儒學復田記　元　馮翼翁

《春秋》書：『齊人來歸鄆、讙、龜陰之田。』明齊人之服義來歸也。或謂夫子自序其績，則非矣。自天子廟祀夫子，而學校皆有田以供時祭、脩廩之費，如有侵之者，必以〔三〕爲不義，如有侵而能復之者，

〔二〕據《光緒化州志》卷三補。

〔三〕據《光緒化州志》卷五補。

亦必以爲賢。蓋天理之在人心不可泯也。化之爲郡學田，歲入師生之廩，不足贍其半。其東岸庄田一頃有奇，三面際山，西際水，溉田之塘二十有一。郡人池氏倣圖爲田而委荒之，墾其腴以爲己有。至正六年，游宏道正其侵，未盡歸也。十年庚寅，桂林龔裕敎職於郡，執圖以告，當道立命石龍尹林昰直其事，以承前志。池氏之子萬春悖慄悔罪，按圖計畝，悉以田歸於學，且徵其逋租二千五百緡，以新兩廡從祀之像。其白水塘田二頃，郡人林鳳翔併爲己租，亦命并直其事，增共租六十石，以畀張孔蔭耕之。於是，郡士林子章、張仲明等請記於石，以示方來。所謂因事直書而以爲序其績，非知言者也。其田之頃畝、租石具刻之碑陰云。

城南舊學記　缺名

化州郡，秦象郡，漢合浦之境也。舊即有學，其可考者，宋紹興間，郡守沈雲舉始爲學，置田塘。化之田必與塘俱，非塘無以爲田也。嘉定二年，守范良輔遷學於城外西隅。寶祐三年，守婁和增置田塘。咸淳壬申，郡教授〔二〕趙蜚英善相地，卜城南龍山之陽而遷學焉。歲丙子〔三〕，燬於兵。國朝官既設，教事

〔二〕據《光緒化州志》卷三補。

〔三〕據《光緒化州志》卷三補。

未遑，而田塘没於民間。天〔一〕德三年，廣西僉憲王公沂行部至化，始興學，稽田塘，募民督〔二〕之。天曆己巳，朝散大夫呂公來僉海南北憲事，勤於政理，踰越山海，不憚荒遠，分部所至，治效具舉。乃勅興郡學，購田塘於民，而築亞沂亭於泮池之上。郡人林斗南，以將仕郎桂林判官致仕家居，欣然出承呂公之意，學舍一新。又十有七年，至正乙酉十一月，呂公自刑部侍郎、大名總管府尹，復以憲節來使海上，而不忘所爲亞沂也，道經化州，而觀其所治之學。是年，憲副大中大夫姚紱子徵，行部是州，取侵田於民，如呂公之志。是時，化之監守長貳未具，惟奉訓大夫臨川游宏道爲郡判官，得專學校。教授吳元善，克祇厥事，材木、工役畧備。呂公至而善之。乃作大成殿三間，東西廡各十有一間，講堂五，齋舍六，都宫之門三間，殿之崇二十有五尺，深倍之，廣又倍崇有奇。餘屋之重修，泮水、亞沂兩亭立，梓潼神祠皆在廟門之外。作祭器，收書籍，起於乙酉之十二月，畢工〔三〕於明年四月甲子。既告成，乃告於憲府呂公，而使郡學正莆田劉天文走四千里求余記之。噫！非呂再至，何能始終成就如此哉？聖天子不以海隅爲遠至，命從臣爲之使，而呂公不憚跋涉嶺海，爲民興利除害，爲海邦經久，無所不盡其心，故又惓惓於學，豈非知本乎？化之民，非異於中州也。聖賢之心具在學校。宋時，左丞梁公燾況之，太史范公祖禹淳夫，皆謫是邦，君子則不幸矣，而於化則有甚幸焉。去今三四百年，化之士民彷其流風餘韻，

〔一〕據《光緒化州志》卷三補。
〔二〕據《光緒化州志》卷三補。
〔三〕據《光緒化州志》卷三補。

而感發瞻慕之，其良心善性安可泯也。爲教者，亦盍因民之性而利導之。則淳夫《唐鑑》所言，以明義利之辨，而溯於程氏之學，化之人士何遽愧於鄒魯哉！呂公名沆，字蒙甫，以國書出，入還爲南臺監察御史，五守憲府，再歷大郡，政績卓然於天下。宏道至治間，説書内廷，自從遼定大寧，來佐是州，云其復田畝、地里、人名、租入之數刻之碑，以示將來。丙戌缺名某記。

元州判游公祠記　缺名

化州路判官游宏道，既肖先賢像於郡學兩廡而祀之。至正九年春三月，侯追討寇，死王事，遺愛在邦，父老肖其像以次先賢，且請刻石以記。侯，臨川人，爲人愼重，寡言笑，廉而不苛。治郡如治家，斂膝危坐，而府事綜理無遺。初至，擇要地之營栅，以備西寇，民賴以安。進而歸正版籍，以均賦役、簡詞訟，以清弊俗。築南容屯，經畫署舍，溝途七百里，墾荒、積粟以禦寇衝。新府縣學舍，歸其侵田，圖籍並藏，其規度皆可永式。大修官署，宏莊高厰，而民不知費，後植蔬菓花卉。公退而逍遥，與賓客登覽，乃若無一事之可理，而無一民之不安。其所者，不務交權要、干聲譽，吏民皆歸心焉。至正八年十有一月，會兵海上討寇，寇乘風走交趾。明年二月，自交趾掠百餘艘犯合浦、瓊州，帥府復命，侯會高、化、瓊、廉郡兵追討。竭己資二萬緡懸賞格，從義士張友明等七百人，船數十艘，碙兵出澄邁。時寇壘阻薪水，按兵自守，將待降。總兵者不知機宜，起戰石钁，侯屢諫不從，先鋒張友明戰甚力，而南番兵赴水走，侯怒命射走者。已而，寇四合中六鏢，其屬石龍主部木蘖飛、廉州同知羅武德及張友明等皆力戰以死，餘皆走而免。侯非不知走以免，以偷生，義不可。偷生者幾何，而媿於侯者無窮也。人皆偷生，而侯獨死，且死於小冦，天乎？其人之尤乎？死而有尤，其將何歸。民不待勸，而競以立祠刻石爲請，民心可知矣。乃繫以詞：『瞻彼蒼蒼兮欲誰訴，吁龍騶兮殉狐鼠。臨滄洲兮浣衣血，侯之遊兮弄明月。導靈若兮駕仙舟，侯之歸兮安流。春風藹藹兮甘棠樹，夜雨潭潭兮黃堂署。山川修阻兮異鄉土，盍歸來兮芳蘅之祠宇。使民有家兮學有田，春秋報祀兮配先賢。祠既陳狐兮鼠戮，夫何尤兮民之福。』

重修化州治記　楊洪

化州本石龍縣地，漢唐以來始爲郡，明爲州。州治有石如龍，潛於下，首在州治前，左尾在治後江中，水涸乃見之。郡以石龍名者以此，又以石龍有變化之義，故稱化州。州之後城爲潦水所衝倒，隨崩隨築，浸及廨宇，而石龍或有時而鳴，上下疑懼，咸以爲怪。乃有欲移城以避之者〔一〕，終不克就，因坐視其弊而不知恤者，蓋有年矣。成化丙申，太守李公以當道薦知州事，下車訪爲政先務，父老或以石龍鳴告。公曰：『福禍妖祥之兆，由人事所感，石龍何能爲？惟其本正，厥事在我而已。』州治舊爲流賊所燬，苟且卑陋，無以尊體統、重法度，念欲修葺而時詘，舉嬴未可也。比二年，邊烽無警，民戶豐樂，乃經度財費、聚材陶瓦，卜龜食墨，乃更其舊。壬丙者，而正其子午之位。其始作也，民如子來，不驅

〔一〕據《光緒化州志》卷三補。

不迫，咸仰有工，計其成數，前廳後堂若干楹，東廳六房若干楹，儀門墻垣，次第修舉，規模宏麗，焕然一新。經始於成化五年十二月，又明年十一月乃竣功。而述其事之始末，俾洪爲之記。洪竊惟有大抱負者，必有大設施，公之德器夙成，才能練達，施於有政。其大者勸農桑以裕民，興學校以育俊，舉廢墜，勵風俗，化頑爲良，易危爲安，炳炳可見。其修理州治，爲宣布德政之所，固宜拳拳也。然亦常事耳。吾獨難其興是役之時，石龍實鳴，賴公明識果斷，不惑物議，乃底於成。此則公之大過人者，足知其能斷大事而不惑者也。是則可書也。公，廣西平樂人，發身科目，先尹信宜縣，九載有賢能績，爲陞今官云。

永思堂記　王鏊

誠，其罔不達乎？金石可開，丘陵可陁，鬼神可動，豚魚可孚，况人乎哉？况至親之間哉？昔曾母囓指而心動，婁父遘疾而汗流；朱壽昌之於同州，丁鶴年之於武昌；朱章之神翁，杜羔之老婦，考於古，驗於今，以是知誠之所感深矣。往者，廣東猺夷之亂，黎君鑑甫七歲與其母劉相失，各不知所往。而君至京得被選入内庭給事，今上清宫日被恩寵，而獨以不得其父母所在，精誠致禱，貌毁心哀久之。有至自高州者，君猶能記憶其家曰『黄姜村者』，問之，即其村人也。因詢其里閭族屬，無弗合者，乃知其父已卒，母劉故無恙，乃喜且泣，具徒遣迎其母於京師。嗚呼！君之母子不相知者，二十有二年矣。非其誠之感通，何以至是？其後，劉以壽終，葬定安門五里，作堂曰『永思』以奉之。予直内書舘，君爲予言，求記。夫當平世，而父子兄弟相保未知其樂也。不幸亂離，間關萬死一生，睽而復合，天地神明其有以相之者與，則不幸之中而有至幸者存。吁！其亦可以爲孝乎！故予爲之記。

遷建州學記　明知州　沈水

今天下郡邑悉學校，而作人重道，在邊方尤加意。化，故東粤邊地，舊建學在龍山之陽，續遷上郭坡，再遷城內，又遷南郭，今復遷城內，葢五遷矣。丙申歲，余自西粤融邑令轉是州，謁先師禮畢，顧瞻殿廡、垣墉傾圮如融。念必如新融庠者新之，進諸士而詢之，皆曰：『新與遷之費等，遷之。』則督學陳公璧久主其議，未舉也。學在城外，舊燬於冦不如遷，州之士皆喜樂助，而城內故址鬻於陳氏，難之。庠士黄祖亮、顔如愚等及義民淩家忠，人各捐金十餘，余捐助之，得金二百四十兩，給陳氏原直。遂有庠士鄧勵、鄧文炤父子資二樑木，迺諏吉辰，士民雲集，採木於山，移磚石於廢址，工且舉矣，而助參差。余乃捐助而倡之，懸賞格，遂有義民楊大化、黄熙、陳以讓等各助金三十，請給冠帶榮身，餘或二十或十，給之匾，以鐫名於石。夫然後資費有繼，乃分庠生淩家榮、張崇許等幹事督率，而老人梁文著則始終效勞者也。經始萬曆二十四年，己亥十月工始竣。凡爲殿一，重簷翬飛；東西廡戟門各一，東爲名宦祠，西爲鄉賢祠；前爲櫺星門，爲塈墻；左啓聖祠一，祠前爲司訓衙；左爲明倫堂，東西號舍各一，前爲禮門，爲儒學門，闢官路由東下迄南而塞舊街，以恢廓其制。周顧四眄，見寶嶺後峙，羅水前遶，左玉几插雲霄，右驪珠臺逆流而柱。則曰：是真龍城之勝地，而文運將於斯而大興與，州人士樂育於斯，其必有彬彬而起者矣！雖然，予顧於學之遷而復也，有感焉。人心中正，虚靈内涵。世儒脚跟不定，遂至亡羊摘植，或遷於訓詁，或遷於詞章，或遷於禪寂，或遷於聲色貨利之塲，種種以丧吾眞。《易》曰：『不遠復。』吾於學之復，而亦願諸士之學而知所復而已矣。故於博士林君、張君暨弟子之請，而書此爲勗。

州守沈公重建學宫記　吴川令周應鰲

古者，州里族黨及王宫國都各建學而設官，所爲由禮教以維持道脉者，法至詳矣。夫禮，非顓顓焉，以籠絡束縛人爲事也，禮即人心本體，根不由外。是故宣父與顔氏子論仁，而獨揭復、禮二字。誠謂禮、復而視聽言〔一〕動悉由天，則四維張而宫墻固，不則藩籬壞，基本摇，詎一桷一梁一手一足所能支哉？予閱化州志，乘與今沈大夫所爲學記，知州學之陊而遷也凡四，而莫偉於今日之昌復，大快士心。葢學，舊以人文著，而炳烺於成宏，中興於嘉隆，以後稍稍寥落，寧獨氣運抑、禮教闇乎？故宫之未復乎？一旦，沈大夫自西融移秩兹土，下車謁廟，覩殿廡而下廢榻，漫漶汲汲焉，欲舉而盡新之。已而，諮訪故老，凡前後沿革之故洞若觀火，於是檄兩學博議其事，割官俸若干爲倡。未幾，諸弟子員與諸義民各捐金若干，共給陳氏直，得徙舊勝地而新焉。維時軍興，繁費帑缺，大夫經營有方，林、張兩學博程課

〔一〕據《光緒化州志》卷三補。

匪懈，致士心羣情歡趨如還寄。然不踰歲，而廟自禮殿秩序之祠，學自講堂濬修之所及經舘燕休之廬，凡故有而今廢者，無不煥然改觀。見者謂寶嶺、羅江、玉凡諸勝，若有增而高深者。工既竣，兩學博暨諸生謂大夫盛美，義當貞之堅珉，命全生秉易、凌生家耀、楊生世柱叩予，請系其事。予謂：『史稱巴蜀地僻，漢興風俗幾燓文，翁廣厲學宮，察舉才俊，自是文學斌斌，足擬齊魯，况州故稱高涼才地乎！』予嘗往還州境，顧瞻廟貌，欣然心賞，詳以興革狀詢諸父老，僉謂：『是役也，不稱勞於民，而人心改觀，士行丕變。往，里苦賦繁，匿役逋租；今，桁楊不施，旬輸月應而飛輓者，詠於塗矣。往，豪猾武健，吏胥憑城社，蠶食顓民；今，乳虎遁跡，蔀屋安袵，相賀矣。往，頻祲難食，擊鐘之家不無流徙；今，斗米三錢，枵徙者含哺還復，四方欣再闢更生矣。至裒衣博帶、含英詠道之士，各營室於學之左右，淬礪忘寢食，所沐浴於大夫之教澤者，不日深哉。』余聞其言，而知沈大夫之大有造於化州也，類古文翁，而化州之人文駸駸向盛，將來可方。巴蜀諸士，日親磨礱，欲相與守孔氏之宮墻也。則無如沈大夫復還本體一言，而予請竟其說。昔有服官長安者，予生長宦邸，厥後遺之還舍，見先世室廬穹廣，恇惑求歸長安，已而父諭，以故然後信。又有穉而愚者，吳産而托育於楚，楚人愛之，溺竟忘所自。未幾，父求爲，後挾歸而授以帑藏，退弗敢當，卒之，母慰以情，然後受。彼二人者，豈不知先世室廬帑藏之足爲利哉？誠以習見奪其知也！今州之多士，幸有沈大夫爲若父母，室廬帑藏既復於不遠矣。然則，其自考也若何。《易·繫不〔二〕》云『復，以自知』，又曰『復，小而辨於物』。惟自知，則物辨而當，當則視聽言動，天則胥復顔子之不遠。無悔，蓋得之此，雖然，此非可以旦暮致，習見奪也。夫木之隱於幽巖絶壑也，黍絫寸積，飽霖露，滋湍流，假以歲月乃能中堅外矗、合抱連圍，而勝匠氏之用。何者？其本體固也。否則栘楊芃蒲，詎不速拱，祇速蠹耳。晚近士習創異行，以肆爲高論，叛朱註，誣聖經，悖彝常，操戈室中，甘與向魋、叔孫同鑣。是皆栘楊芃蒲其質，而失其本體者也。諸士行將植國幹而庇覆寰宇，慎毋楩梓其需而栘楊芃蒲其質，則庶幾本體，克全不負孔門復、禮之訓，而道脉其永賴矣。噫！是在諸士之自勗也。請書以壽諸石，并以志大夫盛美云。

亞沂亭記　缺名

聖門之教達於天下，猶水行地中，不擇遠邇，不以嶺海而隔，不以蠻越而阻。本州古陵水郡，去洙泗且萬里，距聖教千載，而亞沂一亭翼然於庠序門，此皆聖朝風化所及。然學校之事，作而新之，舉而行之，在乎賢者，職風化者，猗其盛歟！在昔，曾點得聖人爲依歸，以淑其性，從容於鏗爾之餘，應對於率爾之次，以其悠然之志，契於適然之頃，是以深見許爾。然浴沂詠歸之氣象，在聖人爲萬物得所之妙，在曾氏爲樂。其日用常行之際，先儒記子路言志亞於浴沂，又謂若達爲國以禮，即此氣象。然子路

〔二〕『不』疑作『下』。

豈真亞於曾氏而已哉？輕裘車馬，吾見有待矣。今之郡，即古千乘之國，是州百年以來，士子文物俎豆彬彬，漸同中州。然隣外境陸梁之習，或勤師旅，此正儒者有用之學，言志之秋，所謂比及三年，可使有勇向義。倘求其志，則方池煥煥、陵川浩浩，猶魯沂也。學之士子，固有泳其涯而觀其瀾者，然末俗嗜利好奸。舍己爲人，此儒者移澆、還淳、美俗之日，所謂即其所居之位，樂其日用之常。倘求其志，可以言浴沂矣。志子路之志，亞沂者也；志曾氏之志，亦亞沂者也。志於賢者，斯亞於賢者而已。況志顔子之志，而亞聖者乎？是亭創於僉憲呂公沆朝散於本路，判官那海承務。公以其賢而職風化之紀，超然於天理人欲之辨，從容於爲國以禮之實，而沛然於義勇求仁之事，既已爲之亭，又從而名之。

驪珠臺記　吴人周順卿

化城之東，陵、羅二水合流至龍母山下，反跳而東去。州牧沈君顧而憮然曰：『水口無情，奚啻科目寥寥邪。』予其圖之，于是進州之人士而謀焉，僉曰：『善。』乃相龍母山下，有洲起江中，爰命舟筏往來者各土石一畚，不移時堆而壘焉，爰伐木疊磚爲臺。而觀其上，既成，命曰『驪珠之臺』。謂郡爲龍，而此其珠，珠以系龍故名，思深哉！侯之爲此也。余思珠也者，産於合浦，生於昆池，吐於靈蛇，媚於長川，發於太陰，佩於江妃，集於蛟室，走盤錯落，照乘陸離。而驪龍懸之頷下，遂以躍天門，走海嶠，鼓鬣噓雲，驤首作雨，變化於萬里。龍非珠，其何以神哉？今州固龍也，得珠而神，而非侯之爲斯臺，則珠何有焉？是龍得珠而神，珠又得沈侯而神其神。思深哉！侯之爲斯臺，而命斯名也。臺之成，而大江東廻，蜿蜒環複，雲樹迷離，州船往來，魚米輳集，樵歌漁唱，雜陳於前。登斯臺也，凡夫雲烟之所起滅，光景之所映射，四時朝夕之所變化，人物之熙穰，山川城郭之美麗，皆可以一眺而得。而南者、北者、商者、旅者、漁者、佃者、冠蓋而游者、題者、咏者、送迎而經過者，莫不欣欣焉，嘆爲盛事。吾知州之人物，自此而富庶繁祉。州之人士，亦必有乘風雲、奮頭角而上者矣。思深哉！侯之命名也。噫！禹殺澤水，震澤以奠；侯築驪臺，化陽以寧。後之思公功者，當與河洛並永。因刻記於臺，俾龍與珠世守之。

景邃臺記　缺名

景邃臺者，爲邃菴公作也。公，滇人，姓楊氏，名一清，字應寧，邃菴其別號也。父時亨，同知化州，有保障功。公實生於是，秀穎異常。七歲善屬文，歸寓巴陵年十一，守臣以奇童薦於上，命就學翰林。十四歲占順天解元，遂登進士，授中書舍人，出董山陝學政，入太常，躋元輔。歷事四朝，文學政事，爲時名臣。夫公之勲望，天下共知之，而何生長之地顧泯泯無聞也？山川毓靈，篤生俊哲，非偶然者。予至是詢公跡而慕之，爰作臺於州治，以志景仰，亦以見有山川即有是人物，並以見公之德，施於民而報食於後者乎！後之欲知公者，其將有考於斯。

平倭亭記　缺名

隆慶辛未冬臘月，大夥倭寇自電白入，攻犯州城，民駭然告潰。仗我憲伯李公，申議都府，命提督總戎合諸路兵勦之。倭奴窮蹙，走遁雷陽，我師長驅，悉勦滅之。咸底廓清，仁武之澤，旣洽海隅。壬申，民用安集，克遂平定。是年大稔，今年又大稔，民用受惠，相與忭舞懽呼曰：『公之一征，生成之賜也。』乃協謀建亭於江滸，命某紀其事，買石鐫碑而咏之以歌。歌曰：『惟王建國方岳承，敷文共武綰重衡。粵西開鎮錫專城，嶺嶠草木識威名。蠢玆醜類敢跳凌，元戎維揚車彭彭。凱旋婦女不知兵，肅掃醜氛海宙清。千里寢柝戶不驚，人人懽呼見太平。噫嘻！我公韓范國之英，倭奴聞之膽破驚。吾儕優悠公生成，勒公嘉績永瑱珉。』

石龍記　明州守 趙士錦

化州州治有石龍，首蟠庭左，尾注於江。或鳴，其聲如鵞，而洪浩過之，或時吹沙滿堂，光潤明潔。尾在江水中，水涸時，兒童褰裳游戲，入其巖穴，往往得古錢不窮。真天地間一奇也。景泰時，同知楊景者婦孕，而石龍鳴三日，生子一清，官至宰相，即文襄公是也。嗣後，或一歲一鳴，二三歲一鳴，州人以此卜正祥云。巡方使者，定爲春秋二祭以祀之，誠重其靈也。嗣後，其穴湮塞，或有遷其碑而廢其亭。而州之士日樸、民日削。予來守是邦，國開伍先生率諸士請而闢之。乃擇良辰、具牲醴，以施畚鍤。

去朽壤至丈餘，得其穴，甃以磚石，遷其碑於故處，覆以亭，亭之下迴以欄，仍其舊也。既成，諸士拜於堂下，余曰：『諸士以石龍爲靈乎？是龍能鳴，能噴沙，能兆一方之正祥。而不免不好事者之湮塞埋没，委翳糞土瓦礫之中幾數十年。非予爲之芟蕪濊，則龍將無以自見也，何靈之爲？由是觀之，物之有其具者，苟不得其人，其何能興乎！予莅任兹土八月矣，行方志違，動與時忤，獨其心未常不追古人而從之。設黨塾以教吾民之子弟，開書院以考諸士之文章，置茶亭之産以贍往來，建大石之菴以覺聾聵。凡吾州中，有一士不進共業，有一物不獲其所，皆吾刺史之責也。矧是龍之靈，而忍坐視其湮没無聞乎？嗚呼！爾諸士之積道藏德、戢景匿采者，有余在，顧出石龍下哉！』

石龍書院記

州學正 伍瑞隆

前輩舉《禹貢》紀山川物産而不紀人才，爲生於天之證。余謂生於天者，異才也。合天上下海南北之奇鍾一男子，一方一代不能盡之，以至四方百代亦不能盡，其非土氣之力甚明。其係於地者，則美才也。或崛起而爲科名，或高擁而爲爵里；又或雄詞鉅筆，昭史銘鐘，父以是傳之子，子以是傳之孫，北里南鄰，聲施相望，雖復存乎豪傑，不可謂非山川之靈，有以發之也。究其始，則必有一人者，出絶代之精華，創無前之矩則。兹之化州，石龍在焉，嗚三日而生宰相，亦既有人矣。今之多士，其能自鳴以應石龍鳴者，儘不乏。而數十年來寥寥若此，推其所由，將非龍之無靈、非諸士之無術，乃倡率之無人耳！造化之理，雷以動之，風以散之，惡其鬱也。州大夫趙前之先生，自莅官以來，其樂育之誠，無日不在多士。既設爲東西二塾，以待民之俊者，獨顧州之近地，未有高可登而静可息，士可文而官可詩也。乃就望江樓之後，寳山之麓，創爲石龍書院，鳩工聚材，一月而成。一堂、一臺、一閣、二室，長廊周左右而上之，雲街稱之，蓋不勝經始落成之便，而門墻戶牖之燦如也。大夫曰：『吾始慮諸士之不克自振拔耳，邀父老子弟之靈，以有今日。百步之外，爲聖人之居；百步之内，爲言偃之室。吾良自快。諸士苐能執經相與朝夕，吾公餘之暇，煮茗、爇香以待，且藉以聞吾之過，與閭閻之喜怒，朔望則爲之講說六箴，講讀射法。其有教我以弭盜者，唯命；教我以釐奸者，唯命；教我以釋冤者，唯命；教我以恤鰥寡孤獨、冠婚喪祭之不能自具者，唯命；即有教我以山水之登臨、名賢之棲逸，與殘碑遺文之可訪者，亦唯命。此皆當急之務，經術之大，諸士不可一日置諸懷者，而大夫一爲不倦之教，此大夫所以爲書院之大端也。』化之人士得其說，何施不可？正如石龍久在湮塞之後，一日開其竅，使重發其光，或鳴或噴沙，吾知其變化者大矣。從此爲之尸祝，以奉大夫於億萬斯年。使出才之不窮，開才與育才者之不朽，庶幾後之君子，官以及官，士以及士。予不佞，亦且有榮施也。豈不善哉！

化州廳壁題名記　趙士錦

化自建州以來，幾百年矣；官是州者，幾百人矣，而題名之碑缺焉。余乃考圖誌，舉洪武以來之爲州者列之。夫今之制爲守令者，去其鄉必千里至萬里之遥，居其官止一年至四五年之久，幸一朝去，而是非、毀譽哀如充耳。天下軍旅煩興，賦稅日增，司農之法一逋期會，雖有穎川、南陽之治，而褫斥且隨其後。嗚呼！夫以離鄉之遠，歷時之暫，當此賦税之日重，褫斥之過嚴，而欲守令不膜視吾民，與吾民不騈死於敲朴之下，何可得也？余去歲以上計行圖，便道歸省，乃先期往，中途聞履畝之令復來，父老曰：『吾知刺史欲歸其鄉之速也，勿以吾儕故久淹。』乃牛車負擔，五日間告竣以去。嗟乎！吾民煦煦以愛上，恂恂以易使，豈獨化之俗然歟？彼之一罹訶責而吽囂挺起者，豈其民之咎歟？蘇子曰：『約之以禮，驅之以法，惟蜀人爲易。至於急之而生變，雖齊、魯亦然。』余書此，以告後之守是土者，并以告天下之爲守令者也。

范公墓祠　明叅政趙次進

予在薇垣時，常與同寅右叅議鄭公論唐宋遷謫嶺南諸公事。是非斷在史筆，固已超然其間，有被誣枉而終炎荒者，恒嘆悼之。後鄭公過化州，停車訪宋范祖禹先生墓處，與州守及學博諸人罔有知者。郡之耆民董廷輔聞之，因自言其少時，嘗從先祖登高山之巔，指山南坵壠巍然者，謂廷輔曰：『此范學士墓也。』廷輔常記憶之，迨今不忘，遂引至其處。荒荆野竹，交蔽蒙密，因而芟除，果見崇封如故，衆咸欣然。遂於其墓之東，議建祠堂，與知州田庸，學椽滕善，訓導蔣崇文、李縉相與謀度，各出己貲易材，傭工搆室三楹，扁曰『宋翰林學士范公祠』。設神位以春秋祭之，外立碑門一所，扁曰『范翰林之墓』。

易齋畢公生祠碑記　儒學林文豪

向在春秋，若子產者，非鄭之賢大夫耶？孔子懿清徽，慬然亟稱之曰『惠人』也。至攷其所以爲政者，則民頌之曰：『我有田疇，子產植之；我有子弟，子產教之。』故子產之惠名著於春秋，聲流於後世，傳至於今洋洋然，有俎豆之遺思焉。顧世之人，爲人牧者，率殫神於簿書、錢穀之煩，忽意於禮樂、教化之地，豈不以得民之轡速，作人之效遲？簿書、錢穀切於事情，而禮樂、教化不可以經世務也。嗟乎！何其舛哉。化之爲郡，素稱難治，大邦伯易齋畢翁來守是邦，淵源家學，偉績正猷，蔚爲高涼諸州邑最文豪。承乏儒庠，適公已遷，吾建寧二守去，恨未獲覯光儀，聆緒論，以酬仰戀之私。第聞諸邦之父老云：『我父母之鎮撫吾民也。抱翦裁迎刃之才，秉清白不淄之操，興利剔弊，字弱鋤强，捐俸以闢水關、偹旱潦，闔郡賴之。其有功德於民人者，甚鉅於是乎。』指其所立生祠，東岸之濆，江水泱泱，永失弗諼，吾民慕德，無己之情也。諸生復相與言曰：『我大夫開襟禮士，下榻延賢，開設書院。吾書生得以講論於其中，爰居爰處者，實惟帡幪之庇。』瞻彼祠宇，爲之懷矣，繄我髦士，胡可已諸於是。卜地於書院之東，榱桷孔良，甃砌孔堅，垣墉孔固，中繪公德容，朝夕若親炙焉。茲舉也，匪費在官役，不及民，青衿視成，羣匠丕作。工既竣，乃請文學林子爲之記。林子文豪曰：夫生祠，匪古也，事以義起，情以愛生，是亦可以觀感矣。抑所謂直道而行者，非耶夫？惠如子產，誠足尚矣！然夫子猶曰：『子產，衆人之母，能養之，而不能教之。』乃易齋公教與政埒，名與公偕。凡我垂紳拖弁之倫，執經問道之士，靡不坐春風、被化雨；迨其去也，尤切泰山北斗之仰，此豈勉於一時之感者所能致乎？感之於是乎愛之，愛之於是乎思之，思之則圖尸祝、俎豆之。斯固懷戀之極，德之深，而公道之在人心者，不可泯也。因是以觀，則大夫之賢過於子産遠矣。彼勞瘁於簿書、錢穀，以干譽者，功孰與禮樂、教化多乎哉？紀德表異，彰美詔來，是亦足以垂勸也已。公諱竟立，號易齋，江右之貴溪人，勛名事業，固未可量。弼亮元臣，堡障東土，葢未必無原本云。

畢公捕寇有功叙　張文式

士君子爲治，擘畫以智，撫綏以仁，剖決以勇，三德備，而後解紛糾、應禍變，無難矣。式客歲奉賢書上天官，試覽海内豪傑，備是三德者，曾幾見？歸而揖我公於化日堂，乃見其兼運而並施之矣。公常與式語曰：『化當孔道，上接西粤八寨羅滂，下通烏兔渤澥，驕子充斥，嘯聚跳陸，不時犯我。封城固未常不嚴，爲戎備以防不測。』詎至今年正月元旦，歲當履端，民隸方弛，諸椽適休，而亡賴惡少外窺内覬，挾匕首突入禁城，掠庫藏，事有出意料外者。公覘其兇暴莫遏，即鳴鉦擊鼓，率隸卒與戰於州治之間。式聞鉦鼓聲惶惶然，知有内變，遂奮身提戈，率各弟姪、家僕二十餘人效力先鋒，與寇交戰，而守城軍壯、居民亦羣然嚮應，四面挾攻，衆寇奔逃。式與弟姪親斬賊首一級，獲寳一錠，寇所有金銀鉺圈悉悉報捷而完歸之。百姓之與兵壯驍勇奮力追捕，亦獲級者七。後寇迯至十里外，不分首從，盡爲擒殺，無一孑遺，所獲財寳亦即盡數完報，無有遺亡。夫殺賊者，衆也。由公之臨時料敵如燭照然，以故遁而不遠，追而有功，不以倉惶而迷勝畫，可以觀智也。追冦者，民也。由公平日愛民如春育然，以故鬬必争先，死亦爭赴，能以惠愛而感元元，可以觀仁也。冦既衝犯，公不以其兇悍爲畏而身先之，式與弟姪士卒以身敵而奮殺之，以故羣兇授首，寶藏無虞，非公毅然振雄氣、鼓志鋭乎？可以觀勇也。不然，胡旋失而旋復若是，其神速耶！式家於城中，久稔惠下之仁，折獄之敏，臨幾料敵之智，折衝禦侮之能，三德具備。部院當道薦奬交集，不日而入相銓軸，出鎮貔貅，臺閣生色矣。式不文，謹掇其事，率士民以稱賀云。時當壬戌年春王正月也。

嶺西大捷露布　缺名

竊惟《春秋》大一統，道在同仁，天子守，四彛威，惟不殺。顧遏亂畧者，利用武；而芟冦暴者，實爲民。惟我熙朝，式宏明化，西北之烟塵盡掃，東南之醜類咸歸。自甌露以至交趾、日南，莫不傾心向順；由閩越以及桂林、象郡，悉皆稽首遵王。茀兹嶺嶠之區，猶雜蠻彛之惡。昔尉陀爲七郡長，漢文帝馳一介之使，僅爾覊旅及何真以全境來歸我，高皇憫萬里之窮曲，從全活。蠢爾無知，餘孽日蕃衍於蕉林、茘浦之間，轉加相煽爲災羣，角逐於木兵竹旗之技，重以亡命誘其逞兇，大則刦邑攻城，小則焚鄉掠市。據羅旁各峒之險，自恃天造地設以來當嶺西一道之衝，不啻水深火熱滋甚。毒流下土，罪聞上天，方投共憤之人心，更值告終之景候，九天赫怒，重命興師，大義霜嚴，責臣以勗勦報效，宏謨日煥，授臣以方畧之宜，期於一舉蕩平，必使萬民鼓舞。臣膺威命，日夕兢惶，爰相事機，始終周急，謹督諸藩臬將領集挽弓之衆，而三令五申誓戒以南北東西，嚴汛地之防，而肆征來勦，提兵逕進，仰巢力攻。然我之熊旗甫臨，而彼之狼星猶燦，殫力於堅壁之守，希心爲逸檻之圖。迨夫攻進益嚴，萬軍齊奮，仗王猷之允塞，謨策無遺，將神武之振揚，誅鋤殆盡，一戰而擒渠卒，再戰而破重營，勢若建瓴，威如破竹。自去歲一陽，迄乎暮春之半，凡四閱月，而群醜悉殲；從我朝累洽，洎於今日之隆，餘二百年，而諸兇一洗，計破巢則五百六十，計斬鹵則四萬二千。魚海洗戈，雲簇龍蛇之陣；珠江歸馬，月臨草木之兵。上抒宵旰之憂，下洩神人之憤，謳歌載道，砧杵萬家。昔虞舜有苗之征，尚待七旬而格，乃商宗鬼方之績，亦必三年而成。試即古以驗今，殆齊驅而並駕。自嶺海百年用兵以來，未有若茲之盛者也。師出萬全，乃傳宣於四海；功成一怒，實稱快於萬方。緣係馳報非常全捷事理，謹差官某露布以聞。

勸農文代　左布政、州人**陳珪**

嘗謂國以農爲重，民以食爲天，故《書》稱『六府』，孔脩良有關於治道；而《詩》謂『三事就緒』，誠至謹於農時。况茲高涼凋敝之餘，加以兵旱洊臻之後，公私皆困，上下咸疲，賦因田而出，惰則何自而供；民由飽而康，勤則緣茲不餒。凡爾黎庶宜聽告言，茲者恭承上命，忝牧爾邦，慮上德之未宣，卧無安寢，恐下情之未達，饑每忘餐。雖無來暮之歌，尚勉去思之愛，念重華之聖，歷山之耒耜不辭；慨天民之賢，莘野之犂鋤是執。南陽隱士尚且躬耕，泗水門人不羞請稼。彼何人也，猶不忘乎稼穡之艱難；爾此民兮，安可憚乎草野之耘耨？自今以始，各勵厥躬，毋惰四肢，播厥百穀；不稼不穡，人懷伐檀之譏；徂隰徂畛，家誦良耜之詠；侯亞侯旅，咸往于田；若大若小，勿偃於室。莫惜鋤犁之當午，必仗鎡基以待時。勸課農桑，吾於爾而每切；服勤隴畝，爾於我而莫辜。惟茲春事之不荒，庶可秋成之有望。如墉如櫛，場圃以盈；乃積乃倉，饔飱斯給。仰以事，俯以育，爾逸爾康；送乎死，養乎生，無憂無慮。公家賦稅夙完，何患乎催科之巧；私室倉庾用足，何愁乎饑餓之虞。鷄犬得以安寧，桑榆不至捐棄，民富而教化可施，年豐而子弟多賴。嶺外復見唐虞，奚羡兩岐之秀；海濵將成周魯，何誇五袴之歌。此皆吾牧民者之先憂，實爾力本者之自盡也。第法度難於卒舉，姑致辭於莅任之初，且治效恥於小康，庸拭目於觀成之後，用伸吾先天下之憂而憂之心，不負吾後天下之樂而樂之志。勿謂寇公不可借也，當知召父尚有作乎。只此叮嚀，各須體悉，不宜懈怠，以觸政刑。

庚戌舊志序 知州呂兆璜

今天下郡邑莫不有志，將以辨貞淫而徵民俗，覽沿革而溯廢興，法制於是乎稽，官師於是乎考，山川之所控、人物之所生於是乎著，殖産之所出、貢賦之所入於是乎詳，故雖一邑之乘，實與國史相表裏。然國史職之史臣，藏之翰苑石渠，天祿簪筆而備掌故者，代不乏人，舉而修之甚易也。而遐荒僻壤，文獻無徵，或缺焉而弗傳，或傳之而非實。魯魚帝虎，沿襲多訛，玉樹文竿，鋪揚鮮據，後之人欲訪故實於傳聞之下，搜典章於殘失之餘，裒成一書，取信當世，不亦難哉！我州志自萬曆己亥以來，廢而弗傳者已七十餘載。其間蟲魚嚙蝕，兵燹淪亡，斷簡殘篇幾如孔壁遺經，竹書奇字脱落不可復按，是亦守土者之責也。余不敏承乏是邦，心竊悼之，乃與學博朱君，明經陳君、趙君、黃君共訂其事，而適雷陽孝廉彭君授餐此地，更得互相商榷。爰求舊本，絫以新裁，少者增，缺者補，而七十年間之行事亦次第續入，循名而必核實，傳信而不傳疑。而後我州之分野封疆，城池廬舍，鉅而秩祀兵農之制，細而鳥獸草木之倫，外而賢豪樹立之奇，內而閨壼幽貞之節，罔不掌指眉列。異日者，聖天子黼黻鴻猷，宣揚鳳藻，集方輿之勝覽，昭一統之盛觀，而嶺外巖疆猶得以官守民風，按志入告其於國史，亦未必無小補也。而尤冀後之居是位者，審土俗之從違，考古今之興革，師其所以得，監其所以失，俾㸑爨侏㑩之俗，長熙熙然有唐虞三代之隆，則余所自勗，而并與同事諸君子共勗之。是爲序。時康熙九年歲次庚戌，七月朔有七日。

丙寅舊志序　知州楊于宸

今國家幅幬最廣，海隅日出悉入版圖。聖天子撫大一統之規模，諭直省纂修通志，而各府州縣分以志之，如星羅棊佈焉，誠鉅典也。予承乏化州，州本蕞爾，偏隅其間，星次所躔，疆域所界，與賦稅人物所出，雖曰邊徼荒壤，於中州禮義之俗庶幾近之。予之董是役也，上稽天文，下察地理，中絫人事，不敢雜以臆見。是以志天文，祥瑞災祲之必書，雨雹冰雪之必謹也；志地理，城郭溝池之必悉，并疆壤賦稅之必詳也；志人事，大而秩祀兵農，細而禽魚草木，外而賢豪樹立，內而閨壼幽貞，無弗約而該明而俻也。州志先修於明之萬曆，殘缺七十餘年，前州牧呂嗣而葺之，蒐羅軼事，用訂成書，尚未免有畧而弗傳，傳而失實之誤。予因取前志互相參考，寧詳毋簡，寧嚴毋寬，凡事關乎經制，如賦役戎備諸大典，一準全書詳加訂定，爰列諸篇，俾後人開卷即得，猶指掌列眉然。此固一時之邑乘，實萬世之信史也。異日者，仰覩我聖天子坐明堂，採十五國之風俗，海澨山陬，無遠弗届。我化得以土俗輿情入貢，當宁其一二軼事之可傳可聞者，并得附於珥筆之末，以昭大一統之鴻規，未必非纂輯者之與有成勞也。予勉之，因與共事諸君同勉之，聊弁數言于首。時康熙二十有五年，歲在丙寅十月既望。

重修天后廟碑文　國朝州守李祖旦

化居南海之濱，離海百里，而近其南則硇洲矻峙海中，爲宋端宗駐蹕之地，古蹟存焉。過此以南，珠厓儋耳，又海中一大都會。而化之商旅、漁樵出海貿易採捕，俱必由此浩淼之鄉，其間遇颶母，觸怒濤，每至檣傾楫摧，忽然轉危爲安，出狂瀾而歌奠定，實藉於神庥之赫奕。故海隅俎豆較山嶽尤虔。按史，神爲宋都巡檢林愿女，閩之興化人，生而神靈，知人禍福，潔躬修行，歿後炳績海洋，累封『天妃』，廟祀興化之湄洲嶼。國朝進封『天后』。州舊立廟祀之，或者曰化去湄嶼甚遠，恐非聲靈所及，此楚昭之所以不祀河而臺駘之實爲晉兆也。神其享諸乎？是又窓隙窺天之說也。夫天后之神靈無不在，而海疆之覆庇有所依。昔者明宗鄭和之使，昭代中山之封，神俱顯靈默祐，著在簡編。雍正十二年世宗皇帝允臣工所請，令直省建廟，春秋致祭。神之靈迨遍於南北矣。況粵與閩連疆，爲天后居近之鄉，其呵護而佑庇之也，有不遄且遍哉？州舊建廟於城南之滸，祀禱維虔，予守茲土之三歲，明經李宗傑等復飾廟貌，葺而新之，乞言于予。予維天后之功在海宇而靈更著於南徼也，爲之歌曰：『天地之濵，大荒之垠。浩浩冥冥，昏晝暝辰，魚龍隱見，贔屭潛身。孰爲主之，海若來濵。孰爲護之，馮夷是臣。赫哉天后，功配穹尊。保釐海國，慈庇鮫人。化隸南鄙，更沐宏勳。安瀾永慶，颶母歛氛。崇閎丹雘，廟祀江濵。都人酬爵，童叟慇懃。偉烈孰並，曠古超群。越裳重譯，海波不掀。勒斯珉碣，永奠南津。』

羅江書院碑記 署州孫桂

余生平不善屬文，而酷愛文人學士。抵化以來，間嘗登高憑眺，見前石龍、後寶嶺，珠臺鳳井，環繞左右，亦云得地龍鳴而宰相生、科甲出，何昔之盛也矣。近數十年，竟爾絶響，余爲之慨。夫珠玉寶貴，皆菁華之洩也，地氣不鍾，良工亦爲束手。有其地矣，奇珍異質，抱璞以終。司牧者可辭其咎耶？前州守趙士錦建立書院，後州守林寅闢而廣之。州之紳士多捐膏火田，延師課士，規模雖定而掌理不得其人，致起爭端。嗟乎！天地之靈秀，不産於人而産於物，昔人所以寄慨也。産之人而不善用其靈秀，與産物同適。貢生黄正嶽、李宗傑、李並芳等請以書院事宜，歸官辦理。余因據詳各憲批允奉行，彷高涼敷文書院成式，爰進兩學師，集諸生而肄業之。余於公餘，樽酒論文。未及一年，人才蔚起，三試冠軍，遊泮者凡七人。非曰桃李公門，竊苦心不負耳！從此，化之人體此意，以相激勵，將見文人科第絡繹不絶。正如石龍久在湮塞，一旦開其竅，發其光，飛鳴變化，固未可量。在田之利見，在淵之或躍，何必古人之不相及歟？時乾隆十一年季秋月中浣。

重建親民堂記　州守楊芬翘林

化以五百里封域，而寄之以牧，事無鉅細，皆於牧責成。是故除道成梁，在所不廢，況更有重於此乎？渺在編氓，各有室處。而爲之長者，墻垣弗完，燥濕弗忌。奚以治事？顧事有先其所急者。化州僻在海隅，財賦不足，以當中州之什伍，而簿書旁午，甚如處敗屋而抱亂絲。按之皆數年前所積，盜賊之事則居其半，糾棘紛錯，割解未遑，何敢非時興作，以招謗讟，用是殫心怵志，手口卒瘏。數月間，漸次就理。向之守候波累者，皆得歸農去。是歲丁卯，大有，乃集僚佐，謀治廳事。州之廳事，建自明季，歷任補葺一時，今且百餘年矣。每風雨至，搖搖不可支，過者皆怖而急走，勢不得不盡撤其腐朽而更新之。先是，以工程浩大請之院司，未即報〔二〕可，而巡檢志道吳君，募民求良材，已運河下。予因以官租成之，仍量捐以繼不足，計用木若干章，瓻瓯、瓴甋若干萬，傭梓人、杇人、塗人，畚锸、板築若干工，制仍舊，而堅緻倍之。再閱月，告竣。是役也，公帑不虧，里胥罔笮。州之紳士、耆老咸來稱賀，堂雖成，而予益滋懼矣。昔子賤不下堂，鳴琴而治單父；既巫馬期以星出入，日夜不處，而單父亦治。予不敏，兢兢業業，作吏一十八載，今雖老耄，猶日糜朝廷廪粟，其能晏然以寢以食於斯乎？學巫馬期不得，猶不失爲黽勉奉職。學子賤不得，則將以荒逸偷惰歸咎於牧，牧豈易爲哉。夫視靡不眩而謂之明，

〔二〕據《光緒化州志》卷三補。

聽靡不惑而謂之聰。具瞻者衆，赫赫者奚足恃也。然則斯堂既成，正牧化者喜懼交集之候，書之非誇壯麗，亦用以自儆云爾。時乾隆十二年仲冬月既望也。

志遠樓記　南海人姚文鋐鼎臣

刺史楊公治化之明年十一月，距廳事右得隙地，糞除其墟，翬然而樓之，適志書成，即畀其板而藏之。樓額曰『志遠』。蓋志者，志也，欲其志之行於遠也。夫世之奇節異行，溷跡於市儈塵囂中，鬱鬱而無稱述者，曷可勝道。當其人往風微，即有跡其軼事而表彰之，亦將疑信相叅考。古者不免有東樓、微子之憾，則亦重可傷已。公學優才富，歷仕名邦，多所建立，尤以激濁揚清爲己任。今出其緒餘，徵文考獻，舉化州六十餘年久廢之事，毅然爲之。公之扶持世教，豈在目前哉？先是，客有謂公時詘舉贏，恐非所宜，公曰：『是將以官舍視蘧廬也，盡如子言，從此更無官舍矣。且予今日寢焉、食焉於此者，非前人所作乎？後之視今，亦猶今之視昔。予亦爲所得，爲適吾之志而已。』於是，不歛一賦，刻期剏作，卒成其樓。貧民之食力者，多得傭，取其值。公曰：『亦吾之志也，勿惜費。』每放衙後，軒窓洞開，公憑几靜坐，嗃然嗒然，幾不知人世間患得患失、擾擾於利祿者爲何物。及其茗熟香濃，有客戾止，抵掌縱談當世務，則又胸中澄澈、眼底空濶、一無滯礙。公深有見於遠也！豈世之齪齪齷齷所可同語哉？然則，斯樓之建而命斯名，亦以見公之志也。夫公，廣西臨桂人，字翹林，號芝友，登康熙辛卯賢書，初授江西武寧縣，以憂去。服闋，發湖北試用，歷鄖縣、黃安，攝岐亭司馬，再任京山，攝德安府事；調潛江，尋調孝感，以卓異陞任化州。不枉一民，不廢一事，所在俱有聲。並記於此。

橘紅辨　廣西孝廉江世琳樹玉

化州所産橘紅，醫家以之利氣化痰功峻於他藥，人皆寶之。說者竊橘井飲龍故事，以爲其地石龍之異。丁卯，余襆被走化州，因得於廳事前見古井，前人覆以巨石，中鑿一孔，周不盈尺，日光倒射，其深可俯窺，渴之久矣。相傳有龍潛焉，聲與鵞相似，鳴則産異人、出科甲；又云恐龍爲患，故覆以石，護以欄，鎮以鼓樓，命伶人朝夕鼓吹，以厭之。橘紅之利於藥，皆其靈妙所致也。噫，謬矣！夫龍本鱗介之類，未有石能鳴者也。雖其爲物變幻不測，有時爲人、爲蟲、爲飄葉、爲擲梭、爲絡絃，而亦可以爲石。然當噓吸陰陽，卑崑崙而薄蓬萊，則固董父所不得而豢，劉累所不得而畜，朱萍漫、張茂先所不得而屠、而醢者也，烏從而覆之、護之、鎮之、厭之哉？既云鳴則産異人，是求其鳴而不得，則又何怨於龍而必覆之、護之、鎮之、厭之也？且其言曰：『井口即龍首，署後墻接北城近河有石，即其尾也，署內橘紅，獨得龍脉，他産莫能及。』爲是說也，益滋惑矣。計署中此樹凡九株，或隔一屋，或間一垣，或堿前，或堦後，相去不過數武；其枝葉且有交蔭者，若折屋毀垣，則諸樹固環生一處也。今必指之曰：『某樹最佳，某樹次之，某某樹又次之。』不知何據？井在大堂左廊下，諸樹皆植署內，彼此若風馬牛。惟清白堂舊址一株獨左，而距井亦偏，又不齒於諸樹。然則龍將蜿蜒盤旋，隨其樹之所生以爲靈乎？抑將濶其體，偏其首，半靈半不靈乎？茲且勿論，即如名與實之不容掩也。凡所習見，有目者皆能立辨。按，橘小皮薄類柑，柚大皮厚；初生時類枳橘，熟由青轉黄，有赤色如金者；柚最熟始黄，然止於黄，其光澤終遜於橘。予嘗坐卧樹下，細驗其枝幹、花葉、蒂葉、形局、臭味，有紅、白瓤兩種，明明柚也，無毫髮異，而混呼之曰橘，且飾其色曰紅。夫果有利於用，即存其名以著其實可也。奚必橘之貴，而柚之賤哉？或曰：『柚誠柚也，何以他産不利於用？』予曰：『此正所謂道地也。苟無崇山巨壑，綿亘横截其間，氣候同、種類同、樹藝同，雖數十里内，胥是物也。今化人皆知種此可以獲利，就城之内外不下千百株，又焉知好事者不即取署内所謂最佳者，分其種而植之耶。刻舟之求，似可不必矣。愚者見一物爲衆所賞識，即創爲荒誕之事，以神其説；黠者復從而編爲歌曲以傳播之，惟恐此地此物之不奇貨也。不知藥各有性，利病者良，故渤溲至賤亦登藥籠。不然雖明明橘也，而無功於人，亦且與道旁李、淮上枳同爲棄物，即有百十神龍爲之守護，又何益哉？』予非惡人之所好也。蓋柚爲菓中常品，今幸而有利於人，乃讓其名於橘，而歸其功於不可知之龍，則夫懷奇抱異，溷跡於荒蓁伏莽中而不克自拔，有如此柚者，何可勝道。予所以亟亟而爲之叫屈也。至於石龍，本化州舊名，隋廢高興始置，隷羅州，志載詳矣。城中石龍書院，尚仍其名，不知當時何所取義，未聞實有是物也。今穿鑿附會，至指爲枯井中一蝘蜓焉，此《易·乾》上九，所謂『亢龍』也。龍其有悔乎？吾不得而知之也。

重建四賢祠記 州守楊芬

士[一]君子得君而仕，不幸遇權奸當國，未有久安于其位也。蓋君子之見嫉於小人，更甚于小人之不容於君子。宋元祐黨人，其禍最烈，章、蔡諸人相繼鑿喪中原元氣，在此卒成靖康之變。尚書左丞梁公燾，極言蔡京傾險貪愎，得罪。龍圖閣學士范公祖禹，既與燾同罹司馬光黨，章惇復摭其諫禁中覔乳媪事，上震怒，幾不測，屢徙極邊。殿中侍御龔公夬以乞正元祐后位號，坐削藉編管。至紹興間，莫公伋爲國子監正，秦檜惡其主張，善類先後皆謫化州。燾與祖禹則死於此。今城西南隅，相傳有學士墓云。明隆慶間，鄉人感其忠誠，立祠于州治鼓樓前，專祀四賢。是非之在，千古其不容誣也，亦概見矣。彼竊權怙寵，害德誤國者，顧安在哉？祠日久未修，漸就傾圮，無以棲神。芬忝職守，有廢必興，況有關祀典。因出俸錢，屬吏目柯君玉齊董其事，堂廡墻垣，丹堊金碧，煥然一新。成之日，具酒醴香帛以奠之，並綴以辭。辭曰：『神之來兮，駕辛夷；乘回風兮，揚素旗。望而不見兮，我心悲；薦中椒兮，酌酒巵。願降豐年兮，麥兩岐；民之不忘兮，恒如斯！』

[一] 據《光緒化州志》卷三補。

李氏庭示要言序　楊芬

雙牌李氏，巨族也。明經爲瑀，家道頗温，能以謹厚教其子弟。四方願交者且履滿戶外，而塵囂擾攘中曾無所謂爲瑀者嗜，善日孜孜而無狥俗、邀名事，殆有其家盤谷風。其從姪樹莛，一日出其《庭示要言》，乞序于予。其言質實而易行，益以想見其人。昔楊文公、吕文清公皆有家訓垂世，其初不過庭闈告誡之辭，而孝弟忠信根于人心，切于日用，遂至家傳戶誦。爲瑀此言，詎僅李氏世守乎哉？予且有感于種植之説矣。百花富貴，莫踰牡丹。花工種之，必去其弟，而長其兄，懼分脉也；不令多派，必剪其枝，懼易衰也；覆以箬庵，暖以小棘，避霜氣也。至叢桂則不然，番禺八桂，小山千莖，無懼于分脉矣；飄子月宫，花實馥烈，無懼于剪枝矣；每值九秋，其花三秀，無俟于避霜氣矣。葢牡丹之基微，故氣單而力獨。叢桂之根固，故氣均而力全。世之挾貲財而輕骨肉者，大抵喜爲牡丹而不願爲叢桂。以予所聞，爲瑀行事則固氣均、力全而根固者也。他日燕山之盛，不又見于雙牌歟。爲瑀不以空言教子弟，予所以樂爲之序，並以勗樹莛焉。時戊辰花朝。

遷建學宫碑記　楊芬

扶輿秀衍之氣，視流峙爲凝聚。其隆替消息，固造物者超然獨司，其權未可以力爭也。故數極運移，冥冥中亦似有陰爲鼓舞，僅一措置，即以還神明之觀，葢人而未始非天也。化州，古石龍郡，介嶔崎紆折間，晴樹萬家，明霞千嶸，固名勝所都而風氣攸萃久矣。自客雞兆瑞李進，奮跡田間，其以德業、才華彪寓內者，志不勝紀。邇來弭筆之徒，稍稍矱落不振，談藝者咎士業之不工，挾數者疑地靈之將盡。惝恍躑躅，計畫無所之矣。藍生某至自石城，以青鳥家言，一一按之，謂南關外黌宮舊址，岡支委伏，中敞外密，足以銷鑰鬱滯，蘊蓄秀靈，仍廟於此。庶幾，樸者蔚然有文困者，奮然以起，于是州人士莫不踴躍捐題，旬日內得千金，而以其事請於州牧。夫學校所以明倫，使不鄉舉里選，人倫之道固當明，學校之廢固當修。今因科目之偶衰，即謂學宮之不利于事，無稽而背于義，殆未可行也。諸生曰：不寧惟是，今學逼近嶺脚，陰濕滲漉，蛀蝕蝸緣，難以經久；且坐坎向離，不合方位，非所以棲聖靈而展對越。久欲遷徙，莫知所從。今幸故址尚存，願還我本來面目，無過求也。此地爲凌氏僑居，業已數世，雖子孫不知祖宗所自來，而學之遺礎頹堦，終不能攫非所有。州人全桑梓、姻婭之好，割金二百兩資之以購他屋，誼亦厚矣。事聞於大憲，檄州慎計其可許之。乃筮吉，庀材，捄築，坌集；糞其墟，芟其穢，更其向，崇其基，廉辨施級，左右廡序，以嚴以翼。已而，戟門、櫺星、泮池、啓聖名宦鄉賢之祠，靡不煥然飭新；齋寢、庖湢、門牖，奧靚穹豁，咸登其制；官師奠獻陟降有次，講肄游息有舍。前承綽楔，後引皮閣，周垣外繞，砥道中貫，恢然一州之偉觀矣。經始於丁卯冬杪，迄明年秋告成。州牧楊芬，學博林玉葉、葉芹，率諸生祀先聖於新宮。芬叨一州之長，爰進諸生，告之曰：化州自建學以來，凡經五遷，只在城南內外間，茲又遷復舊址。《大易》所謂『不遠復』者，此也；所謂『頻復之厲』者，亦此也。諸君子其將出入無疾，朋來無咎乎。然休復之吉，非修身無以致之，若徒言天運，而不知人事之克盡無爲也。今年皇上巡幸闕里，躬釋奠于先師，周物俻制，亘古未有。諸君子顧瞻几筵，如覩辟雍鐘鼓之盛，即宜爭自濯磨，服習乎詩書之途，踐履乎仁義之域。俾鄉黨式其儀行，朝廷收爲實用，庶無負聖天子興賢育才之至意。至物極必反，時往必復，有自然之數存焉。知人洞天者，安之聽之，勿躁。時乾隆十三年季秋月，諸生請志之石，並列首事姓名於碑陰。

詩賦

清白亭 宋 胡寅

聞話維城刺史尊，關西夫子是師門。太清不取班超論，堅白寧同惠子言。琴几蕭然心似寄，銀鈎精甚勢如騫。政成歸報蘧廬北，常使甘棠蔭本根。

柳公橋 元 林海

名郡引甌越，亨衢履泰莊。公宇宏偉偉，觀前有虹梁。穹然跨碧澗，影落寒長江。天津與駟馬，氣勢遙相望。聞鵲與題柱，古意猶存芳。矧兹利濟涉，日登宣化堂。堂深書帙靜，郡牧最忠良。吾民永爲好，千載安且康。

觀風樓　元　呂沆

龍山鳳井兩爭雄，百尺危樓俯碧空。三日一墟人不斷，雙流遶郭海相通。楓林樹色依天外，茅屋雞聲隔水東。臬府公餘登覽處，大書樓上號觀風。

舊志載：僉憲呂公沆題詩樓上。一日，忽見樓板上書李仙和詩曰：『鳳舞龍蟠勢兩雄，箇中盪起接晴空。朝飛畫棟雲初起，暮捲朱簾月自通。排闥四時山鎖翠，遶城千古水流東。不須更問民浮僞，好惡同歸草偃風。』次日視之，無有矣。

化州八景

寶山積翠　明知州沈水

案山近接主山連，鬱鬱青葱入眼前。須信侯封三寶重，休誇明月燦珠躔。

鑑水飛帆

羅江夕照半江明，江上驚濤夜不生。鼓枻中流飛若駛，望中指點越王城。

立石中流

嵯峨片石出芙蓉，獨峙中流百尺峰。雲霧一朝江上起，恍開頭角奮蛟龍。

千秋夜月

閒向峰頭一振衣，千秋夜月望霏微。須臾月出滿天淨，指點長江湧碧輝。

登高野色

野色團團飛翠來，登高一眺十洲開。重陽寧少登臨〔二〕興，饒有山花映酒杯。

驪珠波光

青山面面翠微連，臺向奔流障百川。一顆驪珠翻白浪，應知雷動起龍眠。

龍岡盤石

烟雲靜捲翠重重，指點羅陽第一峰。春雨海濱奮首去，方知此地有人龍。

〔二〕據《光緒化州志》卷十一補。

鳳井名泉

飛鳳山泉名鳳井，鳳泉應不是貪泉。于〔一〕今一鑑清如許，萬石蠻荒滌瘴烟。

石龍 學憲 章拯

繡嶺驅行役，羅江喜客心。真遊化人國，試聽石龍吟。靈物何時躍，斯文豈陸沉。春雷奮頭角，好去作甘霖。〔二〕

望龍母驪珠 學副 董暹

羅江陵水直到海，苦竹黄茅烟霧生。野蟲野鳥爭奇狀〔三〕，山草山花不辨名。春遍四時看化雨，教成比屋被文明。驪珠臺下珠應滿，龍母山前龍欲鳴。

〔一〕據《光緒化州志》卷十一補。
〔二〕據《康熙高州府志》卷八補。
〔三〕據《光緒化州志》卷十一補。

范公墓　御史熊蘭

景仰高山自少時，乘驄今幸拜公祠。千年正氣存唐〔一〕鑑，百世芳名載宋碑。荒草猶含〔二〕當日恨，夙心原有老天知。忠魂耿耿留天地，長共孤魂去復歸。

范公墓次韻　學副歐陽鐸

斷瓦缺趺記昔時，寒烟欲淨見新祠。一封疏撼朝陽殿，三府名書黨錮碑。洛下書生朝野恨，江南冠履鬼神知。奸諛謾說權生死，鐵漢還從嶺外歸。〔三〕

題范公墓　高州太守吳國倫

山郭平堤曉霧重，停車宿莽吊遺踪。林間斷碣題金馬，塚上孤魂卧石龍。彤管細書今尚在，青蒲直諫古難容。炎荒寸土千秋骨，誰擬行藏似蔡邕。

〔一〕據《光緒化州志》卷十一補。
〔二〕據《光緒化州志》卷十一補。
〔三〕據《光緒化州志》卷十一補。

遊那陽山 郡人方伯**陳珪**

山川自昔因人重，此地惟今我始遊。愈上高峯愈奇勝，不登絶頂不教休。雲浮陰洞疑無際，人倚青天欲盡頭。獨上蒼茫看元化，遥瞻北極是神洲。

高材山　陳珪

暫輟清朝鵷鷺班，稍分微禄買青山。非因猿鶴多情思，難得漁樵識面顔。遶峒浮雲春靄靄，灌田流水夜潺潺。謝安寧爲蒼生起，囑咐浮雲好閉關。

六王山　陳珪

第一峯頭縱大觀，千巖萬壑品題間。卜居擬入烟霞洞，設險還依虎豹關。未暇羅浮尋石室，不須勾漏覓金丹。何年整頓乾坤了，決計携家入此山。〔一〕

〔一〕據《光緒化州志》卷十一補。

那陽山 明翰林 姚岳祥

翠微直上共遊翺，萬里寒光拂佩刀。象馬叅差懸古石，龍蛇結屈下奔濤。浮雲不斷峯陰合，旭日相將海氣高。回首蠻荒天地老，獨憐銅柱古今豪。〔一〕

丈田憩鹿踏山 祝簡

驅馬蕭蕭出白梅，春深水雀震如雷。喜將王命惟申甫，願借生民一冦萊。鹿踏西江存士道，鳳棲東井引龍媒。據鞍原隰愁無計，疆里還須體國才。〔二〕

平冦宿四賢書院 吴國倫

陵水郡前陵水環，氣蒸青瘴出烏蠻。鷓鴣啼老桄榔樹，猶有南征客未還。

五月提兵向海洋，前星曉度石龍岡。飛騰千里風雲色，不用樓船下越王。〔三〕

十年父老厭兵聲，炎海何時殺氣平。但使諸酋能解甲，海頭先築受降城。

〔一〕據《光緒化州志》卷十一補。

〔二〕據《光緒化州志》卷十一補。

〔三〕據《光緒化州志》卷十一補。

龍母山前海氣昏，馬侯祠北陣雲屯。書生豈有平蠻畧，萬里殷憂答至尊。

浮梁山　吴川丞汪季清

大山巉巖多險阻，小山秀麗應可數。平林風薄人語稀。隔山時聽樵人斧。〔二〕

遊昌化寺在龍母山下　瓊南尚書王宏誨

化國景舒長，明昌移佛日。川擁恒河沙，殿耀金天質。忍草布祇林，曇花函貝帙。應鉢石龍吟，梵身香象軼。經過初地變，徙倚上方密。傳經侍海童，聽法環鮫室。仙路十洲通，人寰三島寂。居士誰開山，太守昆邪匹。萬口協謳歌，四郊戴寧一。指揮若響應，勸募爭輸集。經營歡子來，變幻疑神弼。雲巖映綺櫳，鼇岫攢幽潔。遂令寶嶺隈，倏爾琳宮別。僕本江海人，紅塵厭氛涅。堂從緑野開，恩許鑑湖佚。平生好遊觀，到處躭禪悦。山水發清機，風泉暢澄澈。遐覽意何深，冥搜念未折。空門如可逃，請訂無生訣。〔三〕

〔二〕據《光緒化州志》卷十一補。

〔三〕據《光緒化州志》卷十一補。

沈太守邀飲驪臺口占紀勝二絶　瓊人吏給許子偉

槩嶭山城古石龍，碧流環遶似雲從。登臺會見文翁化，指點千家屋可封。

化城文運自今昌，東壁星輝接水光。最喜臺成龜出洛，道南回首日扶桑。

前題　王宏誨

兩川襟合翠微重，覽勝高臺對秀峰。碧浸黿洲浮彩鷁，光含鮫浦戲驪龍。大陵春滿河陽色，刺史名高漢吏封。望入瓊臺堪徙倚，興來剡棹慰過從。

驪珠臺觀競渡和沈太守　御史樊玉衡

潺湲百尺湧層臺，龍母佽珠赤水開。天入滄浪垂釣去，月明星斗泛槎來。晝橈吊古千年事，彩筆題詩一代才。最是東陽賢太守，樓間八咏自新裁。

驪珠臺　州人通判張棟

珠母何年吐上游，巉然一軸砥中流。我疑重見金山寺，客過驚同白鷺洲。接岸人家浮竹樹，惜斷簡，巢雲生爲續之曰傍城烟火起漁舟。磨崖不用尋雲母，坐對青山可黑頭。

前題 國朝高州太守**王際有**

合浦靈珠去復回，羅江波色擁瑶臺。鮫人鼓瑟乘雲起，龍女吹簫帶雨來。兩岸鐘聲分水畔，中流樹影接城隈。遊觀盡日饒餘慶，停棹還遲明月杯。

前題 州守**楊于宸**

地是神龍舊獻珠，羅仙江上小方壺。水洄臺榭偏生媚，翠靄林叢近若鋪。隔岸白雲千堞迴，浮空青嶂片帆孤。芳洲影漾清波裹，東郭晴川一畫圖。

前題 次韻學正**翁邕**

驅石江心孤嶼開，别成蜃氣結亭臺。蓬山不用尋仙去，蘭棹偏宜載酒來。懷遠望餘烟景布，興深携得月明回。波容蕩淼增清思，愧乏登臨作賦才。

義塾成 州守**林寅**

舊舍圖新搆數楹，一堂劘切萃羣英。心無俗累功斯静，學有芳型業乃精。豎品還須擔節義，治經豈僅掇科名。試看造化揮新筆，花様文章一氣成。

開石龍　林寅

造物當時有別裁，石龍屢吼召祥來。年深漸覺佳音歇，運泰終須笑口開。欲上九霄憑尺木，恰逢一震出塵埃是夜雷鳴。從今莫向簷楹匿，好去爲霖潤八垓。

來安山即六王山　州守楊芬翹林

三十三峯撑炎天，行行崒屼在眼前。頑草怪木冬不死，瘴雲蠻雨日聯綿。其勢南行瀕大海，鬱礴千里競蜿蜒。金蓋銅岡兩不讓，玉盆冷水相勾連。九貢徵村惜不及，荒哉六王缺明禋。羅辯化龍不知去，至今猶有騎牛仙。我承化乏常經此，僕僕未遑登其巔。撫躬何敢望神惠，潔己正恐辱吾先。停車山前頻仰止，願降霖雨成豐年。

驪珠臺　南海人姚文鋐鼎臣

陵江羅江水來東，珠臺突起玻璃中。雙流蜿蜒如交虹，諸天縹緲梵王宮。時操一艇閒來往，世耳不聞除凡想。亭亭古榕青玉垂，坐久衣霑空翠爽。中有兩株合抱生，異幹連枝如天成。霜皮燒雷鱗不脫，雌霓蟉蟠紛絡纓。劉家仙妹乘鸞去，分明月照寒潮處。自恨生平骨相癡，弱水茫茫不敢渡。歸來手搴芙蓉花，碧空無際飛流霞。俯視飛潛各有適，胡爲役役遍天涯。

登寶山　廣西孝廉**江世琳**豆邨

尉佗偏霸舊提封，海角縈盤萬仞峯。大壑菁陰眠虎豹，當門蜃市立魚龍。崖儋地近來司戶，瘴厲祠荒缺暮鐘。久客不知潮有信，且傾桑落快遊蹤。

清風樓故址　**楊芬**

城上清笳薄暮天，樓臺晚景入蒼烟。衰容自掩孤燈宿，遠思長依片月懸。萊蕪甑塵生此日，鬱林舟石載何年。青雲白髮愁相對，放鶴鳴琴終渺然。

清白堂故址　**楊芬**

十八年來宦海遊，惟將清白仰前修。攬揆已分過花甲，回首何曾忘故邱。湘帙携歸終自傲，黄金肯爲後人謀。吏情莫道滄江遠，身世渾如不繫舟。

童姑曲　**江世琳**

花裾綷縩迴翔舞，濃歛社錢擊春鼓。二十五弦頹流雲，恍惚瑶席吹靈雨。南山月黑走豺狼，古水秋蛟決大防。明粢蠲蒸神厭嘗，芻狗翾翾委路傍。垝垣醜女欣再拜，神兆合歡刺鳳帶。

化州採風得八截句存五　廣西人王廷綸

陰霾濁霧望淒迷，十二時中候不齊。說與嶺南作客者，臨蒸莫解舊袍綈。
尺布蒙頭號女巫，搖鈴撾鼓唱喁于。祈年但得倉箱足，不問神仙事有無。
亥巳墟成百貨交，椰瓢沽酒足懽呶。範金合土都無用，近郭人家蔽白茅。
石井欄干密密封，恐驚神物起靈䨨。此間凡水皆東去，那得塵囂有卧龍。
活人誰不讀岐黃，種柚何如種橘良。却被庸醫瞞過了，家家錯認子孫忙。

羅江稅館讌集招陳孔常不至遺以詩即用原韻答之　廣西人張盛錕

簫管和聲送客杯，幽禽喚雨入樓臺。高涼自獻夫人策，瘴土曾羈別駕才。郁酒正堪長日飲，市船都趁早潮來。上人獨有羲皇癖，手把南華門不開。

鑑水飛帆八景之一　拔貢李守仁

磨淨秋江照碧天，錦帆恰在鏡中懸。冥鴻遠掠殘霞影，也趁西風下夕川。

咏橘紅　武舉梁龍光

幾樹玲瓏透夕陽，微風拂拭燦生光。珠厓翡翠今無用，驛使爭傳橘柚香。

前題 庠生**黄博萬**

橘井誰分此一泉，婆娑幾樹鎖寒烟。人間隨處稱凡品，惟有石龍氣脉偏。

新繪六王山圖入志 庠生**李宗英**漢良

六王多古蹟，此日著新圖。指點騎牛徑，搜尋煉藥罏。雲迷金翅雁，泉瀉玉盆珠。莫負卧遊意，登臨興未殊。

重修州志 優貢**李宗傑**漢三

聖治昌明日，車書著大同。遐荒皆樂土，比戶有淳風。忠孝人倫大，詩書甲第重。校售分乙夜，末技愧雕蟲。

珠臺 學正**林玉葉**雲崖

百年積渚湧層臺，樹裏軒窗面面開。傍砌槿籬通曲徑，嚙崖古木護蒼苔。有時策杖成孤往，一日看山到幾回。漫道南荒無樂土，人間亦自有蓬萊。

開石龍志喜　庠生周表中

否極于今泰復來，石龍靈秀應期開。久經養晦同羣蟄，應許爲霖遍九垓。濟旱先施寒臘雨，驚天還動蛰春雷癸亥秋後數月不雨，臘月五日興工穿井，是夜雷雨大作。正祥有兆頻須記，莫負乘時造物才。

珠臺眺望　拔貢黄中立

誰道仙踪不可求，分明咫尺即瀛洲。丹城晚送千邨雨，古木涼生六月秋。市罷人歸頻喚渡，酒闌客散自登樓。片時領畧川前意，萬里長江一望收。

五級灘　訓導葉芹魁發

灘勢險且長，逶迤成五級。水石兩相冲，欲往復回匿。敢云古今來，江湖長荆棘。嘆息急流時，勇退難爲力。因羡理魚鷗，具有雙飛翼。

晚泊寶墟　吏目柯玉齊衡山

叠巘崇岡倚碧潯，黄茅深處墮鳶沉。百千人聚邨爲市，九十月交花滿林。瘴雨不開巖箐曉，濕雲常帶海門陰。年來飽諳風塵味，贏得新詩處處吟。

南山即龍母山　**李宗英**

永日此南山，悠然几席間。秋林花放晚，殘照鳥啼閒。蛋月蛟鼉窟，鵬風薜荔灣。支笻看不足，且漫掩柴關。

范公墓　貢生**黃良瑄**

果見官家調戲時，老成一去更誰支。天涯被謫同生路，臣罪何辜無返期。已拚一身沉漲海，寧辭三尺近要離。西風莫向衣冠處，愁聽招魂宋玉詞。

自家沙司赴州道中書事　巡檢**吳志道**存仁

不斷峯巒古，晴雲晚看多。居民疑蜃市，宿客信烟蘿。郫酒沽無價，荒山賦有科。一官成吏隱，散髮且長歌。

義塾成志喜和林州尊韻　庠生**陳承天**熙載

講學宏開新棟楹，扶衰起舊育羣英。天人介上防宜密，義利源頭辨要精。造士自來收實效，讀書寧欲博虛名。遠方且有朋來樂時茂名、吳川、石城皆有來學，不但羅江沐化成。

龍母山間眺　貢生李樹莛

鵾首凝眸翠幾重，濤聲隱隱起高峯。篋中尤物惟斑管，恐到其間也化龍。雙流如帶瀉晴暉，樹色重重隱翠微。誰把驪珠牢繫住，春潮不放老龍歸。

歸鴻亭懷古　貢生黃正嶽

羅辯山前戰鼓顛，杞憂以往事誰傳。千秋鶴影空華表，四野鴻聲續杜鵑。白骨魂猶驚劇盜，赤眉血亦飽饑鳶。滄桑痛哭東流水，剩有荒坵泣暮烟。

范公墓　李宗傑

白首辭朝闕，終成斷梗飄。黨人碑可碎，乳母禍難銷。舊跡多漫滅，荒祠更寂寥。一抔陌上土，留與話漁樵。

劉仙姝煉藥處　庠生黃詮

聞道蓬瀛清淺時，渴烏一吸汨瑤池。碧翁笑指仙姝說，歷遍滄桑是此兒。

登高嶺　黄博萬

羣峰新霽鬱崔嵬，立馬崇岡四望開。謝獲千家多黍稷，登高何處不亭臺。珊瑚估舶集鮫市，笙鶴仙人近水隈。最喜逢人誇盛世，布帆無恙付酣杯。

琉璃泉　國學生李倓淳夫

大小靈湫空侈談，鴻濛鑿破九龍潭。我非智者亦樂水，所在不辨廉與貪。琉璃一泉最奇絶，涓涓不息來東南。凉氣冰人噴空薄，幽崖倏忽風雨酣。日光細碎寒炯炯，叢花蕭摵陰毿毿。危石半道插空起，蠔山峍崒堆蚖蚶。殷地靁崩玉蛟走，濺沫翻雪凌珠龕。縱横垠堮成中坎，静對可數鬒藍鬖。人間福地寧有幾，上人門掩水雲庵。手採雪芽煎榾柮，茶味正宜泉味甘。聞説當年趙刺史，芒鞋幾度窮追探。捫壁題詩浩無數，墨痕隱隱紫藤函。我對琉璃頻嘆息，安得千頭木奴柑。

石龍賦　學正伍瑞隆

猗歟龍乎！飛之於天，見之於田，而潛於陵江之淵。奮其首而戢其肩，戢其鱗甲而飛揚其末端。其奮而不盡奮者，尾蟠於江滸而其首竅於公庭之左偏。爾乃鳴如雄鶩，砰砰礚礚，琅琅峩峩，非絲非竹，非嘯非歌。聲來無踪，或如地底，或如空中，倏如珮玉，倏如商鐘。聽左却右，聞西在東。或挾急雨，或乘飄風。或如鐵之鳴夜，或如濤之在松，噌吰幻忽，其變無窮。遂乃載嘘載揚，噴沙滿堂，其輕如烟，其屑如霜，糝糝霏霏，臨風飄揚。或匝乎清風之署，或吹乎明月之窗州署有清風臺、明月居，州主趙建，或旁漫乎金陵之別館，或横飛乎東魯之宮牆，浩浩瀝瀝，觀者嘆息。不信者信，不識者識。於是歷沙洲，泛中流，彈琅璈，和箜篌，灑文筆，拂吳鈞，過千秋之斷岸，溯驪珠之上游。錦帆高掛，暮雨初收，青天如鏡，江水如油。招琴鶴，主人於龍頭之仙署；出寶山，學士於天南之酒樓，乃相與探乎龍尾於急湍之下，得古錢焉。或爲五銖，或爲開寶，或爲通元，或古或近，或缺或全，紫碧交錯，青黄雜煊。土人進而告余曰：『有採取者，皆於秋冬水落石涸，入乎龍宮。』信乎！探之出水之錢，歉不八九，盈不二十，人人各有所給。不知何代留此異物。州大夫喟然嘆曰：『天下之靈多矣，未有若斯之異者。豈其一方之靈與？豈其萬彙之精與？豈其轉風雲之轂，而發將來之文明與？』爰循其穴，有竅如綫，有闌如城，有貞珉其在亭，爲人所踐蹴而污闐之。豈楊少保之後，鬱久而洩於今與？乃命牲醴，佐以醪馨，左揮桂節，右發蘭旌，迎龍而奠之曰：『龍乎，龍乎！尚潛而居，藏而神。弢光隱隱，爲祥爲正。奠我國家，育我黎蒸。應風雲而動色，卜羣才之彙征。』

珠臺賦以川流、敦化兩地叅天爲韻　郡廩生李敏學

若夫天垂星象，地竅山川，氣機融結，陵谷方員。或建都〔二〕邑，或作市廛，或聳奇峯於萬仞，或停大澤於九淵，形勝無分廣狹，脉絡但取綿延。苟有水中之岡阜，尤堪玩賞而流連。即如我州，沃野平疇，

〔二〕據《光緒化州志》卷十一補。

西北倚嶺，東郭俯流。羅江鑑派，滙合小澗，别壑咸收。木牌竹筏，時漂搖於波面；彩鳧畫鷁，常維繫於灘頭。江中堆湧，如貝如球。構爲珠臺，若沉若浮。環以林木，踞以岑樓。爾乃下瞰漣漪，上應薇垣，城池借爲鎖鑰，郁落列爲籬藩。古樹叅差而虬老，怪石嶙峋而苔鮮。高僧於此誦般若，騷客於此司盤敦。一撮之變態莫測，四時之秀色可餐。倘登臨之有興，須搦管以揚言。當夫東皇出震，青旗命駕，綠水滿江，祥雲繞樹。簾幕籠乎烟霞，衣袖染乎蘭麝。乘此弄月吟風，想見當年陶謝。迨夫螻蟈鳴，田鼠化，温風拂乎繁冷，杲日薰乎精舍。可臨流以濯足，可評花以揮箑。可開窓寄傲，擊行雲以舒態；可憑欄俯眺，看渚蓮之笑迓。至若西郊迎寒，清風荐爽，籬竇花開，蓼蕭露瀼。砧杵縱横擣衣聲，蒹葭摇落美人望。蓄黛停膏，縈青繚白，既清虚之可接，宛在水之中央。倏而水德司權，重陰伏閟，貝葉凝霜，曇花謝翠。木葉蕭蕭飄砌中，雪花片片墜塘際。雁陣衝寒於遠浦，蟬聲絶響於薜荔。應兹水落石出之時，彌堅栢茂、松青之志，若徒玩其風光，何與聖賢樂地？ 葢心與臺適，境因性耽，闢山川之形勝，佐文人之流酣。時而軒冕黼黻，時而韋布[illegible]，時而抱膝長吟，時而據案雄談。方其欣於所遇，憂患豈得相叅。况足跡之所歷，且有茂林修竹，梵刹香龕，又何妨乎？ 觸景生情，揮玉麈而展琅函。幸有大人先生，心懷捧日，才足掀天，乘陽和以布令，巡州治之城[illegible]。念崇臺之舊址，且眺覽以周旋。左顧右盼，烟霞掩映，俯察仰觀，奎壁繞纏。逸興於焉，遄發詩思，不禁勃然。爰召即墨，展雲牋，申寸管，寫鴻篇。擲地有金玉之聲，奏曲合琴瑟之絃。岳瀆之靈氣，[illegible]於筆底；驪龍之鱗甲，湧現於晴川。黄鶴樓中，孰繼崔子餘韻；鳳凰臺上，自與李白同傳。

圖書在版編目（CIP）數據

乾隆化州志／（清）楊芬修；（清）林玉葉纂；馬瑜理整理．—廣州：暨南大學出版社，2023.6
（粵西府縣舊志叢書／孫長軍主編）
ISBN 978－7－5668－3333－4

Ⅰ．①乾…　Ⅱ．①楊…②林…③馬…　Ⅲ．①化州市—地方志—清代　Ⅳ．①K296.54

中國版本圖書館 CIP 數據核字（2021）第 275187 號

乾隆化州志
QIANLONG HUAZHOUZHI
（清）楊　芬　修
（清）林玉葉　纂
馬瑜理　整理

出 版 人：張晉升
策劃編輯：杜小陸
責任編輯：潘江曼
責任校對：劉舜怡　陳皓琳　黃曉佳
責任印製：周一丹　鄭玉婷

出版發行：暨南大學出版社（511443）
電　　話：總編室（8620）37332601
營銷部（8620）37332680　37332681　37332682　37332683
傳　　真：（8620）37332660（辦公室）　37332684（營銷部）
網　　址：http：//www.jnupress.com
排　　版：廣州良弓廣告有限公司
印　　刷：深圳市新聯美術印刷有限公司
開　　本：850mm×1168mm　1/32
印　　張：12.375
字　　數：314 千
版　　次：2023 年 6 月第 1 版
印　　次：2023 年 6 月第 1 次
定　　價：98.00 圓

（暨大版圖書如有印裝質量問題，請與出版社總編室聯繫調換）